沪上撷英

HU SHANG XIE YING

第三届上海学学术研讨会论文集
DISANJIE SHANGHAIXUE XUESHU YANTAOHUI LUNWENJI

何小刚 主编

上海电机学院"上海学"重点学科建设专项资助

上海电机学院"上海学"丛书编辑委员会

主　任：何小刚

副主任：段继红　方恩升　刘炳涛

秘书长：张鑫敏

委　员（以姓氏笔画为序）：马秀春　王桂华　方恩升
　　　　　刘炳涛　孙秀丽　何小刚　张文琴　张鑫敏
　　　　　陈兰芝　陈瑞丰　段继红　黄　伟　路征远

总　　序

　　上海是中国近代文明的桥头堡和先行者,是当今我国最大的经济中心和重要的文化基地。从1843年开埠到今天自由贸易试验区的建立,充分证明了上海在中国历史和当代社会发展中的重要地位。近年来,随着上海经济实力的增强和国际影响力的不断提升,国内外关于上海的海派文化与风格、经济发展与转型、社会进步与变迁、技术创新与进步等带有上海地方特色的研究越来越成为一门显学。这种研究不仅具有学术价值,同时,也为上海社会建设的决策和城市未来的发展提供了有益参考,彰显了人文学术在当代意义上的新觉醒。

　　上海独特的政治、经济和文化地位以及其文化的多元化和多样性,使得"上海学"拥有了广阔的研究空间,它涉及几乎全部自然学科及人文学科的方方面面,因此,其研究当是一幅气魄宏大、内涵丰富而又色彩斑斓的学术画卷。处于改革开放前沿的上海电机学院当仁不让地加入了这一最具学术生长点的课题,学校领导以高瞻远瞩的气概,决定以人文社科学院为根据地,建立"上海学"重点学科,对上海的历史、现在和未来进行跨学科交叉研究。

　　人文社科学院对于这一研究领域有着得天独厚的地缘优势和学科优势,从事人文社会科学、马克思主义理论研究和教学的同道们,有着不同的学科背景,涉及历史学、地理学、法学、文学、哲学、经济学、管理学等,有利于从各自角度进行学术审视、交叉比对和纵深发掘。在教学和科研中,大家感受着上海的历史、文化和社会变迁对于中国乃至世界的巨大影响,以及海派文化在奋进中表现出的精神和文明的张力,深感有责任、有义务将上海在发展过程中的经验教训总结出来,聚焦政治和法律、经济与生态、安全与外交、社会与文化、科学和技术等与当代社会建设联系更密切的诸方面,以面向当代、服务上海为目标,为上海、为中国乃至世界的未来发展提供借鉴。基于这一宗旨,我们拟将团队的研究成果纳入"上海学"丛书,与上海社会科学院出版社合作付梓,陆续奉献给海内外同行,以求切磋评骘。

　　"上海学"域界宽广,而我们尚属起步,望前路而惶恐,临万顷而徘徊,然开疆拓土，不敢有怠。虽然我们的研究队伍多半是刚刚毕业的研究生，且大多是来自五湖四海的"新上海人"，却朝气蓬勃，充满学术热情，不仅熟稔上海这座光荣城市的辉煌历史，更有着对上海这座国际大都市以及"上海学"研究的由衷热爱。我们相信，只要以精卫填海的精神，筚路蓝缕，孜孜矻矻，秉承电机人"自强不息、追求卓越"的精神，凝聚电机人的智慧和胆识，在与国内外同行研讨和交流的过程中，钩深致远，求真知卓见，我们的"上海学"研究有朝一日定能如茧蝶之化、鱼龙之跃、鲲鹏之腾。而今迈步，只需怀着不问收获，只管耕耘的虔诚，以及严谨图新、修业求精的态度，辟蹊径，积跬步，于荒丛草径中蹚出一条新路，在社会主义核心价值观的引领下，为上海的学术研究增添一抹亮丽的色彩，有诗为证：

> 东海扬波巨龙醒，
> 电机学人志气高。
> 兼容并包人为本，
> 大道至上领风骚。
> 涓涓细流终成海，
> 孜孜以求不动摇。
> 大气谦和传天下，
> 明珠闪耀赖今朝。

何小刚
2015 年 6 月 30 日于临港新城

序　言

从 2012 年上海电机学院批准设立重点学科"上海学"开始，马克思主义学院的老师们，以上海工业和技术的发展为依托，以技术变革推动下的上海特质为内核，探讨上海的社会、经济、文化、政治特点及其发展规律，开展与技术相关的文化传承、生态变化、城市发展、工业兴衰等为内容的研究。先后召开了两次大型上海学学术研讨会，并出版了《沪上钩沉》《沪上观澜》两本论文集。2017 年，在沪上校内外学者的大力支持下，围绕"上海装备与上海制慧""上海口述史研究""上海社会变迁与城市精神"等主题，召开了第三届上海学学术研讨会。大家重点关注和讨论了闵行卫星城建设的时代背景及深远的社会经济影响、工业口述史的基本理念和具体方法，拓宽和深化了上海学的研究视野和宽度，最后形成了《沪上撷英》这本论文集。

论文集本应在 2018 年出版，因多种原因，主要是本人退休后不在上海居多，疫情期间又没有心情整理，延宕了些时日，在这里向作者们致歉。

何小刚

2023 年 1 月 10 日于安徽合肥

目录 CONTENTS

总　序 / 1

序　言 / 1

新中国城市建设与工业化布局
　　——20世纪五六十年代上海卫星城建设　　忻　平　陶雪松 / 1

清末民国上海机器挖泥船的发展史　　刘炳涛 / 14

简析太湖下游水环境的变化和以浦代江的必然性　　陈瑞丰 / 22

从吴淞江到自由贸易港
　　——上海区域变迁刍议　　徐月霞 / 31

上海装备制造业访谈述要　　张鑫敏　何小刚 / 38

上海电机厂戴晓芬工程师访谈录　　黄　伟　陆建松　赵丽端 / 43

上海锅炉厂"728"工程
　　——方大培工程师访谈录　　陈瑞丰　张丹丹　马秀春 / 56

上海电气核电集团江燕云老师访谈录　　石建水　陈兰芝　苗　磊　刘炳涛 / 62

我记忆中的祁门上海小三线厂　　徐国利 / 71

上海技术应用型大学生创业意识的调查分析　　宋　洁 / 76

上海抗战史课程思政教育的理论视界与实践效度探索　　陈兰芝 / 91

解析电动自行车治理的困境　　方恩升 / 101

上海法治文化及其建设进路探究　　罗　薇 / 113

社区青年民间领袖的培育与发展空间　　张丹丹 / 123

政府权力清单制定中的权力事项分类问题研究
　　——以上海市权力清单为例　　刘　妤 / 130

明清鼎革之际上海嘉定侯氏闺秀及其文学活动　　段继红 / 138

"小资情调"与上海文化传统　　吕翠凤 / 143

京剧与近代海派文化　　徐剑雄 / 150

从《太真外传》到《大唐贵妃》
　　——京剧梅派艺术的"京戏海唱"　　吉文斌　郭祉聪 / 158

道家思想对近代上海商业文化的影响
　　——对话永安百货的商业行为　　陈瑞丰 / 166

后　记 / 175

新中国城市建设与工业化布局

——20世纪五六十年代上海卫星城建设[1]

忻　平（上海大学文学院历史系教授）

陶雪松（上海大学文学院历史系博士生）

城市建设与工业布局的演变往往可以反映一个城市的工业化与城镇化进程，反映一个城市的定位与发展战略，甚至可以管窥一个国家城市与工业发展的历程。中华人民共和国成立初期百废待兴，如何迅速恢复发展经济成为主要任务。20世纪五六十年代，面对国家需求与工业布局不平衡且缺乏整合的现状，在学习苏联发展经验的基础上，新中国逐步确立了"优先发展重工业"的国家战略，这一战略深深影响了中国的工业化与城镇化进程。

上海在中华人民共和国成立初期以恢复生产和支援内地为主要任务，自身雄厚的工业基础并没有得到充分利用。但是在"全国一盘棋"思想的指导下，上海积极发挥主动性、能动性，抓住机遇，在重点发展建设重工业的同时，建设了一批卫星城与新工业区，特别是以重工业或科学为主导方向的卫星城，成为上海城市建设与工业布局的关键所在。上海是全国第一个全面开展卫星城规划建设且成效领先的城市。

目前学界对上海卫星城有所研究，主要从卫星城建设的背景、规划等角度来论述，多为宏观层面，在此基础上仍应加强中观和微观层面的研究。本文主要以20世纪五六十年代上海卫星城建设为中心，将上海城市建设与工业布局放在国家战略的大背景下，采用第一手资料，对其阶段、成效和特点进行探讨。

一、20世纪五六十年代上海城市建设与工业布局阶段

1843年开埠以来，上海凭借优越的地理位置发展迅速。至20世纪30年代，上海已经发展成为全国的工业、贸易、航运、金融中心。作为全国最大的工商业城市，上海在工业布局上形成了沪东、沪西、沪南三大工业区。中华人民共和

---

[1] 本文原载《毛泽东邓小平理论研究》2019年第8期。

国成立后,在国民经济恢复时期,上海在发展空间方面开始考虑疏解市中心压力,在市郊规划新的工业区。自此,上海拉开了建设卫星城的序幕。

(一) 中华人民共和国成立至第一个五年计划前期(1949—1955)

国民经济3年恢复时期,上海虽然形成了沪东、沪西、沪南三大工业区,但是存在明显的问题:一是以轻工业、手工业为主,缺乏重工业;二是在工业布局上缺乏整体统筹规划;三是人口呈现爆炸性增长,1945年上海地区人口密度约为5 453人/平方千米,到1950年,在上海地区面积没有明显增长的情况下,人口密度竟达到了8 060人/平方千米。人口在短时间内的爆炸性增长,大大超过了原有市政基础设施的合理承载能力。加之交通拥挤、住房紧张,市内工业"见缝插针",与民居杂处,污染问题难以解决,严重影响市民生产与生活。城市建设严重滞后于城市发展水平,大城市的"城市病"尤为明显,已经成为上海城市下一步发展的瓶颈所在。

第一个五年计划(以下简称"'一五'计划")前期,为配合国民经济的恢复发展,缓解"城市病"问题,上海开展了一定程度的城市恢复工作。1951年上海提出了"为生产服务,为劳动人民服务,并且首先为工人阶级服务"的建设方针,在主要工业区普陀区建设了上海第一个工人新村——曹杨新村,并且为新村建设了菜市场、学校等配套公共设施。但是由于财政困难,"不能百废俱兴、全面发展",只能"重点建设,一般维持",因此"一五"计划之前上海的城市与工业发展重心在于恢复生产。

1952年,毛泽东在中共书记处会议上初步提出社会主义过渡时期"一化三改造"的总路线。1953年,抗美援朝战争基本胜利,土地改革等运动基本完成,人民民主专政得到巩固。在这一历史背景下,"一五"计划逐步开始实施。我国逐步确立了"优先发展重工业"的发展方针,开始布局全国,重点建设苏联援建的156项国家重点工程,力图改变工业集中在东部尤其是东部沿海一带的不平衡局面。

由于此前国际局势尤其是朝鲜战争和台海局势紧张,"建国初期城市建设的任务不是发展沿海的大城市,而是要在内地发展中小城市,并适当地限制大城市的发展",对上海的定位主要是挖潜以支持国家建设。1953年初,华东工业会议明确指出:华东地区在今后相当长远的时期中,都不是国家建设的重点。为此,上海市委宣布"维持、利用、积极改造"的方针,将上海建设为全国重点建设服务的老工业基地。国家从大局出发,实行沿海紧缩政策,156项目国家重点工程无一落户上海。在一机部的五年计划中,沿海地区建设的项目仅有九个(造船厂及机床车辆厂,以及北京汽车附件厂不包括在内),但上海围绕支援全国的战略任务,积极争取改建、新建一批工业企业,以更好地支援全国建设,如上海汽轮机厂、上海锅炉厂、上海电机厂、上海柴油机厂等大型机电企业就是这一时期改扩建而成。这些大型机电企业也为闵行卫星城的建设打下了基础。

1955年,随着国内外形势的变化,上海市委按照党中央的指示,提出了"必须贯彻紧缩和加强上海"的方针。但是,由于多年没有足够资金的投入,上海城市建设与工业发展几近停滞。1955年上海工业总产值计划为95.38亿元,比1954年增长4.53%,但1955年上海实际完成工业总产值87.2亿元,比1954年减少4.25%。

(二)"一五"计划后期(1956—1957)

1956年是上海经济发展的转折年。1956年初,社会主义三大改造即将完成,同时,国际局势出现了缓和,台海局势基本稳定。毛泽东将注意力转到社会主义经济建设和科学文化建设上来,发表了《论十大关系》,提出要"好好地利用和发展沿海工业的老底子"。随后,陈云来上海传达毛泽东"上海有前途"的指示。上海遂抓住时机,柯庆施在上海市第一届人民代表大会上提出了"充分利用,合理发展"的方针,并且分析了上海工业发展的巨大潜力:首先,上海工业设备的利用率较低,40种主要产品中有35种产品设备利用率在80%以下;其次,上海技术力量强,技术人员有3万多人,技术工人和熟练工人共32万人;再次,上海的工种比较齐全,互相协作比较方便;又次,三大改造后一部分生产力也会得到释放;此外,还有科研机构多、交通便利等优势。这在全国都是少见的。

大会强调要把一切可利用的力量调动起来,释放被束缚的生产力。柯庆施对上海工业发展潜力的认知是准确的,一旦在政策上给予适当鼓励,上海就在短时间内扭转了经济颓势,并且提前一年完成了"一五"计划的任务。

"一五"计划时期,上海在城市建设上主要是建设桃浦工业区市政配套工程、肇家浜埋管筑路工程等。这些工程的兴建,加之对市区人口的疏散,上海的"城市病"有所缓解。在工业布局上,上海新建了7个新兴工业区,即以钢铁、化工为主导的蕰藻浜工业区;以化工为主导的桃浦、吴泾、高桥工业区;以机械工业为主导的彭浦工业区;以机电产业为主导的闵行工业区;以仪表工业为主导的漕河泾工业区。新兴工业区的建设为卫星城建设提供了良好条件,闵行、吴泾等新兴工业区建设已具卫星城的雏形,为迈向"高、精、尖"奠定了基础。

(三)"大跃进"时期(1958—1960)

1958年公布社会主义建设总路线,开展了以钢铁挂帅的"大跃进"运动。"大跃进"运动掀起了全民大炼钢的高潮,以钢铁工业为主导的重工业获得了更多的资金支持。同时,中央也下放了一些财政权力至地方,提高了地方兴办工业的积极性,这也为久旱待雨的上海大规模发展重工业提供了机会。"大跃进"期间,上海城市建设投资达 14 423 万元,比"一五"计划时期城市建设投资总额还多 114.7%。

为解决上海发展空间以及农产品供应、国防安全等问题,1958 年 1 月,中央批准将属于江苏省的上海县、嘉定县、宝山县三县划归上海市。同年 11 月,中央再次批准将江苏省的川沙、松江等 7 个县划归上海市。这 10 个县的划入使上海的面积由 1949 年的 636 平方千米扩大至 6 000 余平方千米,整整增加了近十倍。这就为卫星城与新工业区的建设提供了发展的地理空间,也奠定了现今上海行政区划的基本轮廓。

在扩大行政区划的同时,上海市对原有的市辖区也多次进行了行政区划的整合。1949 年 5 月,解放后上海划分了 20 个市区和 10 个郊区,1956 年初整合为 15 个市区和 3 个大郊区,1958 年撤销 3 大郊区,将东郊区和东昌区合并为浦东县,将西郊区、北郊区分别划入嘉定、宝山、上海 3 个县和邻近市区。1960 年,原 14 个市区合并成为 10 个市区,将上海县及宝山县的部分划出,分别成立以重工业为主要特征的闵行区和吴淞区。市区的整合明确了市区与郊区各自的定位,有利于疏散市区工业至郊区,基本结束了市区城市规划与工业布局的无序状态。

在"大跃进"的推动下,1958 年《1958—1962 年上海工业发展规划纲要》把"逐步建立卫星城镇"作为 40 条任务之一,计划在距离上海市中心 60 千米的范围内建立 3—5 个卫星城镇;提出建设闵行、南翔、嘉定三个地方作为本市迁建工厂的卫星城镇。此后,上海充分挖掘自身潜力,提出建设闵行、嘉定、吴泾、松江、安亭等五大工业或科技卫星城,新建或扩建蕴藻浜、彭浦、吴淞、桃浦、北新泾、漕河泾、高桥、长桥、周家渡、庆宁寺十个工业区。1959 年上海总体规划明确指出:建设目标是"压缩旧市区、控制近郊区、发展卫星城镇",提出卫星城规划的原则与工业布局的总要求。

这个规划十分重要,因为它是上海此时乃至日后发展的基本战略,明确了上海市政、人口和工业发展的方向与格局。与新兴工业区相较,卫星城已经成为上海工业与城市建设的主要方向。至此,上海形成了市中心—近、远郊工业区—卫星城的多层次、由内向外的工业布局与城市发展形态。

在"大跃进"3 年时间内,卫星城与新兴工业区的建设进程极快,其中最先建设也是建设效果最佳的当属闵行卫星城。在"一五"计划时期,上海已经在闵行卫星城改扩建了上海锅炉厂等企业,1958 年之后闵行建成了上海锅炉厂、上海电机厂、上海重型机器厂、上海汽轮机厂四家"万人大厂",号称"四大金刚",是当时上海乃至全国闻名的四家大型机电企业。为了满足闵行卫星城人们的生活需求而凸显"生产和生活并重"的"闵行一条街",更是仅用了3个月就完成了从农田向"社会主义现代化商业大街"的华丽转变,成为上海向中华人民共和国成立10周年献礼的标志性工程之一,毛泽东、刘少奇、周恩来等领导人多次前来视察,中外参观团更是络绎不绝。全国各地的参观者在高峰时每天"平均高达4 000人次以上"。

上海五大卫星城的建设,使上海基本形成了机电、化工、电力等较为完整的重工业体系,特别是有大量科研机构和大学入驻的嘉定科学卫星城的建设,为上海提供了强力的科研支持,形成了工业经济与科技支撑同步发展的形态,这在全中国范围内来看是少见的,为长期可持续发展奠定了基础。卫星城以及新兴工业区的建设不仅优化了上海的工业布局,推动了上海第二次工业改组,而且也疏散了中心市区的人口,减少了市中心区的"三废"污染,为上海的后期发展奠定了良好的基础。

(四)国民经济调整时期(1961—1965)

"大跃进"中由于工业指标过高、基建规模过大,加之自然灾害等因素的影响,国民经济比例严重失调。1960年中央将"缩短基本建设战线保证生产"作为当时"国民经济中一项极为重要的措施",坚决停建应当停建或推迟的项目。1961年中央正式提出"调整、巩固、充实、提高"的八字方针,我国进入国民经济调整时期。以重工业建设为中心任务的卫星城与新兴工业区建设来了一个"急刹车",上海以"调整、巩固、充实、提高"的八字方针为指导,开始进行工业改组,以"缩短重工业战线,压缩基本建设规模,减少职工和减少城镇人口,加强轻工业战线,积极支援农业生产"等作为国民经济调整工作的任务。

值得一提的是,虽然大多数卫星城和新兴工业区都进入了建设低潮期,但吴泾化工卫星城却"低潮"而不"低产",这缘于吴泾卫星城所生产的化工产品为全国各地农业发展急需的化肥、农药等提供了原料或产品。为支援农业方面,上海市着重建设吴泾化工厂年产2.5万吨合成氨、8万吨硫酸的一期工程,由此生产的10万吨氮肥,可以供几百万亩农田使用,这些农田每年可增产6亿斤粮食。这为中国的农业生产提供了一股新兴动力。

经过3年调整,上海的重工业得到适当压缩,在全部工业的比重由1960年的60.2%,下降到1963年上半年的51.2%。其中机电工业共"关、停、并、转118家企业,精简职工6万余人,产值也从1960年的40亿元下降到1961年的20亿元和1962年的10亿元"。同时轻工业和化学工业的发展得到加强,国民经济失调情况得到缓解。

1963年,上海第三届党代会提出:上海要建设成为一个先进的工业和科学技术基地。向"高、精、尖"方向发展,成为上海工业下一步发展的方向。这是一个具有超前眼光的定位和目标,为上海的发展指明了正确方向,在当时中国正在建设完整工业体系的起步阶段,提出这样高标准的目标,实属不易。

1964年前后,国际形势更为严峻,在战争威胁下,中央对国家的工业布局不平衡的问题进行了思考,提出大、小"三线"建设的发展战略。"三线"建设以战备为中心任务,着重发展中西部"三线"建设地区,上海作为东部工业重地,成为支援"三线"建设的主要地区之一。

及至"文化大革命"前夕,上海卫星城建设一再"减速","文化大革命"期间基本停止。但是在利用计划经济的政治优势、组织优势积累下的上海新的工业基础,成为上海支援"三线"建设的重要支撑。上海输出大批人力物力包括各方专家和产品到各地,在全国支援上海的同时,上海也极大地反哺了全国,为国家经济战略的转变作出了巨大贡献。

二、20世纪五六十年代上海城市建设与工业布局调整的成效

在"全国一盘棋"的统筹部署下,20世纪五六十年代上海的工业与城市建设方针虽几经转变,但取得了不错的成效,一方面上海发展成为我国新兴的先进的重工业基地,支援了全国建设;另一方面工业化推动了城镇化的步伐,优化了上海乃至全国的工业布局。这一时期,在重工业整体跃进发展的同时,在征地、"三废"污染、职业病、生活配套等方面也存在一定问题。

(一)建设成为先进的重工业基地

早在20世纪30年代,上海就已经成为中国的工业、金融、航运、贸易中心为一体的多功能经济中心。工业资产总额约占全国40%,产业工人约占全国43%,工业产值约占全国50%。中华人民共和国成立初期,为支援全国建设,上海从"消费的城市转变成了生产的城市"。

但是此时上海工业结构不平衡,仍未能根本改变以轻工业为主的局面。1949年,轻纺工业产值占全市工业总产值的88.2%,重工业的产值仅占全市工业总产值的11.8%,且重工业主要是船舶工业、轻工业和纺织工业的修配服务。但是上海的重工业发展已经有了基础,为日后继续发展提供了条件。

闵行等新型卫星城已经形成了各自主导的产业或发展方向:闵行以机电工业为主导;吴泾以化工工业为主导;嘉定以科学研究为发展方向;松江以轻工业为主导;安亭以汽车工业为主导。上海重工业建设以机电工业闻名。"一五"计

划中 156 项重点工程项目的推进,需要大量机电设备,上海的重工业也正是以此为突破口,大力发展机电工业,对接国家战略需求。毫无疑问,闵行卫星城在上海城市建设与工业布局方面具有重要地位。

中华人民共和国成立初期,我国的水压机制造能力严重不足,限制了我国此时的基础工业和军事工业的发展。为了改变中国水压机制造困境,1958 年 5 月,时任煤炭工业部副部长的沈鸿在出席党的八届二中全会期间,写信给毛泽东建议制造国家急需的万吨水压机,得到批准。当年秋天,他作为总设计师便开始万吨水压机的设计工作。鉴于上海工业基础雄厚,科技较为发达,沈鸿选定在上海开始了万吨水压机的研制。闵行以"四大金刚"为主体,发挥协同作战的优势,分工合作,在研究与设计方面提供支持,并最终制造出中国第一台万吨水压机,不仅显现了新兴上海重工业的能力,大大提高了我国工业和科技水平,而且为国家的实际需求提供了服务。大型水压机是装备制造业的关键设备,水压机的吨位通常可以用来衡量一个国家的重型装备制造业的水平。这标志着我国机械重工业设备制造水平迈上了一个新台阶。

在"大跃进"的号角下,卫星城工业建设的加速不仅体现在企业规模方面,还体现在生产成绩上。1958 年 10 月,闵行的上海电机厂试制成功世界上第一台 1.2 万千瓦双水内冷汽轮发电机,实现了定子、转子双水内冷,使相同体积的发电机发电能力提高了一倍。第一台 1.2 万千瓦双水内冷汽轮发电机仅花了 3 个月便试制成功。1959—1960 年,上海电机厂屡创佳绩:只用 17 天时间快速加工制成一台 2.5 万千瓦汽轮发电机;以 2 个月时间制造成功一台 5 万千瓦汽轮发电机。

闵行作为我国的机电装备制造业基地,不仅对上海的产业布局影响很大,还积极响应国家号召,努力支援全国。1959 年,包钢建设急需一台特殊规格的电动机,"上海电机厂专门抽调工人集中进行攻关,为包钢突击生产,于同年 3 月完成制造任务"。据统计,仅 1958—1960 年 3 年间,上海市累计调出机电设备 21 万台、件,总重 6.8 万吨,价值超过 4.7 亿元。闵行机电装备制造业基地是上海支援全国机电设备的主要力量。闵行支援全国的贡献并不限于机电设备方面,还体现在积极调派干部、技工等奔赴全国上,上海电机厂、上海汽轮机厂、上海锅炉厂将领导班子成套输送到哈尔滨电机厂、汽轮机厂、锅炉厂和武汉锅炉厂。上述措施全方位体现了上海支援全国的实际行动。

(二)推动城镇化进程,优化工业布局

在以工业为中心的闵行等多个上海卫星城建设的过程中,人口分布、城市建设、居民生活等都受工业布局的影响。以闵行为例,中华人民共和国成立前,闵行是一个农村产品集散的市镇,约有6 000余人,到了1961年仅基本人口(主要是企业职工)就有35 122人,占总人口比重的45.9%。短短十余年人口增长了约13倍,增长速度不可谓不迅猛。这主要是上海市区人口尤其是工业生产和相关人口的空间位移所致。工业建设带动了城镇发展,基础建设、公用事业、住宅建设、商业服务等逐步跟上。虽然在城市建设上还有诸多不足,但在产城融合方面仍取得了不错的成绩,闵行成为机电卫星城、嘉定成为"科学卫星城",城市重工业发展雏形已形成,为今后的建设和发展奠定了基础。

1959年4月,《关于上海城市总体规划的初步意见》(以下简称《初步意见》)编制完稿。在工业布局、城市总体布局上,《初步意见》依据原有战略方向,提出了总原则"压缩旧市区、控制近郊区、发展卫星城镇",并对旧市区、近郊区、卫星城工业和人口问题及三者的相互关系展开了详细阐释,使上海的发展方向更加明确、细化。

"大跃进"时期,诸多大型精密尖端的项目亟待选址上马,而旧市区要"压缩"、近郊要"控制",所以只有在远郊开辟卫星城才能适应和满足工业生产不断发展和跃进的要求,完成大量分散人口的重大任务。卫星城的重要性已经不言而喻,《初步意见》明确指出"把旧市区人口减少到300万左右(连近郊工业区共400万左右),在外围建立卫星城镇,把一部分工业和人口疏散出去"是城市发展的唯一出路,"这样做既能为工业生产的健全发展,又能为旧城市的合理规划和改建,为城市人民居住条件和生活环境的彻底改善,创造必要的条件。"

卫星城的工业分布和建设,有利于城市工业布局的调整,进而影响到城市布局。1961年城市建设局提出:今后的上海应该"由原来的单一城市逐步发展成为以市区为核心,各近郊工业区和卫星城镇相互隔离、相对独立而又有机联系的组合城市"。闵行等卫星城的建设,在后期尤其是"文化大革命"期间,步伐缓慢下来,并没有很好完成疏散城市人口的任务,但就其对城市和工业布局的意义而言,功不可没。它是中华人民共和国城市化和工业化进程中的探索者,为我们的新型城镇化建设提供了经验和教训。

经过多年建设,闵行卫星城的建设不仅影响了城市建设,而且改变了上海的工业结构。到1960年,同1957年相比,上海的重工业增长了406.8%,而整个轻工业仅增长61.2%。上海的重工业取得飞跃式的进步,不仅改善了自身的工业结构,还为20世纪70年代以后金山石化、宝山钢铁等重大国家工业项目落户上海提供了工业基础和宝贵经验,更重要的是,上海重工业的长足发展符合国家的建设需要,顺应了时代潮流。

(三) 工业化带来的问题

在中心城市的外缘建立卫星城,迁入或者新建大型企业只是开始,还需要重视生活配套设施的完善、污染与职业病的防治等问题。卫星城在建设过程中,特别是"大跃进"时期,往往注重速度而忽略质量,注重生产而忽略生活,注重工业而忽略农业、轻工业,这也使得工业化带来了一些问题。

1961年年底,上海城市建设局对近郊工业区和卫星城住宅建设及公用设施配套情况进行了调查,调查显示,生产与生活脱轨严重。以住房问题为例,至1960年底,卫星城职工人数从1957年末的0.9万人增加到6.6万人(松江和嘉定不包括原有开办工厂企业单位职工人数)。职工人数增加了4.1倍,而住宅面积只增加了一倍多一点——原有住宅面积26万平方米,新建了28万平方米。即使有居住场所,条件也普遍较差,很多职工住在车间、仓库、办公室、草棚里面。例如,吴泾上海电化厂有200多人住在车间、水池和猪棚里,住在车间里的人,有的衣服都被氯气腐蚀了,水池蚊虫很多,不能安眠。这种情况不仅影响职工的休息和健康,而且妨碍生产。显然,生活设施建设跟不上工业生产的步伐。

随着大量工厂企业的新建和迁建,卫星城工业建设迅猛发展,工业生产过程中的"三废"数量急剧增加,性质日趋复杂,危害愈发严重。上海卫星城工业"三废"污染问题的产生涉及市政规划方面的因素,但更多地受到许多非规划因素的制约。工业"三废"污染带来的一些厂群冲突问题,促使相关部门逐渐提高了认识并加紧了治理的步伐。

在生产过程中,由于生产情况不断变化,政策出现滞后性等主观原因,以及生产环境恶劣等客观原因,工业职业病问题逐渐凸显出来。对闵行1958—1978年职业病发病情况的调查分析表明,1958—1978年,闵行区共确诊职业病1 821例。职业病患者中,尘肺病人最多,居第1位,共798例,占总病例的43.82%;其次是职业中毒,共435例,占总病例的23.89%。为此,国家通过逐步建设职业病防治所的办法,对政府、企业、工人个体采用各种方式,职业病防治取得了一定的成效,缓和了多种矛盾。这一时期工业职业病的防治,是工业化初级阶段必然出现的问题,也为党在社会主义建设初期的重要探索积累了实践经验。

三、20世纪五六十年代上海城市建设与工业布局的特点

20世纪五六十年代,是我国社会主义建设的探索时期,这一时期国家制定了"优先发展重工业"的经济发展方针,上海坚决服从"全国一盘棋"的战略,抓住机遇,充分利用自身经济社会条件,走出一条以卫星城为特色的城市建设与工业

发展之路。

(一) 坚决服从、服务国家发展战略

上海始终把自己的发展放在国家全局之中,屏弃狭隘的地区主义。这一时期国际环境严峻,国内经济基础薄弱,从"三大改造"到社会主义建设总路线,再到"三线"建设,中央在寻找适合中国国情、具有中国特色的工业化、城镇化道路过程中进行了一系列探索。上海是中国最大的工业中心、经济中心,经济社会条件相对雄厚,但主要基于两方面因素,中央将上海发展纳入国家战略通盘考量,一是中华人民共和国成立后面对西方的封锁和战争的威胁,二是必须充分考虑各种因素,从国家整体工业布局与城市建设的角度来制定发展战略,增加对内地工业建设的投入,这是巩固社会主义政权,发展社会主义经济的需要。

"一花独放不是春,百花齐放春满园。"上海在这一时期服从国家发展战略,利用自身条件,深入挖潜,积极支援全国建设。据不完全统计,仅1950年至1958年间,上海赴外地劳动者就达150万人以上,支援全国的工程技术人员与技术工人17.7万余人,培养了艺徒13万人,支援机器设备、工业制品更是难以计数。上海在这一时期由一个1949年前的资本主义工商业城市完成了向社会主义建设"输血者""造血者"的转变。上海秉承的是自身是国家全局战略中的一个部分,应该为全局作贡献的宗旨。

(二) 抓住机遇,充分利用自身优越条件

国家战略因势而定,上海经济发展战略更应因时而变。1956年国家提出发展沿海工业,上海抓住机遇,提出"充分利用、合理发展"的方针,搞活了上海经济。在"大跃进"浪潮中,上海更是提出了建设卫星城的发展思路,短短数年就打开了僵局,奠定了上海工业布局与城市建设发展的基本轮廓。

卫星城的建设不仅是上海抓住机遇的表现,更是建立在上海自身优越的经济社会条件之上的。交通便利,工业基础雄厚,工业种类齐全,科学技术力量较强,产业链协作便利,各个技术领域和各个工种完整雄厚的技术人才和多元的科技人才集聚,尤其是历史悠久、深入骨髓的创新基因和创新动力等,都是上海的优势所在、自信所在,也是日后上海成为改革开放排头兵、创新发展先行者的基础所在。

(三) 错位发展,积极转型升级,迈向"高、精、尖"发展

上海经济社会条件优越,但是在原材料和能源方面需要全国支援,如何与国内其他城市特别是中西部城市错位发展,积极转型升级,成为上海工业建设必须面对的问题。国家要优化东西部工业布局,又要充分利用上海老工业基地的优势,这就要求上海必须在产业结构上作出改变。为此,1956年至1965年间,上

海先后进行了三次工业改组。其中重要内容之一就是裁并、重组众多小厂为骨干大厂。根据国家发展需求,按照行业将其梳理成专业公司,这就为重工业产品协作成套生产提供了条件,优化了上海的产业结构,促进了产业转型升级,一大批技术含量低、需要大量原材料的轻纺工业外迁至中西部棉花等主产区,一大批技术先进、对国计民生具有重要影响的重化工企业得以落地。

上海不仅是全国先进工业基地与科学技术基地,更是中国赶超国外先进工业技术水平的排头兵。1963年上海市第三届党代会上提出,要有计划、有重点地向"高、精、尖"方向发展,要以发展新材料、新设备、新技术、新工艺为中心,着重抓新型金属材料、石油化工和高分子合成材料、新型无机非金属固体材料、电子器件和电子设备、精密机械、精密仪器仪表等6个重点新兴工业和15项新技术(后续补充了3项新技术)。1965年制定的《上海工业赶超世界先进水平规划纲要(1965—1970)》,为上海工业与科技发展指明了方向。此时西方敌对势力对中华人民共和国的禁运并未解除,在上海转型升级、迈向"高、精、尖"的道路中,上海的"创新基因"得到充分激发,新的社会条件下上海工程师们和工人阶级的创造性表现得淋漓尽致。一大批赶上甚至接近国际先进水平的产品问世,如人工合成胰岛素、万吨水压机、10万千瓦双水内冷发电机等。

(四)以工建城,以城促工,工业化与城镇化深入融合发展

工业化是城镇化的动力,城镇化是工业化的载体,上海在20世纪五六十年代城市建设与工业布局中一个突出的特点就是:工业化与城镇化深入融合发展。将需要发展空间大、污染较多的重工业建设在卫星城,便于控制和改造,这是一种工业化与城镇化深入融合发展的典型。

大量的人口积聚于卫星城和新兴工业区,便于上海疏解中心市区人口,减少"三废"污染,缓解"城市病"问题。卫星城也在一定程度上突破当时"先生产,后生活"的普遍理念,建设"闵行一条街",各大厂建设有学校、托儿所、医务室、食堂、大礼堂等生活娱乐场所,坚持"边生产、边生活",虽然后期由于资金原因,"生活"方面的建设有所放缓,但这种"边生产、边生活"的理念对调整生产与生活关系,改善人民生活条件而言,无疑是一种创新。

从全国来看,1958年前后,卫星城的建设虽然在北京、上海、南宁、天津、吉林等地都有所实践,但后来基本上都中断了。相比之下,只有上海五大卫星城"从一而终",效果尤为明显,尤其是闵行机电卫星城成果卓著,奠定了中国重工业新建一个南方基地的格局。这也改变了上海解放前虽然号称工商业城市,但只是以轻工业和手工业为主的局限。到了20世纪70年代,上海利用发展卫星城的经验,更是开辟了金山石化卫星城与吴淞钢铁卫星城,为上海乃至全国的经

济建设助力。

在中华人民共和国成立70周年和上海解放70年之际,在改革开放进入新阶段之时,回首过往上海的城市建设与工业布局调整历程,我们不难发现,上海有勇挑重担的能力和志气,有不断探索与创新的基因,有自我加压的高远目标,成为探索社会主义建设时期经验的典型。这对当下上海建设国际经济、金融、贸易、航运、科技创新中心,当好改革开放的排头兵、创新发展的先行者具有重要意义。今天重温这段历史,有助于进一步深刻认识中国从站起来、富起来到强起来的艰辛探索和历史必然,有助于实现"两个一百年"的伟大目标。

参考文献

1. 《1958—1962年上海工业发展规划纲要》,1958年5月16日,上海市档案馆藏,B29-1-108-59。
2. 《关于加强闵行的政权机构,成立闵行区的报告(草案)》,上海市档案馆藏,B1-1-1375。
3. 《关于上海城市总体规划的初步意见》,1959年10月,上海市档案馆藏,A54-2-718-34。
4. 《关于上海市1961年地区经济协作情况和今后工作意见》,1961年12月30日,上海市档案馆藏,B29-2-899。
5. 《国内形势辅导报告:大跃进的果实——吴泾化工厂介绍》,1963年12月1日,上海市档案馆藏,C26-2-86-117。
6. 《检送关于闵行规划和建设问题调查研究报告的函》,闵行区档案馆藏,A7-1-0029-002。
7. 《近郊工业区和卫星城镇住宅建设及公用设施配合问题》,1961年,上海市档案馆藏,B257-1-2752。
8. 《毛泽东文集》第七卷,人民出版社1999年版;《调动一切力量,积极发挥上海工业的作用,为加速国家的社会主义建设而斗争——柯庆施同志在上海市第一届人民代表大会第四次会议上的报告》,1956年,上海市档案馆藏,B123-3-890-1。
9. 《闵行情况介绍参考资料》,闵行区档案馆藏,A7-1-0012-004。
10. 《上海人口的现状和预计》,1963年,上海市档案馆藏,C43-1-460-184。
11. 《上海市城市建设局关于城市规划设计院三年工作总结》,1961年10月14日,上海市档案馆藏,B257-1-2428-1。
12. 《上海市人民委员会转发国务院〈将江苏省的川沙、青浦、南汇、松江、奉贤、金山、崇明划归上海市的通知〉的通知》,1958年12月,上海市档案馆藏,B24-2-47-9。
13. 包树芳、忻平:《20世纪50年代上海卫星城战略形成的历史考察》,《史林》2019年第1期。
14. 当代中国研究所编:《中华人民共和国史编年(1953年卷)》,当代中国出版社2009年版。
15. 上海经济编辑部编:《上海经济(1949—1982)》,上海人民出版社1983年版。
16. 上海劳动志编纂委员会编:《上海劳动志》,上海社会科学院出版社1998年版。

17. 上海市计划委员会编:《上海市计划报告集(1949—1998)》,上海市计划委员会办公室、编志办公室1998年版。
18. 上海市统计局编:《1983年上海统计年鉴》,上海人民出版社1984年版。
19. 上海市统计局编:《胜利十年——上海市经济和文化建设成就的统计资料》,上海人民出版社1959年版。
20. 上海市统计局、国家统计局上海调查总队编:《光辉的六十载——1949—2009上海历史统计资料汇编》,中国统计出版社2009年版。
21. 上海通志编纂委员会编:《上海通志》,上海人民出版2005年版。
22. 孙怀仁:《上海社会主义经济建设发展简史(1949—1985)》,上海人民出版社1990年版。
23. 田新:《上海电机厂佳节传喜讯》,《文汇报》1960年1月31日。
24. 王雪冰:《上海闵行卫星城工业职业病防治研究(1958—1978)》,硕士学位论文,上海大学,2017。
25. 张蓓蕾:《闵行区47年累计尘肺病例分析》,《劳动医学》2000年第1期。
26. 中共上海市委党史研究室编:《上海支援全国》,上海书店出版社2011年版。
27. 中共上海市委党史研究室、上海市档案馆编:《上海市党代会、人代会文件选编》下册,中共党史出版社2009年版。
28. 中共中央文件研究室编:《毛泽东年谱(1949—1976)》第1卷,中央文献出版社2013年版。
29. 中共中央文献研究室编:《建国以来重要文献选编》第六册,中央文献出版社1993年版。
30. 中国社会科学院、中央档案馆编:《中华人民共和国经济档案资料选编(1953—1957)》,中国物价出版社1998年版。
31. 中国社会科学院、中央档案馆编:《1958—1965中华人民共和国经济档案资料选编(固定资产投资与建筑业卷)》,中国财政经济出版社2011年版。
32. 邹依仁:《旧上海人口变迁的研究》,上海人民出版社1980年版。

清末民国上海机器挖泥船的发展史

刘炳涛(上海电机学院马克思主义学院教授)

2014年9月5日,新华网刊登一则题为《美国关注中国挖泥船南海造岛:改变南沙地图》的消息:外媒称,美国和亚洲情报机构正在"密切"追踪中国一艘大型挖泥船的动向,该船在南海的"造岛"活动正在时时刻刻改变该地区的地图。[①]这里所说的大型挖泥船指的就是"天鲸"号。为什么这样一艘大型挖泥船却得到多国情报机构的关注呢?挖泥船主要用于航道疏浚、建设港口,其使用范围不断在扩大,开拓运河、修筑堤坝、采掘矿藏、围垦造田以及填海造陆等,是重要的工程船舶。但随着领土争端的日益加剧,尤其是填海造陆功能的凸显,巨型挖泥船越来越具有军事设施的性质。"天鲸"号挖泥船装机功率、疏浚能力均居亚洲第一,世界第三,被称为"填海神器"。其作业能力惊人,能够从海底挖泥,然后以每小时4 500立方米的速度排泥。情报部门最近从空中拍摄的照片显示,中国这艘127米长的挖泥船在过去3个月时间里,将南沙群岛的两处目前处于中国控制下的岛礁变成了可以在上面从事新的建设活动的状态。所以,外国情报部门如此关注此船的动向也就不足为怪了!

自从1770年世界首条链斗式挖泥船在荷兰问世以来,其历经200余年沧桑,与人类社会的生存和发展结下了不解之缘。本文主要就机器挖泥船在上海的发展史作一梳理。

一、19世纪60—90年代机器挖泥船的传入期

18世纪末,英国瓦特发明了蒸汽机,引发了欧洲的工业革命,以蒸汽机为动力的机械挖泥船随之问世,从此,疏浚工程开始了从人力为主变为机械为主的新时代。尤其是进入19世纪80年代之后,"新旧大陆各国家,对于挖泥机之制造与设计,皆有突飞猛进之惊人发展;旧日之迟缓不力,效率低下之器具,一变而为

---

① http://news.xinhuanet.com/mil/2014-09/15/c_126984394.htm.

现代庞大无伦,高度效率之机械。"①

而随着国门的大开,国外一些先进的技术首先传入上海,极大提升了工程建设的能力,加速了上海的近代化进程,机器挖泥船就是其中之一。

在机器挖泥船之前,河道的疏浚主要依靠劳力和水车进行,费时费力费钱,收效反而甚微。从1890年后期和1891年初疏浚苏州河的情形可窥知传统河道疏浚的过程。"完全用水坝拦住,所有进入该段的支流,也同样被堵塞。下一步是排水。这一步几乎完全是用体力或者确切说是用脚踏的劳动来做的。人们使用了数以百计的农村中普遍用来抽水灌溉水稻田的小水车。水车把水抽出,灌入周围的乡村土地。排水后,苦力每人拿着一根竹扁担、两只篓筐和一把铁锹,把河底两边的淤泥挖出,搬上河岸,堆在附近的土地上。这项工程雇佣了几千人。工程完毕时,支出费用已达十几万两银子。我担心,其结果并不会带来永久性的利益。我听说,一些老年居民们记得在三十年前也进行过类似的工程。"②但随着上海开埠,往来黄浦航道的船只日趋增多并趋向大型化,传统的疏浚方式已经不能够满足港口发展的需要,需要新的技术来完成这一使命,就在此时西方先进的技术装备——挖泥船被引入上海航道的疏浚中,最早应用机器挖泥船是在苏州河,1864年李鸿章在苏州河上使用机器挖泥船疏浚河道③,开启了上海航道机械疏浚的时代。

1881—1895年,清廷开始大量引入机器挖泥船疏浚上海航道。1881年底,清政府与英国签约,由西门斯公司制造大型挖泥船,于1882年制造完竣并下水,命名为"安定"号,并于1883年开始在吴淞口内挖泥,"该机船船长与南琛铁甲船不相上下,惟稍阔而高,船尾有烟囱二,船头之底留一空隙,上置挖泥机器盘车,颇似中国农人戽水之具,从下翻上如粪箕者,共三十六叶,每叶可捞泥三百斤,一转旋间可挖去泥一万零八百斤。旁有马头船十艘,将泥运去,每一点钟十船皆满。"④后因船小费用大而效果小,又值中法开战,便暂时停止。1888年上海地方政府又向朋松船厂定造机器挖泥船三艘,以开浚吴淞江。⑤但机器挖泥船太小,挖掘进速太慢,随挖随淤,所费甚巨,再加上清政府态度消极,使得这一时期航道疏浚的效果并不明显。

---

① 乍人:《挖泥与挖泥机之历史的研究》,《津浦铁路日刊》1936年第1483—1507期。
② 徐雪筠等译编,张仲礼校订:《上海近代社会经济发展概况(1882—1931)》,上海社会科学院出版社1995年版,第22—23页。
③ 朱锡培:《苏州河之最》,《城建档案》2003年第2期。1879年12月23日《申报》刊载的《开挖河口》一文中,也是运用挖泥船疏浚苏州河。
④ 《挖泥详纪》,《申报》1884年10月12日。
⑤ 《吴淞新语》,《申报》1888年7月21日。

二、20世纪初至30年代机器挖泥船的发展期

从20世纪初到30年代是机器挖泥船在上海的迅猛发展时期,可以分为以下几个阶段:

第一阶段:1905—1910年奈格首次系统地利用机器挖泥船对上海航道进行疏浚

1905年6月,在英、荷等国的压力下,南洋大臣答应聘请荷兰人奈格(J. de Rijke,一译为德里克)为河道局技术顾问、总经营师(即总工程师),同时,成立浚浦工程总局,负责航道疏浚工作。①

奈格提出治理黄浦江的计划主要任务之一就是浚深航道,而此项工程采用传统的人工疏浚方法根本行不通,只能使用机器挖泥船。奈格曾说道:"将北道极力用挖泥之法浚深且修筑水闸,及他种工程于南道一带阻止流水冲入,是为浚浦工程当务之急。今欲成效可观而需费甚廉起见,急应用最精挖泥机器二副(或三副尤要)刻日开工。"②工程刚开始时只有三艘挖泥船——2艘有挖斗,1艘有抽水泵[这三艘挖泥船分别是"科隆尼亚"(Colonia)号、"罗迈尼亚"(Rhemania)号和"沙可罗"(Cyclaop)号],后来添了2艘有挖斗的挖泥机。③

图1　荷兰承包商的挖泥船在炮台湾挖泥

图2　荷兰工程师在建设中国港口时曾用的挖泥船模型

资料来源:上海中国航海博物馆"航路1600:四百年中荷航海交往史"展览。

---

① 在以往年代的史料、文件和报道中,均把开局名(或前身)称为"黄浦河道局",近来经过详加考订发现,开局名称应为:浚浦工程总局。详见上海航道局局史编写组编:《上海航道局局史》,文汇出版社2010年版,第12、13页。
② 《挖泥工程》,上海中国航海博物馆"航路1600:四百年中荷航海交往史"展览。
③ 徐雪筠等译编,张仲礼校订:《上海近代社会经济发展概况(1882—1931)》,上海社会科学院出版社1995年版,第148页。

第二阶段：1911—1928 年海德生进一步利用挖泥船对黄浦航道进行疏浚

1910 年 12 月经外交团的批准，由从事道路、河流和运河工程的瑞典皇家工兵部队中尉海德生（H. von Heidenstam）先生接替奈格先生总工程之职。①他基本沿袭奈格的整治方案，侧重于挖泥，继续浚深黄浦河道。

1912—1920 年，在海德生的主持下，浚浦局对航道进行了一系列的工程。②伊始，由于机器设备不足，浚浦局承包外商从事作业，时或租用其他各国的挖泥机，如 1915 年曾先后租用荷商如江公司两部挖泥船，随着工程的进展，浚浦局不断购置新的挖泥船。③截至 1921 年，笔者在《申报》中查到的就有"上海"号、"海龙"号、"海鲤"号、"海蟹"号、"海蝎"号挖泥船④。在 1912—1921 年的 10 年，共挖泥 927 万立方码（709 万立方米），其中外商承包挖泥 515 万立方码（394 万立方米），其余为浚浦局自行完成。⑤

为提高挖泥工效，浚浦局曾于 1922 年和 1923 年两年先后购置斗梯式挖泥船（"海虎"号）和新式吹泥船（"海象"号）各 1 艘。⑥及至 1924 年，浚浦局曾向大阪铁工厂订购的挖泥机正式开工，"该轮能挖深四十六尺，开足机器每小时出泥一千吨以上"；在求新厂定造的小挖泥轮专挖浅水河道，"能挖深二十一尺，每小时出泥一百五十吨"；向瑞瑢厂定铸的吸泥船"每小时能吸泥一千二百吨"。⑦

图 3　"海虎"号挖泥船（左）和"海象"号吹泥船（右）

资料来源：上海航道局局史编写组编：《上海航道局局史（第一部　1905—1988）》，文汇出版社 2010 年版。

---

①　徐雪筠等译编，张仲礼校订：《上海近代社会经济发展概况（1882—1931）》，上海社会科学院出版社 1995 年版，第 150 页。
②　徐雪筠等译编，张仲礼校订：《上海近代社会经济发展概况（1882—1931）》，上海社会科学院出版社 1995 年版，第 193—194 页。
③　《浚浦局纪事》，《申报》1915 年 9 月 9 日。
④　《申报》1915 年至 1920 年报道。
⑤　上海航道局局史编写组编：《上海航道局局史》，文汇出版社 2010 年版，第 39 页。
⑥　徐雪筠等译编，张仲礼校订：《上海近代社会经济发展概况（1882—1931）》，上海社会科学院出版社 1995 年版，第 195、290 页。
⑦　《浚浦局添购挖泥机》，《申报》1924 年 2 月 26 日。

到1926年,浚浦局共有"大号梯式吊桶挖泥机两艘(在水深四十尺每小时能挖六百方码),小号梯式吊桶挖泥机一艘(在水深二十一尺每小时能挖一百方码),大号铁攫挖泥机三艘(在水深四十尺每小时能挖一百方码),小号铁攫挖泥机一艘(在水深二十尺每小时挖能泥二十方码),大号抽泥机二艘(将水泥用管抽上岸,每小时能抽八百方码)"①。

第三阶段:1929—1937年自主设计机器挖泥船

随着疏浚工程的进行,浚浦局的规模和资产越来越雄厚,专门从事航道疏浚。"本局有大号斗梯式挖泥机三艘,挖泥速度每小时六百立方码,大号吹泥机二艘;大号抓泥机三艘,每艘每小时可挖一百立方码;小号斗梯式挖泥机三艘,小号铁抓式挖泥机一艘,又实验冲泥机一艘。本局运泥船只,计有大拖船十一艘,小拖船三艘,又运泥船二十六艘(容量自110至380立方码),其中九艘装有倾泥齿轮,一艘自能推动。"除浚浦局主要负责河道的疏浚之外,私家企业也拥有挖泥船在各自码头进行河道疏浚,"私家之铁抓挖泥机,其挖泥量平均每抓一立方米码以内者,约计二十艘,专在各处码头挖泥。"②

1937年查得利离职后,薛卓斌担任浚浦局总工程师,为该局有史以来第一位任总工程师的中国人,其主要工作是疏浚长江口的神滩。

早在1914年,海德生总工程师向浚浦局递交了一份题为《考察长江江口湾的必要性》的备忘录,指出吃水30英尺的外洋轮船进港的真正障碍是长江沙洲即神滩,此后便没有后文。③其后,神滩淤浅越来越严重,"扬子江口之浅滩(俗称神滩,其实尚包括其他面积)久为进口船只之障碍。频年以来,船舶吃水加深,浦江深度日见改善,于是此滩遂益为航行之大梗。"于是,在1930年下半年,浚浦局又将上项计划续行呈请,方得到政府核准。

但由于工程浩大,普通挖泥船无法胜任此项重任,"故欲于合理时期内,达到此项目的,非有最大出泥量之挖泥机不为功;盖神滩随挖随淤,挖泥率必须超过重淤率而后可也。"于是便于1932年通过招标的方式向全世界征集,最后决定由德国但泽造船厂承造,定名为"建设"号,开全世界最大挖泥船之新纪录④(一说为世界第二大挖泥船)。"该机长三百六十英尺,阔六十英尺。装泥二千五百立

---

① 《浚浦局挖泥机船之调查》,《申报》1926年2月8日。
② 上海浚浦局:《上海港口大全》,上海浚浦局1934年刊行,第63—64页。
③ 徐雪筠等译编,张仲礼校订:《上海近代社会经济发展概况(1882—1931)》,上海社会科学院出版社1995年版,第196页。
④ 《上海浚浦局建造大挖泥船》,《轮机期刊》1934年第8期。

方码（外加带起之水）时吃水十八英尺。推动机、抽泥机各有马力约二千五百匹，共计马力五千匹。锅炉或煤或油均可燃用。挖泥时速率每小时约二英里；而船底有吸泥管，端作铲状，插入泥中二三英尺。此管可以下伸，至水平线下四十五英尺处挖泥。抽泥机吸起泥浆，经吸泥管而达漏斗形之受泥器，当机船满载淤泥时（约二十分钟后），将吸泥管举起，即可驶行两英里，至相当地点。"①该挖泥船于1935年4月抵沪，1936年正式在神滩开挖，到八一三事变后停止，1941年11月被日本截往门司②。

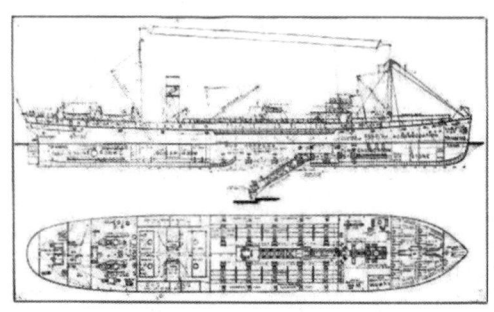 

图4　浚浦神滩之拖吸式挖泥船图样（左）和"建设"号挖泥船（右）

资料来源：左图来源于《上海港口大全》，上海浚浦局1934年刊行；右图来源于《复兴月刊》1935年第9期。

巨型挖泥船"建设"号在神滩浚挖工程进行顺利，但挖浚工作仅限于白昼，浚浦局为工程迅速起见，筹划日夜浚挖办法，"查氏末称该局正在筹划建造与建设号同样巨型之挖泥船一艘"③，并于1937年招商投标，其规模要大于"建设"号挖泥船④。这就是由中国人薛卓斌自主设计的巨型挖泥机"复兴"号，"此轮乃由浚浦局总工程师薛卓斌及P. M. Fawcott君，Chatley博士，与Wiliam Smith君合作定规范，设计而成"，由德国但泽造船厂承造，造价23.5万磅，较"建设"号贵一半，新轮每小时可挖泥浆1.2万立方码，合原来积泥6 000立方码，等于每15分钟装满一船，计4 000吨。该轮为当时世界上最大之挖泥船，但因战争被羁留在德国但泽船厂。⑤

---

① 《上海港口大全》，上海浚浦局1934年刊行，第144—145页。
② 《新闻报》1941年11月4日。
③ 《浚浦局拟再添造巨型挖泥船》，《航业月刊》1936年第12期。
④ 《浚浦局添造挖泥船》，《航业月刊》1937年第10期。
⑤ 《浚浦局之拖吸式挖泥轮"复兴号"》，《工程报道》1947年第29期。

三、20 世纪 40 年代机器挖泥船的衰落期

八一三事变后,因受战争影响,上海航道疏浚即告停顿。"上海浚浦局被日方所扣挖泥技术船,计有建设、海马、海龙、海虎、海鲤、海獭,暨测量船等大小 10 艘,而接客小轮(拖船、交通船)尚不在内。"①据统计,从 1937 年 11 月起,浚浦局所有大小船舶全部被日军掠夺。仅有可查的挖泥、测量、吹泥、打桩、起重、潜水、拖带等主要船只中,被使用损坏的有 33 艘,被掠夺的有 12 艘,被炸沉的有 1 艘,失散的有 1 艘,另外还有 90 艘驳船、舢船被劫受损。②

挖泥船的损失使得航道疏浚工作无法正常开展,带来严重后果。"兹是项船只,日方迄未允发还。近以浦江水流及航路,均已引起重大影响,淤泥日积,致河床日狭,近岸之处,吃水较深船只,在落潮时,已难拢岸。且转瞬冬季,浅水期一到,则影响尤巨。"③吴淞口外神滩已开浚的区域因为停工而又全部被泥沙填塞,前功尽弃。苏州河内疏浚工程虽已完成十之八九,也功亏一篑。吴淞口航道泥沙淤积,较大船只无法驶入黄浦江,只得改泊吴淞口外或减载后进口。在此期间,迫于社会舆论和各国航商的压力,日本人也曾组织过对黄浦航道的疏浚,但效果十分微小。从 1938 年起至 1945 年 8 月止,共 7 年零 8 个月,黄浦江航道挖泥含量合计为 260 余万立方码,只是战前 1936 年一年挖泥量的 88.5%。这使航道和码头水深情况日益恶化。④为应付危局,当时"该局曾拟自外埠多租挖泥船来沪,加速浚浦工作,然此项企图均告失败,致目前之工作,仍赖少数船只以维持"⑤。

及至抗战胜利后,仅收回挖泥船 10 艘,其中可用者仅有 6 艘,其余需要修理后方能能用。如大型挖泥船"建设"号于 1946 年从日本人手中收回后经过半年的修理才恢复旧观。截至 1947 年,浚浦局已经拥有大型斗梯式挖泥船 2 艘,中型 1 艘,小型 1 艘;铁爪式挖泥船 4 艘,拖吸式 2 艘,吹泥船 2 艘。而且巨型挖泥船"复兴"号也在与苏联进行交涉收回。⑥相应地,挖泥量也恢复到每月 24 万立方码,约等于战前 96%。⑦

---

① 《浚浦局交涉挖泥船》,《申报》1938 年 10 月 28 日。
② 茅伯科主编:《上海港史(古、近代部分)》,人民交通出版社 1990 年版,第 382 页。
③ 《浚浦局交涉挖泥船》,《申报》1938 年 10 月 28 日。
④ 茅伯科主编:《上海港史(古、近代部分)》,人民交通出版社 1990 年版,第 384 页。
⑤ 《中华新报》1942 年 1 月 16 日。
⑥ 上海浚浦局:《上海港口大全》,上海浚浦局 1934 年刊行,第 148—149 页。
⑦ 《战后复原与工程恢复》,《新世界月刊》1947 年第 4 期。

四、结论

随着上海开埠,先进的技术装备机器挖泥船被引入上海航道的疏浚中,开启了上海航道机械疏浚的时代,加速了上海的近代化进程。民国时期机器挖泥船的发展经历了三个发展阶段,即19世纪60—90年代的传入期,20世纪初至30年代机器挖泥船的发展期,20世纪40年代机器挖泥船的衰落期。

简析太湖下游水环境的变化和以浦代江的必然性

陈瑞丰(上海电机学院马克思主义学院副教授)

为治永乐元年(1403)的苏松水患,明成祖户部尚书夏原吉改变疏塞除堵的传统方法和思路,另辟蹊径,立足于顺流引水入海的思路,疏凿范家浜,疏浚"松江大黄浦",形成今天黄浦江河道的雏形,取代吴淞江,成为太湖下游泄水干道。历经后世的不断修建和改造,太湖下游以黄浦江为"正脉"的水系格局最终形成。关于夏原吉改变太湖泄水"正脉"的研究已经很多,综合以往的研究资料,从永乐元年以前,太湖平原吴淞江流域水环境的历史变迁看,以浦代江是历史必然。

一、从江南水乡到水患之地:太湖下游水环境发生变化

公元1403年之前,吴淞江是太湖下游泄水"正脉",太湖下游水系格局以吴淞江为干流形成。根据《尚书·禹贡》记载:"三江既入,震泽底定",震泽即太湖;意思是三江将太湖的水导入大海,太湖也就稳定了。又根据东晋庚仲初《扬都赋》,"今太湖东注为松江,下七十里有水口分流,东北入海为娄江,东南入海为东江,与松江而三也",三江即吴淞江、娄江、东江;意思是太湖出水主流为松江,即吴淞江,下行七十里后由一分三,往东北经娄江入海,往东南由东江入海。

水是生命的基础。有以吴淞江为干流的水网体系,太湖下游水渠纵横,湖泊密布,水上交通便利,河港交叉的地方就会集聚人口,形成集市、集镇等商业网点,如今已很难统计今上海市境内在历史上有过多少镇,或被百姓称为"镇"的地方。依傍古镇名邑,太湖下游创造了新石器时代的马家浜文化、崧泽文化、良渚文化和马桥文化(先越文化),春秋战国时代的吴文化、越文化、吴越文化,以及中国最早的江南水乡文化。星罗棋布的水网体系孕育了早晚稻,包括非常有名的红莲稻,而且稻田中少杂草;河道富含水生植物和鱼类,松江鲈鱼成为吴淞江和吴江地区的象征。以吴淞江为干流的河道、水利、农业,使太湖下游曾经是中国

最发达的鱼米之乡,吴淞江流域曾经是最经典的江南区域。[1]

但是,吴越之后,江南水乡的水环境开始发生变化。吴越期间,太湖下游就出现过淤浅和治理现象,随着北宋中叶,娄江封闭,东江封闭,到南宋初叶,形成"三道合一",只吴淞江一个泄水入海通道,淤塞、水患严重起来,之后一直有愈加严重的趋势。比如,元初水灾频发,民不聊生。"至元二十一年春,大水。二十三年六月,平江路坏民田一万七千二百顷。二十四年,大水。二十五年夏,大水。二十七年,大水。"[2]至元二十八年,"东南风,水回太湖,则长兴、宜兴、归安、乌程、德清等处水涨泛滥。西北风,水下殿山湖、泖,则昆山、常熟、吴江、松江等处水涨泛滥。皆因下流不决,积水往来为害。……去夏一水,淀山湖、太湖四畔良田至今不可耕种。今年可耕者,皆是以人力与天时争胜负,农家日夜踏车车水出田,子女脚皮生胼,田外河港水高于田内三五尺。近有稻禾将熟,又为暴风骤雨激破围塍,全围淹没,子女号天恸哭,老农血泪交颐。今秋虽曰大熟,即目菜麦无土可种。或遇风雨,来岁又是荒歉。"[3]

根据文献记载,吴淞江流域水患状况基本如此。仔细研究上文提供的水患案例,水患的突出表现是"大水",而且无论是东南风还是西北风,都是"大水";水患的突出原因是"下流不决",也就是说水不能通过"下流"水道顺畅地进入东海,水排不出去,越积越多就变成"大水";水患的突出"为害"是破围塍,没农田,致荒歉,"老农血泪交颐","子女号天恸哭"。所以,探寻"大水"的缘由,建构新的水环境,治"大水",导其入海,让百姓安居,是政府和乡村社会的要务。

二、"大水"的缘由:新的水环境亟须建构

(一)"叠加"冈身导致吴淞江由低往高"流"

1. 太湖平原蝶形洼地的冈身地带。太湖平原的成陆历史不同于全国其他地方。在第三纪末的新构造运动中,江阴、宜兴以东广大区域的四周地层发生强烈的褶皱,中间断落沉降为凹地,形成了太湖的原始湖盆。此后被海水浸淹成一个大海湾,直至距今2万年左右,由于浩瀚的长江和钱塘江所携带的大量泥沙不断在河口段堆积,逐渐形成了河口沙嘴。长江与钱塘江两大沙嘴继续伸展,将海湾围合,古震泽由此而诞生了。[4]此后大量泥沙不断沉积,陆地不断向海洋延伸,

---

[1] 王建革:《水乡生态与江南社会(9—20世纪)》,北京大学出版社2013年版,第441、135页。
[2] 〔明〕张国维:《吴中水利全书》卷8,《四库全书》本,第8页。
[3] 〔元〕任仁发:《水利集》卷3,《四库全书存目丛书》影印明抄本,第92页。
[4] 晏祖寿:《太湖160问》,黄河水利出版社1999年版,第4—5页。

在不同的海面时期,入海口位置不同,形成了相互重叠的古三角洲,三角洲上由泥沙和介壳类海生物的遗骸堆积形成了一条西北—东南走向的冈身地带。①

2. 上海形成过程中吴淞江干道的冈身地带。吴淞江流域在引水入海和海潮倒灌的相互作用下,6 000年前,在青浦发现了先民的生活遗存;9世纪浦东开始"露脸";14—17世纪崇明岛的"现身"跨越了近300年;横沙岛在1858年面貌还模糊不清;而九段沙1950年代初期才开始显露,目前以每年400多米的速度向外扩张;所以,至今上海的群岛家族仍在执着地"东进"。②而就在这个过程中,在上海的形成中,由于泥沙等沉积物堆积,吴淞江干道又在太湖平原蝶形洼地的冈身东边形成了一条新的冈身地带,造成了冈身地带的"叠加"。

3. "叠加"冈身导致吴淞江由低往高"流"。吴淞江"正脉"的水道,是低—高—低的地势,可以分成两端低、中间高的三段。第一段,低地漫涨段。也就是说,吴淞江水道出于太湖蝶形洼地的中心——太湖,由西往东,由低往高,水不是由水道流出去,而是先积起来,到达一定高度时,沿着水道往东漫过去,排水的过程实际上是水漫涨的过程。第二段,高地缓流段。在这一段,水流经过两个冈身。由于这段地势相对较高,西边水流漫涨有泥沙淤积现象,东边又有潮汐倒灌现象,日积月累,这部分水道更加高出。海拔高程2.2—2.3米,比周边农田低地区高出0.4—0.5米左右。高地区在现代的太湖流域微观地形图上显示出一条东西20多千米、南北宽10千米的条带,这一高地地带东与冈身相接,西到千灯浦。③第三段,低地倒灌段。该段是整个吴淞江水道中泥沙较多的地段,既有上游来水夹带的泥沙,也有入海口倒灌的泥沙。关于上游来水夹带泥沙:上游随着人类活动的发展,水源日益受阻,清水来量减少,冲淤能力削弱,流缓沙停,因此加速了潮沙的淤淀。关于入海口泥沙倒灌:下游海岸线向东伸展,河道在新涨的沙涂中不断延长,沙涂亦多围垦阻流,故而极易引起淤塞。④

(二)吴淞江水道的巨大历史变迁使导水入海不畅

吴淞江历史较长,公元3世纪初的汉朝末年就有其相关记载了。到公元9世纪的唐朝,吴淞江"河广水深,源畅流疾",下游河面还有20里之宽,有"深广可敌千浦"的说法。但宋朝开始,由于农垦、农事工程、淤浅和下游泥沙倒灌、诸浦相继捺断、入海口不断向大海延伸等,水道渐进狭浅,甚至变为平地。

适应经济社会发展的需要,吴淞江上游大量围垦,使洪水奔流的进水口,变

---

① 华霄颖:《水漾淀山湖》,文汇出版社2004年版,第10页。
② 晏祖寿:《太湖160问》,黄河水利出版社1999年版,第4页。
③ 王建革:《水流环境与吴淞江流域的田制(10—15世纪)》,《中国农史》2008年第3期,第5页。
④ 缪启愉:《太湖塘浦圩田史研究》,农业出版社1985年版,第88页。

成了住地、民田和桑枣场圃。大规模围滩垦地，致使江道缩窄。宋以后盲目围垦恶性发展，致使水系紊乱，水流散漫。适应农业和水利，于唐元和五年（810）修筑了苏州至平望间吴江塘路。230余年后，又在原有的基础上"为渠，益漕运"，重筑长堤80里。宋庆历八年（1048），又在吴江县东南，唐时留着的大缺口上建长桥，长100余丈，名利往桥，又名垂虹桥，即今吴江长桥的前身。至元代泰定二年（1325），又易木为石，改建石桥，桥孔大为缩狭。吴江塘路和长桥的修建，虽有利于航运和农业的发展，但广阔的吴淞江进水口为之分散束狭，吴淞江进水量因之逐渐减少，无力冲淤。江身缩狭也很严重。

这两大因素造成的泥沙堆积和筑坝修塘使吴淞江水道越来越束狭，平缓。筑坝修塘是为防咸潮倒灌危害，北宋中叶开始，该段开始纷纷修筑堰坝海塘。而泥沙既有来自海水倒灌的泥沙，还有因吴淞江上游越来越浑而携带的越来越多的泥沙，以及长江入海口的泥沙。吴淞江出口靠近东海，因此受到海潮的影响。每日二次的海潮给吴淞江带来了大量的泥沙，当年有关的历史记载中说："……计一潮之淀，厚及一筹，一日两潮，一岁……二尺余矣。"[①]这样长年累月下来，大量泥沙的沉积，使吴淞江的河床逐渐升高，航道逐渐变浅，河面日益缩小。至元祐年间（1086—1093）"江尾和大海连接处茭芦丛生，沙泥涨塞"，"半为平陆"。明初时吴淞江流经昆山的下界浦入海口130里淤塞成平陆。

另外，唐以后，太湖平原东部海岸线加速向外伸展，也影响和改变了吴淞江故道。据研究，从8世纪到12世纪，海岸线向外伸涨20多千米，到达川沙、南汇县城以东一线。[②]随着海岸线的伸展，吴淞江河线也不断延长，河床比降越来越平，流速越来越小，冲淤能力越来越弱，这也导致了吴淞江淤塞和水道变迁。

这些因素大大改变了吴淞江故道原貌，使其流缓势弱，清不敌浑的现象一天比一天更严重，终于不可挽回地趋向萎缩。

（三）天然蓄水池淀山湖成为水患中心

淀山湖是个比较年轻的湖泊，宋代前的图籍中，尚无淀山湖之名，南宋绍熙年间（1190—1194）《云间志》始见有薛淀湖的记载。据中国科学院南京地理研究所考证：淀山湖大约逐步形成于战国至汉代，根据湖中出土的新石器时代的各种遗物及陶片，淀山湖地区湖泊群的形成，可能是海潮倒灌，河道淤塞，宣泄不畅，以及区域性气候变化的影响所致。"淀"即指湖面由冲击积淀而成。宋时，淀湖与谷水等相连，与泖湖仅隔一小湖，淀山湖水流泄于吴淞江入海。元代任仁发

---

① 张宸：《浚吴淞江议》，转引自上海通志馆期刊（第二年），第1067页。
② 谭其骧：《上海市大陆部分的海陆变迁和开发过程》，《考古》1973年第1期。

《水利集》记载:"薛淀湖,在松江府西北七十二里。湖之中有山,湖之西有小湖,南接三泖,其东大盈浦,其北赵屯浦。盖湖所以受三泖及西南诸港之水,自二浦以泄于松江也。"①此时淀湖周围,几200里,茫然一堑,不可复辨,成为淀山湖。

淀山湖地处太湖湖荡平原的最低洼区,附近湖荡密集,地面高程仅2.5米。②由于地势最为低洼,泄水量占太湖入海总量的80%以上③,成为太湖的天然蓄水池,理论上将有防洪蓄洪能力,是保护太湖及其下游免受洪涝灾害的天然屏障。但是,淀山湖成形过程中,和淀山湖交织在一起,几经改变入海干道。最终由于宋时东南沿海排水困难以及诸浦相继捺断,淀山湖丧失了直接通海的水路,淀山湖泄水只能经由吴淞江入海。然而,我们知道,此时的吴淞江已经淤塞严重,曾经繁华的青龙镇也因此失去了昔日的光彩,更何况,由于西北—东南走向冈身的缘故,吴淞江地势本就高于淀山湖,太湖至吴淞江的引水口,其地势高于淀山湖,水都无法经吴淞江顺利排出,淀山湖经吴淞江泄水入海就更有难度了。巨量的水流滞留,使淀山湖反而成为太湖下游地区水患的源头和中心,元初的"大水"最早就出现在淀山湖水流区域,而且"以浦代江"之前,始终没有得到有效根治。

疏浚淀山湖的工程断断续续进展中,然而根据文献记载,都没有有效解决问题。比如,杨维桢《淀山湖志》(《吴中水利全书》第18卷)记载:"言有淀山湖者,……去冬今春,开浚沟浦三百余处,并无一处通彻,仅有氹淀湖之曹家门百余丈而已。"再比如,《水利集》第4卷《武略将军前管领海船上千户任仁发窃谓》、第8卷《大德三年六月都水庸田使麻合马嘉议讲议吴淞江合极治方略》:"至元三十一年,大兴共役。奈所开不得当,不知地里是势。当开者不开,合闭者不闭,是犹向盲者索途,指领北辕通划,所以愈求愈远,虚劳民力,徒费钱粮。所开之河,欲导东流入于海者,及西流浑潮带沙而来,不一年,复行壅塞。""至元三十一年开挑河道,内如赵屯、大盈二浦,通引淀山湖水注达海,不料三二年间又复淤塞。"

三、以浦代江:新的水环境初步建构

(一) 水患及其治理经验

吴淞江流域新的水环境,使该地区水患难以避免,尤其宋朝开始,水患经常发生。据《宋史》《元史》《松江府志》记载:"吴淞江水灾异常","涨溢害民","暴流冲舟上岸";"吴淞江故道湮塞","民害垂二十年","吴淞江屡泛不止,民大饥"。

---

① 〔元〕任仁发:《水利集》卷4,《四库全书》本,第92页下。
② 华霄颖:《水漾淀山湖》,文汇出版社2004年版,第13页。
③ 周杰灵:《惠富平:夏原吉苏松治水得失评析》,《农业考古》2014年第6期,第169页。

所以，治水和治田相结合是政府和乡村社会的要务。总结吴淞江治水经验，大致有四类：塘浦＋大圩、泾浜＋小圩、溇＋塍、综合类。

这几类治水模式基本理念相同，就是把治水和治田结合起来，排水和蓄水适合农耕，农耕适合排水和蓄水。结合《吴郡志》中的一段话，以"塘浦＋大圩"为例，说明之。

第一，吴淞江南北走向的水形成浦，注入吴淞江，浦之间形成塘，塘浦交错而成圩田，圩田看起来像"井而为之"的井田。"古人遂因其地势之高下，井之而为田。其环湖卑下之地，则于江（吴淞江）之南北，为纵浦以通于江（吴淞江）。又于浦之东西，为横塘以分其势而棋布之，有圩田之象焉。其塘浦，阔者三十余丈，狭者不下二十余丈。深者二三丈，浅者不下一丈。"①

第二，塘浦取出的土建堤、固堤，并修筑高大的圩岸。由于吴淞江河床床位较高，需要高大厚实的堤，就需要很多土，也就是说塘浦深且阔并不仅仅是为了排水、蓄水，也是为了筑堤。同时，圩田的水位高于塘浦，同样需要较多的土建造圩岸。这样，就可以使塘浦的水位高于吴淞江，使水顺利注入吴淞江，同时又可以使吴淞江的水位高于东海，使水顺利注入大海，实现塘浦水系护圩田的治水模式。"而古人使塘[浦]深阔若此者，盖欲取土以为堤岸，高厚足以御其湍悍之流。故塘浦因而阔深，水亦因之而流耳。非专为阔其塘浦以决积水也，故古者堤岸高者须及二丈，低者亦不下一丈。借令大水之年，江湖之水，高于民田五七尺；而堤岸尚出于塘浦之外三五尺至一丈。故虽大水，不能入于民田也。民田既不容水，则塘浦之水自高于江，而江之水亦高于海，不须决泄，而水自湍流矣。故三江常浚，而水田常熟。"②

第三，古人在实际治水的时候，不仅通过"塘浦＋大圩"有效汇集吴淞江流域四处漫散的水流，通过涨溢的方式注入吴淞江，还通过在近海地方置闸的方式有效顶托来自大海的潮水。东进的吴淞江水和西进的海潮相互作用，使吴淞江流域的水流总体上呈缓流状态，塘浦、大圩、置闸这种特殊的治水体系，造就了我国最早的鱼米之乡。

"塘浦＋大圩"的治水模式是最早的治水模式，主要适用于北宋以前。后来由于吴淞江流域水环境的变化，"塘浦＋大圩"的治水模式无法适应实际需要了，所以，就在该种模式的基础上形成了"泾浜＋小圩"的模式；再后来，"泾浜＋小圩"里面又适应治水需要，出现了"溇＋塍"的模式。概而言之，"观昔人之智亦勤

---

① 〔宋〕范成大撰，陆振岳点校：《吴郡志》，江苏古籍出版社1999年版，卷十九·水利（上），第269页。
② 〔宋〕范成大撰，陆振岳点校：《吴郡志》，江苏古籍出版社1999年版，卷十九·水利（上），第269—270页。

矣,故以塘行水,以泾均水,以塍御水,以堘储水,遇淫潦可泄以去,逢旱岁可引以灌。"①

但是,一方面,这种治水技术非个人或村庄所能完成,需要整个吴淞江流域在治水体系上高度统一;另一方面,这种引低地之水灌冈身之法,形成的入海水流渐渐不敌海潮和泥沙淤塞。因此,北宋以后,淤塞渐趋严重,到元初,就已经很严重了。所以有:"自国朝统御以来,百余年间,除十数条大者间或浚治外,其余塘浦,官中则不曾浚治。"②"自景祐以来,上至朝廷之缙绅,下至农田之匹夫,谋议擘画三四十年。而苏州之田,百未治一二,此治水之失也。"③"后之人不知古人固田、灌田之意,乃谓低田、高田之所以阔深其塘浦者,皆欲决泄积水也。更不计量其远近,相视其高下,一例择其塘浦之大者数十条以决水。其余差小者,更不曾开浚也。"④而到明初,已经是不得不另辟蹊径了。

(二) 以浦代江方案的确定和实施

明初永乐元年(1403),吴淞江下游的淤塞导致苏州府、松江府地区大水成灾,夏原吉被朝廷委派负责根治水患。通过总结前人治水经验和深入百姓之中,问计于百姓的方法,夏原吉制定了"掣淞入浏"和"掣淞入浦"的方案(本文只介绍"掣淞入浦"方案),使苏松地区水患得到有效治理,"苏、松农田大利"。

根据北宋到明初的水患状况和治水情况,造成明初治水困境的主要原因就是传统的水、田、闸统一,治水和治田结合的治水方法无法适应吴淞江流域新的水环境,症结在于淀山湖溢漫的水不能够顺利仰流汇入吴淞江,吴淞江水流不敌泥沙淤积和海潮倒灌。吴淞江干流不敌泥沙淤积和海潮倒灌,缘由显然是水量不够,淀山湖溢漫之水如果能够顺利汇入吴淞江,形成强大的冲刷力量,问题就有可能解决。而引淀山湖漫溢之水汇入吴淞江,始于淀山湖成湖时期。因为上文已经阐明,淀山湖是个比较年轻的湖泊,其形成本就是淤塞和河道不畅造成的。所以,伴随淀山湖的成湖过程,直到永乐元年,政府和百姓都在探索有效的排水途径。

在以往的治水历史中,也已经有官员意识并注意到吴淞江流域地势的特点,但是,治水者却没能够有足够的勇气和力量形成废除吴淞江"正脉"的观念。以现在的眼光看来,夏原吉之前,吴淞江流域水患不得治,主要原因可能并不是治

---

① 〔宋〕朱长文撰,金菊林点校:《吴郡图经·续记》,江苏古籍出版社1999年版,卷下·治水,第51页。
② 〔宋〕范成大撰,陆振岳点校:《吴郡志》,江苏古籍出版社1999年版,卷十九·水利(上),第279页。
③ 〔宋〕范成大撰,陆振岳点校:《吴郡志》,江苏古籍出版社1999年版,卷十九·水利(上),第272页。
④ 〔宋〕范成大撰,陆振岳点校:《吴郡志》,江苏古籍出版社1999年版,卷十九·水利(上),第279—280页。

者没有意识到问题的症结所在,而是治者跳不出"正脉"的传统思维,所以,淀山湖成湖之后,到公元1403年夏原吉治水,治水能人很多,但是,他们都囿于"正脉"思想,在保存吴淞江干流"正脉"的大框架下寻求途径解决问题,这种违背自然生态的方法,其结果当然是水患不得治。

之所以夏原吉能够制定出以浦代江的治水方案,并付诸实施,既是因为夏原吉个人雄才大略、为百姓着想的品质;也有永乐帝极力支持,并专门为其提供《水利书》的原因;主要还是因为基于以往屡治屡败的治水实践,以及夏原吉本人实际上也治水2月无果,人们已经意识到吴淞江流域特殊的地形地势、意识到吴淞江流域水环境的历史变迁、意识到水患的症结所在、意识到"大水"与淀山湖的紧密关系,已经有了废除吴淞江"正脉"的想法。夏原吉以浦代江是采纳了叶宗行的建议,就充分说明了这个问题。换言之,太湖平原吴淞江流域水环境的变化,致使吴淞江客观上已经不可能通过疏浚的方法破除自身痼疾,转变思路,改变传统的治水模式,找到新的泄水通道,是历史的必然。

这个新的泄水通道,也早已经在发育中了。太湖在成湖过程中,形成了通向海洋的三条水道:东江、吴淞江、娄江。据地理考察,现在黄浦江上游的一部分就是古代东江的故道。[①]所以,有资料认为黄浦江的前身就是东江[②]。南宋咸道七年(1171),黄浦江第一次出现在史籍中,名叫"黄浦"[③],明时被称为大黄浦。黄浦江的发育基本上跟随着淀山湖的发育。淀山湖最初由今平湖县东北芦沥浦入海。《宋史·河渠志七·东南诸水(下)》记载:"秀州[④]境内有四湖:……二曰淀山湖,……西南[⑤]则淀山湖,自芦沥浦入于海。"后来由于出海口发育湾口沙洲,南宋期间曾改从当湖、瀚海塘出海,再后来,南宋至元初东流由闵行经闸港、新场入海,所以清初的志书和历来研究上海历史地理者,都有黄浦未成今日河道前是由闸港、新场入海的看法。今黄浦水道迟至南宋、元初也已经形成。并且,元时吴淞江下流因海潮泥沙的停淤,淀山湖水迂回宛转从新泾和上海浦返注于江(吴淞江)达海。至泰定年间,任仁发即对吴淞江下游进行治理,自吴淞江东南的黄浦口起,至新洋江止,并在黄浦口处立石闸。当从闸港、新场入海的淀山湖正流受到淤塞后,其水全注入黄浦,江身较前深阔,故夏原吉称之为"大黄浦,乃通吴淞要道"了。[⑥]

---

① 何惠明:《寻根上海》,上海辞书出版社2011年版,第23页。
② 王文楚:《古代交通地理丛考》,中华书局1996年版,第263页。
③ 叶树平、郑祖安:《百年上海滩》,上海画报出版社1990年版,第2页。
④ 州治嘉兴县,即今嘉兴市。
⑤ 当为东北之讹。
⑥ 王文楚:《古代交通地理丛考》,中华书局1996年版,第266—270页。

夏原吉"以浦代江"方案，主要是疏凿范家浜，克服吴淞江淤塞诱发"大水"的两个"遏塞难浚"，并疏浚"松江大黄浦"。两个"遏塞难浚"，一个是大黄浦汇入吴淞江的地方——宋家浜处；一个是大黄浦和吴淞江汇合后的原吴淞江下流干道，自下界浦抵上海县南仓浦口河道。相当于将三角形的两条边取直为一条边。也就是说，夏原吉疏凿黄浦直接通海的地方是范家浜，形成了一条以大黄浦、范家浜、南仓浦口组成的新河道，这就是黄浦江。①黄浦江河道形成后，承接上游入涌水流，"浦势自是数倍于淞江矣"，巨大的冲刷力自然作用于河床，河床渐深渐阔，仅一年之后，黄浦江"阔二里余"。不难看出，通过疏通黄浦江，将淀山湖的水直接引入当时的入海口南仓浦口，"以浦代江"解决的是淀山湖的排水问题，其着眼点是引水——引水入海，而不是疏堵——疏堵吴淞江。所以，直到今天，仍然有学者认为"黄浦夺淞"不当，坚持"夫江之淹塞，宜从其淹塞而治之"。

夏原吉疏凿范家浜形成黄浦江后，几百年来，黄浦江始终在进一步发育中。比如，明成化年间，黄浦江接纳杭嘉湖平原汇入的水流，"潮汐悍甚，润及数百里"，同时也使杭州湾沿岸免受海潮侵蚀。至目前，太湖60余条出湖河道中，黄浦江水系是其最大的排水河道。②但是，由于海岸线不断地向东向南拓展，新的水环境将形成，顺势应变仍然是历史的必然。

---

① 何惠明：《寻根上海》，上海辞书出版社2011年版，第23—24页。
② 中国科学院南京地理研究所：《太湖综合调查初步报告》，科学出版社1965年版，第14页。

从吴淞江到自由贸易港
——上海区域变迁刍议

徐月霞(上海电机学院图书馆副研究馆员)

上海的历史,是中国近代历史的缩影。很多人认为,上海是1843年开埠以来,才有历史的。这是一种对上海历史的形成的不了解造成的。上海地区,有着古老的文明传承。今天的上海地区的形成,有一个历史过程。上海地区有她独特的历史发展脉络。从吴淞江到今天的自由贸易区、洋山深水港的形成,不是偶然的。

一、上海的独特地貌——冈身

河流与人类的密切关系是众所周知的,因古代资源匮乏,只有在水源丰沛的地方才能得到稳定的食物,古代人类文明基本都以河流及其流域为发源地,上海也不例外。

在距今6 000—7 000年前后,长江口后退至今镇江、扬州一带,形成一个向东开放的喇叭形河口,口外一片汪洋。此时的太湖只是长江下游南岸的一处海湾。而长江三角洲南部沿岸,由长江、钱塘江和闽江等入海径流与周围海水混合而成的东海沿岸流、海水的水平方向流动的潮流、海洋表面波浪所凝聚的动能和势能,在它们的共同作用下,从江苏常熟、福山一带以南的东南方向形成数条几乎平行的密集的贝壳沙带,并且延伸到今天上海南部的漕泾、柘林一带的海边。这样在今天上海市区的苏州河以北,由西向东呈现出浅冈、沙冈、外冈、青冈和东冈五条贝壳沙带;苏州河以南则有沙冈、紫冈、竹冈和横泾冈四条由西向东分布的贝壳沙带,即俗谓的冈身,也就是上海最早的海岸线。

冈身地势相对高爽,宽约4—10千米,堆积时间长达3 000年左右。关于冈身,北宋《水利书》、南宋绍熙《云间志》都有详细记述。这些古海岸线表明,早在6 000年以前,上海的西部已经成陆,上海的东部是近6 000年以来长江口的泥沙淤积慢慢形成的。崇明岛在唐朝初期(618)出水,河口南岸边滩平均以40年1千米的速度向海推进。现在在金山区还有唯一可见的"冈身遗址",在嘉定博物馆里存有20世纪50年代外冈地区未被人为改造的冈身全貌照片。

目前大量的考古发现,冈身附近有6 000年前的马家浜文化,5 500年前的崧泽文化、福泉山古文化遗址,尤其是3 200年前的马桥文化。遗址在闵行区马桥镇以东2千米,是1959年发现,文化遗存十分丰富,文化遗存下面还有一条贝壳沙带,也就是古书上所称的"冈身",马桥古文化遗址处在冈身地带上。随着冈身的形成,上海的海岸线基本稳定下来,如同一道天然的保护堤。这里是长江的入海口、太湖的泄水口,气候湿润,光照充足,土地肥沃,海产丰富,随后便有人类居住,开启了上海史前文明的新阶段。

二、上海的往昔

一般介绍上海的历史是这样的:上海西部在6 000年前就已成陆。但那是以青浦福泉山地下发掘出的文物经碳14测定证明的,不是上海历史的起点,而是人类社会或中华民族"史前史"的一部分。

史前史:历史学名词,指没有明确的文献资料记载以前所经历的历史阶段。中国史学界将夏代以前的历史称为史前史,包括原始社会及尧、舜、禹所处的传说时期。

文明史:我们讲一个地区的历史,是指这个地区有文字记载的历史。人类"史前史"可证明这个地区若干年前人类的存在与发展,但不能证明这个地区的产生与发展。比如,北京周口店发现"北京猿人",可证明50万年前,北京一带有了猿人的存在,但不能证明50万年前就有了"北京"。

公元222年孙权建立吴国,都城建业(今南京),上海才有自己的名字华亭。《三国志·吴书·陆逊传》:"……权乃潜军而上,使逊与吕蒙为前部,至即克公安、南郡,逊经进,领宜都太守,拜抚边将军,封华亭侯……是岁建安二十四年[①]十一月也。"也就是说华亭侯有文字记载是三国时期吴国的建安二十四年,这是华亭见于正史的依据,距今已逾1 800年,也就是说上海的历史有确切的文字记载是1 800多年。那么,华亭有多大范围呢?"按《陆逊传》,逊初封华亭侯,进封娄侯,次江陵侯。汉法:十里[②]一亭,十亭一乡,万户以上或不满万户为县。凡封侯,视功大小,初亭侯,次乡、县、郡侯。以逊所封侯次第考之,则华亭汉故亭留宿会之所也。(汉亭二万九千六百六十五……)"华亭是"汉时一亭",此时上海也就

---

① 即219年。
② 按汉制,一里=415.8米。

是方圆 4 160 米左右的留宿之地。早在秦时亭已存在,刘邦就曾是泗上一亭长。

没有比较就没有区别。公元前 514 年苏州城开始建筑,那时的上海连名字也没有,也就是说苏州城比上海名字的出现要早 700 多年。与上海共命运的杭州,《史记·秦始皇本纪》中记载:"三十七年①十月癸丑,始皇出游……过丹阳,至钱唐,临浙江,水波恶……"这是史籍最早记载"钱唐"之名。"钱唐"就是杭州,也就是说杭州比上海名字的出现要早 400 多年。

华亭是松江的古称。早在东汉时就有了松江这个名称,宋朝时改为吴松江,即吴地松江的意思,明清改为吴淞江。

吴淞江与东江、娄江(今浏河一线)共称"太湖三江"。据《吴郡志》记载,晋建兴元年(313)在吴淞江下游入海口(今青浦一带)生活着大批的渔民,而这一带当时被称为"扈渎"。

(一)"渎""扈"

"渎"即水沟,小渠,亦泛指河川,无可深究,南方称为塘,北方称为湾,只是一种习惯称呼。古时松江又称呈喇叭形向外扩张的水道为"渎",当时的松江口处正是喇叭形的海湾,故每逢海潮大涨之前,松江居民便在海湾处遍插"扈","扈"是由竹子制成的,潮来沉没,潮退露出,鱼随潮而来,退潮时便被"扈"拦住。"扈"是一种捕鱼工具,今天叫"簖"。《中华大字典》解释为"拦河插在水里捕鱼蟹用的竹栅栏"。《辞源》解释为"编竹取鱼曰沪"。《古代汉语词典》的解释:"渔具名,编竹为栅,置入水中以截断鱼之去路而捕取之者,皆称簖。"现在在长江沿岸、洞庭湖、鄱阳湖等还能看到。

唐朝诗人陆龟蒙《渔具咏》序言云:"列竹于海……,吴之扈渎是也。"

梁简文帝吴郡石像碑上也有"晋建兴元年癸酉之岁,吴郡娄县界,淞江之下,号曰沪渎"。扈是沪的通假字,"沪"就成了上海的简称。

上海的别称是"申",因旧时讹传为战国楚春申君黄歇疏浚而得名。

(二)沪渎垒

《云间志》记载:沪渎垒旧有两城,东城广万余步,有四门,后没于江中。西城极小。相传为东晋咸和年间吴国内史虞潭修筑。隆安四年(400)冬十一月,郡太守袁崧守备沪渎垒重修城垒,次年城垒被攻破,袁崧遇难。故址在今青浦白鹤镇旧青浦西,宋代已沦入江中。

《晋书·虞潭传》:"又修沪渎垒,以防海抄,百姓赖之。"

---

① 公元前 210 年。

(三)"黄浦夺淞"

《尚书·禹贡》里有一句话："三江既入，震泽①底定。""三江"都曾是水量浩瀚的大江，是太湖水排泄入海的三条水道。8世纪前后，东江、娄江先后湮塞，而"松江"却是太湖东向入海的一条重要泄水道。"吴淞古江，故道深广，可敌千浦。"

青龙镇相传因三国时曾于此建造青龙战舰而得名。唐天宝年间（742—755），置青龙镇，是当时东南通商大邑。宋淳化二年（991）松江上游日益淤浅，下游日趋渐窄，大船难以直接出入，遂船泊支流"上海浦"。"浦"在吴方言区原意是小河，多指人工河，宋代为解决吴淞江泄水能力，在吴淞江两岸，大约每隔五里开通一条进入吴淞江的水道，这种人工河道称为浦。如今的杨浦区，就是因古时有杨树浦流经这里而得名。黄浦江最初也叫"黄浦"，南宋出现记载，它是历史上最早人工修凿疏浚的河流之一。

南宋范成大《吴郡志》记载，吴淞江下游南岸有大浦18条，由西向东，最后5条依次为上海浦、下海浦、南及浦、江宁浦、烂泥浦。间距5里、7里。

因为停泊的船多，在"上海浦"岸边逐渐形成一个聚落，常有附近的渔民、盐民和农民来这儿喝酒，北宋大中祥符（宋真宗年号）元年（1008）官府发现了一个经济增长点，设立"上海务"，这是个榷酤机构，是封建政权实行的酒类专卖制度，以收取酒税。

南宋咸淳三年（1267），华亭县在此设立镇治，并派镇将驻守，上海镇逐渐取代了青龙镇。

元朝至元十四年（1277），华亭县升格为府，翌年更名松江府。1291年（元朝至元廿八年）8月19日，朝廷准松江知府仆散翰文（女真人）奏设立上海县，县治定在上海镇（今天的老城厢），县衙设在上海镇来榷场（十六铺）。自此上海成为一个县级的独立行政区划，上海从吴淞江畔跨到黄浦江岸用了一千多年。

1991年8月19日，上海在南市区举行建城700周年庆典活动。

宋末元初，由于战乱、泥沙淤积、水利选官失人，加上大肆围垦造田，吴淞江江面日益缩小。

大德八年和泰定年间（1324—1327），元政府数次治理吴松江，"并置闸十，以限潮沙"。

上海元代水闸遗址博物馆位于上海市普陀区志丹路、延长西路交界处，是迄今为止中国最大的元代水利工程遗址，也是国内已考古发掘出的规模最大、做工最好、保存最完整的元代水闸，被评选为2006年"中国十大考古新发现"之一。

---

① 太湖。

明永乐元年(1403),户部尚书夏原吉奉命治理太湖水患,动用20万河工改造河道。一是"挚淞入浏",从吴淞江中游段分流改道由浏河出海(郑和下西洋);二是"以浦代淞",开挖范家浜(即今外白渡桥至复兴岛段),使黄浦从今复兴岛向西北流至吴淞口注入长江,此后吴淞口实际成了黄浦口,故有"黄浦夺淞"之说。

上海浦起自今十六铺以东,北上抵今外白渡桥附近,朝东折向今浦东陆家嘴,再往北在今嘉兴路桥处注入吴淞江。而黄浦(近代始称"江")仅流到今十六铺以东,上海浦恰好将两者贯通,并使吴淞江从今外白渡桥处汇入黄浦。此外,在杭州湾筑成海塘,使流入杭州湾的河道堵塞,本来流往杭州湾的河流也逐渐汇入黄浦。此后,黄浦总汇杭嘉湖平原各条河流之水,又有太湖、淀山泖等水源从上游顺流而下,"水势遂不复东注松江,而尽纵浦水以入浦,浦势自是数倍于松江矣",最终上海浦汇入开凿后的黄浦江,其位置相当于今黄浦江外滩至十六铺江段。据有关学者考证,下海浦约在清乾隆年间被填没,故址在今虹口海门路一线,还剩一个下海庙。唐宋时河口有20里宽阔的吴淞江就沦为黄浦江的支流。

《弘治上海县志》中称:"百余年来,人物之盛,财赋之夥,盖可当江北数郡,蔚然为东南名邑。"从此上海城市的发展重心也转移到了黄浦江沿岸。

无论吴淞江,还是黄浦江,它们为上海的发展所作出的贡献是清楚的,它们与上海相伴相随、荣辱与共、相生相守。

三、东海之滨的国际都市

几千年来,上海的发展和内地城市一样,始终是围绕着江河打转转,但这次上海的发展是极具前瞻性和跨越性的。

在浦东的悠久历史上,浦东并没有一个统一的行政区划,也就是说在中国历代的行政版图上,找不到浦东这一名称,只是一个模糊的地理概念,它东临长江主干道公海段,北扼吴淞口,处于中国"黄金海岸"与"黄金水道"的交汇点。

早在中华民国时期,孙中山先生在他的《建国方略》中"以上海为东方大港"为名论述了他具体构筑浦东的设想:"……欲于上海建一世界商港……"《建国方略》可以说是一本包括上海的"城市规划书",因此他被称为浦东开发第一人。

在上海发展的进程中,民国初年的著名爱国民主人士黄炎培先生曾提出大浦东的概念,他建议设立浦东特区,所辖范围包括黄浦江以东、现在的浦东新区和奉贤区。

1949年上海解放后,陈毅市长也曾经有过开发浦东的设想。

直到1990年4月18日,党中央、国务院宣布浦东开发开放。1993年1月,中共上海市浦东新区工作委员会、中共上海市浦东新区管理委员会成立。浦东的开发开放所取得的成绩是有目共睹的,毋庸赘言。"宁要浦西一张床,不要浦东一间房"的时代一去不复返啦。

但浦东开发利用的土地等资源日益紧张,地区综合商务成本不断提升,以及国际金融危机带来的不利影响,正在影响浦东进一步的发展。不过从小渔村一路走来的大上海,它的目光深邃而又远大,那就是向东海跨越。

上海,有海吗?我们知道上海只是吴淞江上的一条支流上海浦岸边的聚落发展而来的。上海的海在远离市区几十千米的东面,在南汇、在崇明、在金山,海边只有片片滩涂、丛丛芦苇,有的只是人迹罕至的处女地。如果说黄浦江是上海的过去和现在,那么大海就是上海的未来。

1992年的上海市第六次党代会上,中共上海市委将深水港建设列为上海新一轮城市基础设施建设十大工程之首。

1996年5月正式开展洋山深水港区选址论证。

2002年6月洋山深水港区开工建设,2005年12月10日一期工程建成,并投入使用。

数据显示,上海港口的集装箱吞吐量已经连续五年排名全球第一,2014年超越新加坡成为全球第一大港口。今年洋山深水港四期工程建成,预计深水港的年吞吐量将是美国所有港口加起来的吞吐总量,也是目前全球港口年吞吐量的1/10。

国际港口协会会长皮特·斯特鲁伊斯先后三次来洋山港,他说:"我走过世界上所有大港,也见过一些建在海岛的港口,但像依托洋山这样的孤岛,在离大陆如此远的地方,建规模如此大的现代化港口,殊为罕见。"

东海大桥和洋山港的建设和使用,第一个要改变的就是我们的思维。在帝国主义瓜分中国时,第一个出手的是德国,他们选择了山东半岛的青岛;中华民国要建东方大港,也是不了了之,因为这儿的海滩是动态的。东海大桥和洋山港的建设和使用,改变了上海的地貌。

上海发展的脉络是清晰的,而上海的开拓精神无时无刻不在孕育期间,这种开拓精神也是中华民族所具备的特质。变革就在眼前,我们就参与其中。未来是你们的,也是我们的!

党的十九大报告指出,下一步要探索自由贸易港。

自由贸易港是指设在国家与地区境内、海关管理关卡之外的,允许境外货物、资金自由进出的港口区。对进出港区的全部或大部分货物免征关税,并且准许在自由港内,开展货物自由储存、展览、拆散、改装、重新包装、整理、加工和制造等业务活动。目前集装箱港口中转量排名世界第一、第二位的新加坡港、中国香港，均实施自由港政策，吸引大量集装箱前去中转，奠定其世界集装箱中心枢纽的地位。

时任上海市委书记韩正表示：关于自由贸易港，我们正在按照中央部署，做好这方面方案。现在只是筹划阶段，最终方案必须经过中央批准后实施。

上海洋山港向世界"自由贸易港"发展的过程，更加有利于培育我国面向全球的竞争新优势，构建与各国合作发展的新平台，拓展经济增长的新空间，打造中国经济"升级版"。显然临港的优势是无可比拟的，前景是不可限量的！

2018年11月，习近平在第一届中国（上海）进口博览会上的讲话中指出："一座城市有一座城市的品格。上海背靠长江水，面向太平洋，长期引领中国开放风气之先。上海之所以发展得这么好，同其开放品格、开放优势、开放作为紧密相连。我曾经在上海工作过，切身感受到开放之于上海、上海开放之于中国的重要性。开放、创新、包容已成为上海最鲜明的品格。这种品格是新时代中国发展进步的生动写照。

为了更好发挥上海等地区在对外开放中的重要作用，我们决定，一是将增设中国上海自由贸易试验区的新片区，鼓励和支持上海在推进投资和贸易自由化便利化方面大胆创新探索，为全国积累更多可复制可推广经验。二是将在上海证券交易所设立科创板并试点注册制，支持上海国际金融中心和科技创新中心建设，不断完善资本市场基础制度。三是将支持长江三角洲区域一体化发展并上升为国家战略，着力落实新发展理念，构建现代化经济体系，推进更高起点的深化改革和更高层次的对外开放，同'一带一路'建设、京津冀协同发展、长江经济带发展、粤港澳大湾区建设相互配合，完善中国改革开放空间布局。"

国家领导人对于上海的战略，是明确的。一个面向大海、面向世界的不可限量的发展潜力的城市，将呈现在世人面前。我们期待着她的美好的未来。

上海装备制造业访谈述要

张鑫敏(上海电机学院马克思主义学院讲师)
何小刚(上海电机学院马克思主义学院教授)

一、访谈缘起

《上海装备制造业史料》是上海电机学院马克思主义学院"上海学"学科正在开展的一项重要工作,旨在搜集、整理并刊行反映上海装备制造业发展历程的多媒介资料。以此为中心,学院同仁开展了许多工作,从自己的专业背景出发,或梳理装备制造业中某类机械在华出现、应用及自主研发的历史过程,分析技术扩散的空间模式并总结有益的经验教训,或聚焦装备制造业中的企业文化和法律观念,探讨中西文化冲突且交融的背景下近代工业的成长情况。

虽然关注的具体问题多有不同,但所用史料在性质上则颇多一致,其保存形态为历史文本,如民国时期出版的各类工业统计资料,中华人民共和国成立后按部门分类的档案、经济统计年鉴等,其登载内容则是数字,以及经过处理的统计图表。面对这些史料,有两个问题值得我们思考。其一,以史料为媒介的研究总给人隔着一层"面纱"的感觉,对数字的各种处理虽可谓客观,却难以令人真切地感受到装备制造业发展脉络中"人"的存在感和参与感,有失掉历史学研究"人文性"的危险;其二,历史文本及所载数字的搜集、整理、刊布,本身便是当时"人"的活动产物,对这些数字作出准确解读有赖于深入了解当时"史料记录者"的工作目的和思想观念,而这些恰恰是史料本身"保持沉默"之处。

因此,尽可能地找到"当事人"或"知情者",对其进行有针对性的访谈,进而整理成口述材料,成为我们继续推进并完成《上海装备制造业史料》的重要一环。

二、行业界定

"装备制造业"一词进入公众视野,始于2000年10月11日中共十五届五中全会通过的《中共中央关于制定国民经济和社会发展第十个五年计划的建议》[1]中提出的"大力振兴装备制造业"。

作为中国特有的工业门类,装备制造业指"为国民经济各部门进行简单再生产和扩大再生产提供生产工具的制造部门的总称,提供的产品包括系统、主机、零部件、元器件和技术服务"。不过,中华人民共和国国家统计局《国民经济行业分类》(GB/T 4754-2011)[2]并无"装备制造业"条目,仅有"制造业"(包括31个大类)一项,其中符合前述定义的包括"通用设备制造业""专用设备制造业""汽车制造业""铁路、船舶、航空航天和其他运输设备制造业""电气机械和器材制造业""计算机、通信和其他电子设备制造业""仪器仪表制造业"等。

换言之,对于"装备制造业",目前仅有宽泛的定义,还缺乏明确的判别标准。这直接影响到我们对史料的筛选,因为不同历史时期的工业分类标准存在差异,所用之工业门类名称也不划一。中华人民共和国成立后国家统计局对国民经济行业分类的标准虽有变化,但大致有迹可循,而民国时期政出多门,工业分类的标准竟有界限分明的四个系列(业务普查、实务工作、专项工作、学术研究)[3],前后达十几种之多。

根据对民国各项分类标准的统计,参照"装备制造业"的定义,我们初步筛选出一些工业门类,将之与"装备制造业"等量齐观,具体如下:

"机械工业""铁工业";

"机器工业""机器业""机器制造""五金机器";

"电气业""电工器材""电器制造业";

"电气电力工业""动力工业";

"造船业""船舶业"。

以前述关键词检视上海开埠以来的工业史,有两点值得注意。

其一,公私合营之前,上海机械工业分为外资、民营、国营三种,外资、民营出现最早,代表性的企业有大隆机器厂(1902)、钱镛记电业机械厂(1914)、华生电器厂(1916)、华通电业机器厂(1919)、益中机器股份有限公司(1922)等;国营出现较晚,但规模、技术都远胜于前者,以国民政府资源委员会创办的中央电工器材厂(1937)、中央机器厂(1937)为主。其中,中央电工器材厂上海机器厂对上海机电工业的影响颇大。

其二,"一五"计划及"156项"工程实施过程中,上海因地处战略前沿,未能

---

[1] http://cpc.people.com.cn/GB/64162/71380/71382/71386/4837946.html.
[2] http://www.stats.gov.cn/tjsj/tjbz/hyflbz/.
[3] 方书生:《近代中国工业分类研究》,《中国经济史研究》2016年第4期,第115—126页。

进入国家重点投资范围,但仍然形成了以电站设备制造为主的闵行工业区、以重型机械设备制造为主的彭浦工业区和杨浦工业区,前者拥有上海电机厂、上海汽轮机厂、上海锅炉厂和上海重型机器厂等"四大金刚",后者包括上海先锋电机厂、上海南洋电机厂、彭浦机器厂、四方锅炉厂、华通开关厂等。

三、访谈对象

考虑到工作的可行性,结合学校的行业特色,本次访谈拟集中于闵行动力工业基地和临港装备制造基地,包括上海电机厂、上海汽轮机厂、上海锅炉厂、上海重型机器厂和上海电气核电集团。访谈对象主要是各厂党政工团领导、先进生产者(劳动模范、新长征突击手),初步名单参考《电机工业的明珠:上海电机厂发展史(1949—1994)》《上海锅炉厂史》《上海汽轮机厂厂志(1953—2013)》《闵行文史资料第一辑·厂史选编专辑》等资料,在与受访单位工会(退管会)接洽后确定最终名单。

根据受访对象的不同,访谈各小组的访谈内容可以灵活调整,以下仅供参考:

中央电工器材厂上海分厂的情况;
闵行动力工业基地的建设;
世界上首台双水内冷汽轮发电机的研制;
出席全国"群英会"代表先进事迹;
毛泽东、朱德、刘少奇等领导人的视察;
小说《大梁》的创作;
纪录电影《愚公移山·上海电机厂》的拍摄;
"扁担电机"精神;
"728"工程与上海;
临港核电装备制造基地的规划和建设;
临港基地和闵行基地的关系定位;
第三代核电技术的研发。

附录1　中央机器厂沿革

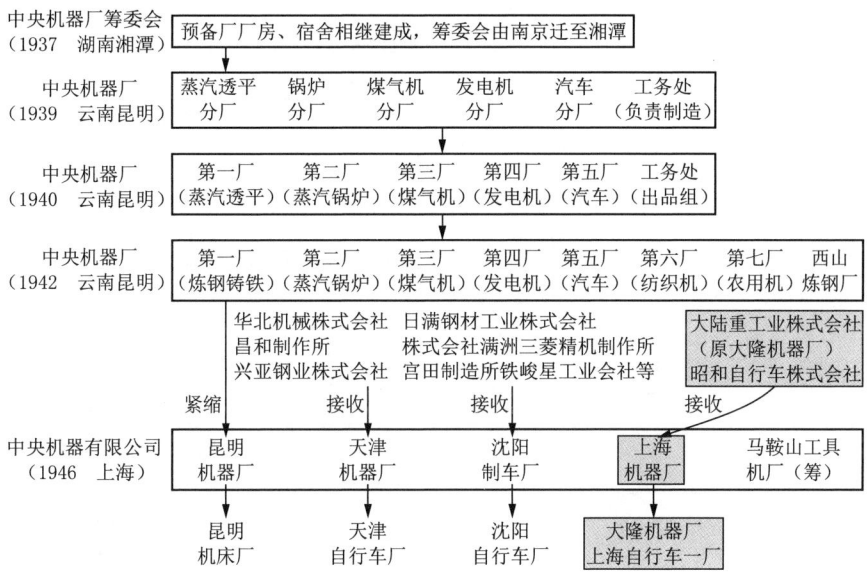

附录2　中央电工器材厂沿革

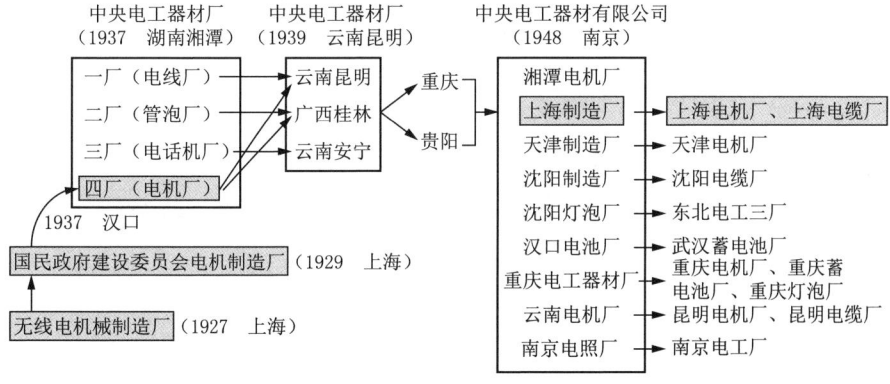

附录3 跃进、五一、人民、日用电机厂沿革

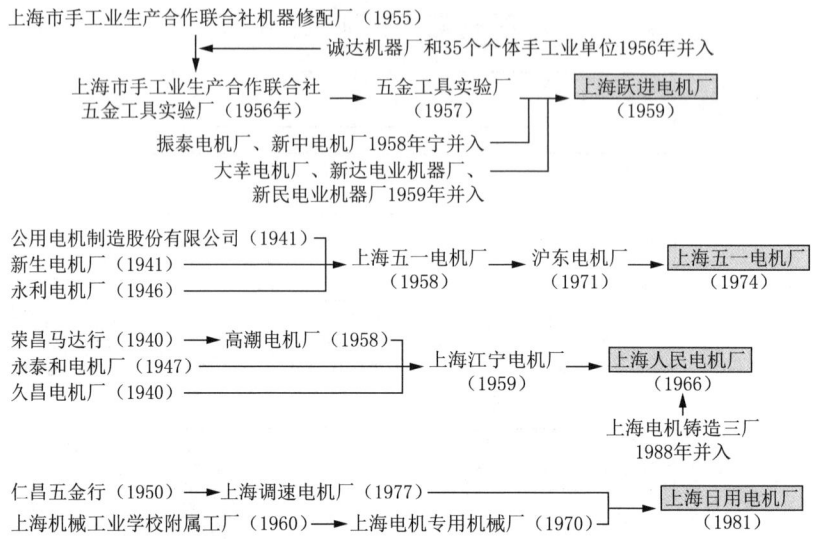

附录4 先锋、南洋、革新电机厂沿革

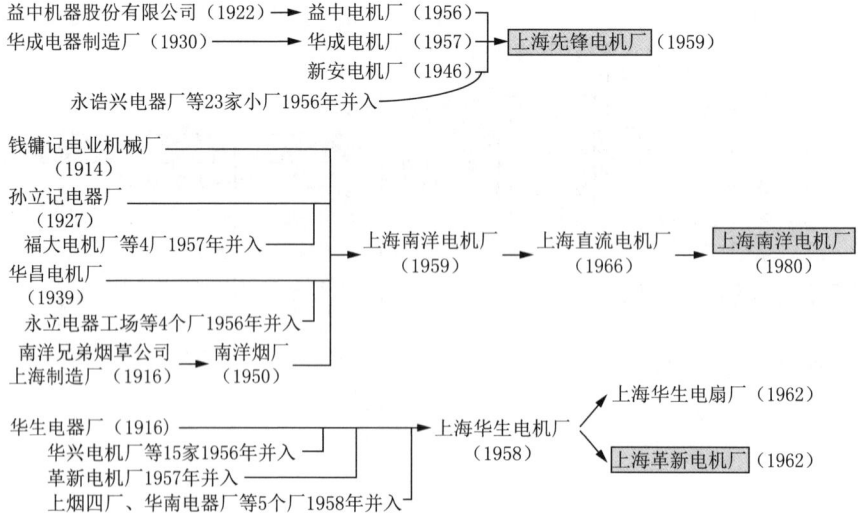

上海电机厂戴晓芬工程师访谈录

采访、整理：黄伟（上海电机学院马克思主义学院讲师）
陆建松（上海电机学院马克思主义学院讲师）
赵丽端（上海电机学院马克思主义学院讲师）

一、个人简历：脚踏实地与勤奋努力

80年代初，高中毕业，高考成绩还没下来前，顶替父亲进厂，进入电机厂工作。首先在铸造分厂开行车，这个厂的业务，主要涉及小件铸件的浇铸。后来被工厂推荐去读职工大学。1983年至1986年，三年时间就读于第一机电大学。个人的学习、档案等材料，目前还存放在电机学院。职工大学毕业后，从1986年8月至今，始终从事焊接工艺的工作，目前已有31年焊接工作经历。

自己就读职工大学期间，以啃书本为主。但是，回到车间后发现，许多知识用不上，比如结构件的焊接这个难题。后来，自己在车间具体操作过程中，不断琢磨钻研，积累经验，始终沉在车间，跟着师傅虚心学，最终成功解决难题。工作中碰到的另一项新挑战是轴上焊接，这要求一种新的技术，必须开发新工艺，因为涉及特殊的材料，它容易爆裂，导致产品作废。如果处理不当，轴承在运转过程中容易开裂。面对这个巨大的挑战，自己与师傅一起，始终刻苦钻研，夜以继日投身在生产一线，不断尝试新工艺。最终，终于开发出新工艺，攻克难关。再如，中外方的图纸不对应，自己就花工夫，在实践中摸索。当时图纸五花八门，自己花费大量时间进行，整理分类。最终，要做某一件铸件时，就能快速地找到对应的图纸，使得工厂的标准进程初步进入轨道，极大地提高企业的生产效率，保障工厂产品的标准化和合格率。再比如，工艺线合理化的主要原因，也是自己在车间一线师傅的指导和培育下，不断尝试琢磨，反复试验，从而实现突破的。

二、企业历程：悠久历史与艰巨挑战

上海电机厂的历史非常悠久，1949年开始建厂，1951年搬迁至目前的地址。

从50年代开始,工厂就从事汽轮发电机的制造。50年代中期,就已生产出6 000千瓦和2.5万千瓦的发电机。1959年生产出5万千瓦的发电机。代表着中华人民共和国成立初期,中国发电机制造工艺的最高水准。

90年代,企业开始转制。现在,工厂与国际先进工艺相比,还存在一定差距,面临比较大的困难。导致这些困难的根本原因,主要在于管理方面的问题,比如,供应商的材料及零件,如果有瑕疵,容易导致企业的产品质量不稳定,不合格率上升。但是,企业对于供应商,却又缺乏行之有效的约束能力和制裁措施。

企业规模不大的供应商,他们都非常重视与电机厂的合作,工作非常负责。原因在于,成为电机厂的供应商是一种信誉,表明企业的产品质量过硬,这种信誉使得企业容易开拓新市场,发展新客户。但是,规模大的供应商,对于与电机厂的合作相对就不太重视。原因在于,对电机厂的供货在这些企业的销售结构中,所占比重不大。中小型企业,使用与电机厂合作这种市场声誉,承揽到他们自身的业务后,不断完善自己的能力,最终获得了客户对于企业产品的认可,不再需要特意强调自己是电机厂的供应商就能独立开拓市场。这时,这些企业就转而不再依赖与电机厂合作,不再依赖电机厂这个品牌,而是凭借企业自身的能力和品牌,去开拓新的市场,逐渐不再重视与电机厂的合作,这是导致电机厂与供应商目前关系的根本原因。

现在,企业积压的产品非常多,关键原因在于,标准化程度低,积重难返,问题积压过多,各家企业生产的转子、锭子不统一。电机厂不得不为它们分别生产,导致面向特定客户生产的电机无法再向其他客户销售。在前几年,电机厂未能以自己统一的标准化的电机,面向所有的客户统一销售。导致这些问题的关键就在于,电机厂的理念不新,还比较僵化,容易保守,缺乏敏锐的市场意识和开拓精神,而且,实力也不太强大,两种因素相互交织,最终无法促成客户的标准化采购和使用。在行业内部,企业间也故意不进行标准化生产和制造,由此形成产品壁垒,以保护自己不受同行的竞争。但以此方式竞争和保护自己的结果,就是必须生产各种规格和型号的产品,给实力不太强大的企业造成负担。上游企业的技术要求高,价格压得很低,导致在操作过程中的试验品、废品和次品大幅上升,最终使得电机厂的生产制造成本上升。由此造成的局面就是,企业产品有销路,业务也比较多,但是,没有利润,企业处于亏损中已有两三年的时间。

三、企业精神:刻苦钻研与甘于奉献

在这个阶段和过程中,技术专家发挥着无可替代的重要作用。德国的技术专家现场指导，企业也着力培养自己的设计师。这批发挥重要作用的不可替代的技术专家，大多是20世纪20年代、30年代出生，许多人曾经留学国外，他们的业务非常精湛，而且具有甘于奉献的精神，是中国非常宝贵的技术人才队伍。

当时生产的发电机，在许多性能指标上，能够排到世界第一。这批专业技术人才，能力非常突出，社会贡献非常大。90年代，汽轮发电机厂独立出去。这批技术人才，大多是中华人民共和国成立前的老大学生，他们工作学习非常勤奋，肯钻研，晚饭后都在宿舍里面看书，或者去办公室看书。当时这批技术人才，大多住单身宿舍，两个人一间，为了避免相互影响，他们通常就分别去办公室看书，看国外的专业期刊。他们这种执着的拼搏精神，肯钻研的奋斗精神，是当时电机厂制造出先进电机的重要法宝。90年代后，这些已成长为老专家的技术人才，有一些还享受国务院特殊津贴。现在，企业碰到特定的具体难题时，还会去请教某位专家。这些老专家，非常乐于将自己的专业知识、本领，传授给年轻一辈，他们在身体好时，还经常回工厂看一看，关心着企业的发展。他们普遍有一种心态，如果自己的本领专业知识后继无人，会非常着急，非常痛心。年轻一辈跟着他们学本领学业务，他们会非常地开心，会无私地把自己的全部知识和技能，奉献给他们，倾囊相授，毫无保留。

这批老专家，他们全心全意想着的，都是国家的发展，民族的强大，具有非常强烈的集体荣誉感和使命感，境界非常崇高。而且，不仅这些专业技术人才如此，老一代的工人也非常乐于奉献，他们乐于加班，甘心多做些活儿，不求回报，不计较奖金利益，全心想着的，就是如何把自己的工作干好，高质量高效率地完成工作。

现在年轻一代的职工，所缺乏的正是这种境界和精神。40年代出生的老工人，当年轻的学徒向他们咨询请教的时候，都非常乐于出谋划策，想点子出主意，找办法。他们不会计较，不会推脱，更不会抱怨，不会挑那些工时多但容易完成的工作，他们相互较着劲，相互比拼着，争创优秀。他们认为能做某件事能做某项工作是一种荣誉，他们会对此感到自豪，认为工作是对自身能力的一种肯定，他们从工作中能获得一种强烈的自豪感。相反，现在年轻一代的工人，缺乏这样一种拼搏感和荣誉感。对于超出工艺卡描述范围的工作，现在的年轻人都不肯摸索，不肯钻研，只是机械地僵化地做着所谓的分内工作，缺乏一种超越精神和探索精神，他们也缺乏一种挑战精神和奉献精神，太过于斤斤计较，只是关注着自己的奖金和工资，关注着自己所做的一点活儿所带来的回报，在此之外，他们就缺乏一种更高的关注和奉献！这是年轻一代的工人，需要好好反思和自我批判的：如何有效地继承和弘扬老一代技术人才和工人的拼搏精神和奉献精神，扭转企业目前面临的困境,真正将企业的发展与个人的成长紧密结合在一起。

80年代初,企业的第三代员工,以上海电机制造学校的学生为主,这批学生能力非常强。在刚恢复高考的时候,录取比例是非常低的,他们能够考取上海电机制造学校,也反映出他们的优秀品质和学习能力。这些学生以近郊农村的生源为主。当时上海电机制造学校是中专,这些孩子考上海电机制造学校的主要出发点,是早点把户口迁出来,帮助家里分担压力,他们中许多人是有能力考取大学的,但是,受家庭和父母的影响,都过早选择考中专,走进上海电机制造学校。企业现任老总,就是那批大学生中的杰出代表。他们后来继续攻读MBA,部分人走上了领导岗位,部分人成为专业技术人才。"文化大革命"以前,上海电机制造学校毕业的学生,在上海电机厂发展的过程中,也是核心主力,因为他们专业对口,甘于奉献,愿意钻研,这些都是企业发展过程中非常宝贵的精神品质和财富。

四、企业盈亏状况

戴:我们去年的财务报表看起来好像还行,但实际上我们现在的货单都是亏的。现在最难的是要找价格便宜一点的供应商,厂里把这件事情交给我。这件事很困难。你们可以想象一下,原来的供应商做得好好的,各项工艺都成熟了,管理程序也熟悉了,现在要换一家供应商,并且价格要比原来的供应商还低,这有多难啊?

采访者:嗯。

戴:我现在找了几家供应商,他们开始的时候都信心满满的,要求工艺评定呀,要求技术指导呀。这些都没有问题,我们都可以去做。但是他们做到后来都没有声音了。

采访者:为什么呢?

戴:首先,他们有的觉得有难度,如果东西做不好,最后报废了,肯定赚不了钱;其次,他们有的技术不过关,工艺评定做不出来。我给他们介绍焊接协会,让焊接协会帮他们做,他们嫌人家价格贵,一定要自己做。我有时候盯着他们,他们的工人根本听不进去。我不去问他们,他们就拖着。我去问他们,他们就敷衍。为了找合适的供应商,我常常跑得很远,上海芦潮港、浙江萧山,都跑过。他们有的说得很明确,货款不到不能做,价格太低也不能做,甚至说:"我们现在活儿很多,你们这个活儿我们不感兴趣。"

(一) 国内外市场的激烈竞争

采访者：是不是有很多跟上海电机厂类似的企业，国有企业，或者私营企业，在相互竞争？上海电机厂在这种竞争中处于怎样的地位？

戴：东方电机厂、湘潭电机厂、哈尔滨电机厂，等等，在改革开放以前，相互之间是有区域划分，这块是东北的，那块是上海的，大家都有饭吃，但是现在就相互竞争了。

采访者：相比其他电机厂，比如说哈尔滨电机厂，上海电机厂在技术上有没有优势？

戴：在十几年前，我们价格比他们贵，但是别人愿意买我们的产品，因为我们的质量好。现在，我们价格还是比他们贵，但是在质量上的优势并不多。所以现在的竞争力不如以前强了。以前人家会说："就凭你上海电机厂这块牌子，你的价格比人家贵，我也认了。"

当时的质量确实好，《经济日报》创刊号报道的就是我们上海电机厂：《点赞"扁担电机"》。（拿出《经济日报》的报道）这个报道是这样的，改革开放之后的80年代，我们在广东接到了一批活儿。那时候正是甘蔗的收获季节，大量的甘蔗要送到糖厂制糖，当时他们糖厂的电机老化了，那么多的甘蔗来不及榨糖，眼看就要发霉了，烂掉了。知道这个信息以后，我们当时的厂长李文华就到那边去接活儿。他们订购的电机数量很大，但是只给我们五个月时间，就要将所有的电机送到糖厂。当时糖厂的老板跟我们的厂长说："必须赶在甘蔗霉烂之前，完成这项工作。否则，种甘蔗的农民会拿着扁担来揍我们。"我们厂长就跟他说："如果发生这样的事情，我就过来跟你一起挨扁担。"所以那批电机当时被称为"扁担电机"。

以前，上海电机厂和隔壁的汽轮厂、锅炉厂，还有重型机器厂，被并称"四大金刚"。在"四大金刚"里面，我们上海电机厂最好。我们厂长姓李，因为他管理得比较好，使得电机厂比其他厂，在各方面收入多一些，人家就叫他李多多。

采访者：其他类似上海电机厂这样的国有企业，也都一样亏损吗？

戴：现在全部都亏损。我们这样比较大的厂，国家还有一定的保护措施。

采访者：这是不是跟国外同类企业的竞争有关系？很多使用商可能直接进口国外企业生产的产品。

戴：有关系。这是一个原因。

(二) 国企转型导致大量库存

采访者：还有其他原因吗？

戴：还有一个重要的原因是，有一段时间我们国家发展了很多钢铁企业，后来发现钢铁产能过剩,就进行政策调控,关停了一大批钢厂。我们厂生产很多钢厂的轧钢机,这些钢厂停产之后,轧钢机就不要了,所以我们仓库里有很多这种退货。我们厂最近做的比较多的是南水北调、西气东输、军工、核电、风电等相关的电机。风电方面我也觉得很奇怪,做了很多电机,堆在仓库里没有用,也不知道是什么原因。有时候先是做容量小的,后来又要做容量大的。我们搞焊接的先把容量小的做完了,后来却发现没有什么用了,就堆在仓库里,越堆越多。

采访者: 仓库里没用的电机怎么处理呢?

戴: 现在是这样的,如果有人订整机,容量差不多,我们就从仓库里取出来,根据现在客户的要求,进行修改,卖给人家。这样就减少一部分库存。但是库存量实在太庞大,采用这样的方法,一时半会儿也弄不完。完全去库存是很困难的。这些库存电机堆放时间长了,有的也就报废了,其实挺浪费的。我们库存的价值有几个亿。

采访者: 这是不是亏损的重要原因?

戴: 那当然。我们现在算账的时候,肯定是外欠少,库存多,但是库存卖不出去,就等于亏损。我们现在最大的问题还是库存太多。

采访者: 这是不是大型国企、央企的通病?

戴: 大型国企、央企的这种情况应该是不少的。

(三) 不合理的销售制度

采访者: 还有其他亏损原因吗?

戴: 我觉得,我们企业这么多库存,跟我们前一段时间销售的奖励制度有关系。以前光考核业务量,没考核货款回笼。现在改了,但是改了之后又有了新的问题,我们销售人员总是上有政策下有对策。我听人家说,现在好一点的业务都飞走了,进来的都是一些差的业务,这些业务要么资金不能回笼,要么要求高得很。这样一来,工厂要扭亏为盈,真的很难。厂里没退休的人都非常羡慕我,我今年刚退休。

五、企业福利状况

采访者: 我小时候生活在武汉,家就住在武钢边上,发现武钢的福利非常好,但是最近武钢不行了。有的家庭全都在武钢工作,所以整个家庭以前非常好,我们非常羡慕他们,但是现在就很不好了,退休了的人也就算了,没退休的人也被买断,要求提前退休,或者在所谓的第三产业中工作,这些工作的工资非常低。全家生活水平从那么高一下子降到那么低,真的很难适应。我想问的是,上海电机厂是否也有整个家庭两三代人都在厂里工作的情况？原来厂里的效益好的时候，日子比较好过，现在厂里效益差了，也会出现类似的问题吗？

戴：这种情况是有的。据我所知，我们这边有一个师傅，他们老夫妻两个现在都已经退休了，先生是搞设计的老专家，一直干到七十岁才退休。老太太早退休回去了。他们的儿子和女儿也在我们厂里，现在四十岁出头。他儿子比较好，在发电机厂。他媳妇在制造部。他女婿本来也是我们厂的，后来跳槽出去了。他女儿所在的部门转制了。他们整个家庭还好。我们厂毕竟还没有关停，还没有大批下岗，所以好像没有你说到的武钢的某些家庭那么惨。

（一）教育福利

采访者：上海电机厂原来有没有武钢那样的福利模式？从幼儿园、小学、初中、高中，可以说从摇篮直到坟墓都给你安排好了，所以企业效益不好对职工家庭的影响很大。

戴：我们没有那么全，幼儿园、小学是有的，中学没有。而且在我儿子上幼儿园的时候，幼儿园就关了。我儿子1999年生的，那时候还有托儿所。我先生那时候不在闵行上班，在嘉定上班，一个礼拜回家一次，所以我儿子是我一个人带的。我早上送儿子到托儿所，下午接出来，再去买菜，就我们两人也可以过。我儿子是1999年1月生的，要到2002年9月才上幼儿园，但是我在2002年上半年让我儿子上早读班，那个时候我们厂的幼儿园就关了，厂里为所有老师都安排了职位。小学也很早关了，并归教育局，老师要么归入教育局编制，要么厂里安排职位。

（二）住房福利

采访者：还有其他福利吗？

戴：其他的福利，我父亲那时候分到两间房，卫生间和厨房是合用的。开始的时候，两间房住7个人，一间小房间8平方米，一间大房间14平方米，大姐、二姐、我和我妹妹四个人挤一张1米35的床，我哥哥每天在旁边搭一张帆布床，早上起来收起，晚上睡觉打开。我的哥哥姐姐比我大很多，1966年我四五岁的时候，我二姐就到上海（市区）去工作了，我大姐去黑龙江了，后来我哥哥又去读技校了，就剩下我和小妹妹两个人睡一张床，觉得很舒服啊。其实，直到我进厂的时候，还是有分房的，那时候我二姐在上海（市区）工作，已经分到房子了。

采访者：当时分到的房子有多大？

戴：我二姐分到的房子有十几个平方米，在市中心，在南京路边上，在厦门路上。因为我二姐结婚比较晚，29岁才结婚，在厂里也算是业务骨干，所以都有照顾。这套房子没有卫生间，厨房就在门口，是烧煤气的，当时条件算很好。这套房子到现在还没有拆迁。后来他们单位在徐家汇那边弄了两幢房子。我姐姐那时候有两套房子,除了她在厦门路的房子,我姐夫在三太路也有一套房子。他们就把这两套房子交给厂里,厂就在徐家汇给了他们一套房,那里的条件更好,独门独户,有卫生间,有厨房,一室半。她原来的那两套房子,分给了两个老职工。按现在的眼光去看,她损失了好多好多。那时候她自己在徐家汇工作,这样一换,上班就近了。后来我姐姐的孩子大了,在上海中学上学,就又觉得房子小了,单位就在上海中学附近分给她一套两室一厅。那时候都不是商品房,都是单位的福利房,只有使用权,没有产权。再后来,又觉得两室一厅太小了,就又在罗阳新村买了三室一厅。再后来,又买了很大的复式楼,170多平方米,就在我家小区对面。反正房子是越住越好。

(三)住宿福利

采访者:刚才我们进厂看到很多老宿舍,它们还在用吗?还有人住吗?

戴:现在还是宿舍。新进来的年轻人没地方住,就住厂里的宿舍,200到300块钱一个月,水电另付,这比外面便宜多了。但是好像洗澡不太方便,以前厂里有公共浴室,现在都关掉了。我刚进厂的时候也住过这样的宿舍,我哥哥结婚之后住家里,家里就显得挤了。我晚上回去的时候,厂里会派一个师傅送我回去。我女孩子,老师傅男的。我们铸造车间很脏,下班要洗澡,车间里有专门的浴室。我们上班的时候几乎是全身脱光换成工作服,上完班全身都是黑的,鼻孔是黑的,衣服是黑的,因为灰很多。所以每次下班都要洗澡,洗完穿上自己干净的衣服,再回家。女孩子动作慢,老师傅在外面等半天。后来单位里就给我申请了宿舍的一张床位,我下班后就不再回家,在厂区里面,相对比较安全,也就不用师傅送了。我常常睡醒了再回家,买菜做饭,再去上班,作息时间就是这样子。后来我读第二工业大学的时候,住在锅炉厂里,就在锅炉厂里又申请了一间宿舍,作休时间也是这样,每天下课了就回家,买菜做饭,吃过晚饭,就到宿舍里睡觉,第二天上学,在那里我也住了三年。

采访者:您这样一种工作和生活的模式,肯定对工厂很有感情。现在我们居住的地方和工作的地方离得很远,住在一起的人都很有隔阂。

戴:现在很少有一家子都在一家厂里呢,以前没有下岗失业等问题,大家觉得在一家厂里也挺好的。哪一家孩子考不上其他大学,那就考上海电机厂技校吧,现在连技校也没有了。现在要进厂也没有以前容易了。

(四)工资福利

采访者:您那时候的工资怎么样?

戴:我那时候工资很不错,有一阵子读第二工业大学,三年全脱产学习。这个学习还挺划算的,工龄也算的,学习成绩好的厂里还加工资。我去读书的时候工资还是39块。后来加工资的时候说加一级,就加了10块。后来第二个月的时候钱又多出来了,那是因为当时有人去厂里反映,说:"厂里上班的人有的为什么加一级半的工资,而我们只能加一级的工资?"他们反映了之后,厂里针对我们这批读书的人,实行了新的政策,平均分在90分以上的,可以加一级半的工资,所以我就加了一级半的工资。到1986年的时候,我的工资已经达到54块,毕业回厂前,就已经63块,毕业回厂后,其他人加工资,我就没法再加了,因为我如果再加工资的话,我的工资就比我师傅的工资还要高了。后来加工资是根据工作情况来加的,最后我的工资真的比我师傅的工资还高了,那是90年代,我觉得我自己工作还是很卖力的,不像有的人在工作的时候还偷偷跑出去搓麻将。

六、企业用人状况

采访者:谈谈您为什么会走上焊接这条路的吧?

戴:我一个女孩子怎么会搞焊接的呢?我开始在厂里上的是中班,跟同事的交流很少,信息不多。那时候厂里有所谓的政治培训,三个月一期,我身体不太好,厂里就安排我去政治培训。这样就认识了一个青年,他是在我们工厂1981年大批招工的时候进来的,他爸爸在厂里人头比较熟,他就被安排在厂里开电瓶车。同龄人话题挺多的,聊的时间长了,就熟悉了。后来有一次,他打电话对我说,有一个预备班式的培训班在招生。我就去看了海报,看到自己符合条件就报名了,考试之后就考上了,培训了七个月。后来第二工业大学招生,又考上了,就三年全脱产学习。这就走上了焊接的路。最近你们上海电机学院有个小朋友来我们厂。我们定向招聘,他没毕业的时候就来我们厂里实习。他学焊接专业,这个专业还是挺辛苦的,虽然很多已经自动化了,但必须是标准化的东西才能运用自动焊接,没有标准化的东西很难运用自动焊接。

采访者:您对现在进来的大学生有接触吗?您觉得他们怎样?

戴:现在的大学生,跟我们以前还是不太一样。他们都是独生子女,从小生活比较优渥,哪怕是农村出来的大学生,也不像我们那时候那样吃苦耐劳。我那时候一般都在工厂车间,跟师傅在一起,问问题,学本领。但是现在的大学生,他们从车间里出来就跟我讲,师傅不理睬他们。我就对他们说:你不问人家,人家是不会主动跟你讲的。你要自己主动去问,人家回答你之后,又要自己去琢磨。但是他们还是摆脱不了学校里的学习模式,好像一定要老师跟他们说今天开始学什么,然后才知道怎么去学习。总之,他们学习的主动性太差。我们工作的时候,还会自己找一些材料来看,有问题就去问师傅,带着问题去学就学得快。被动地学习,就不容易学到东西。还有的年轻人心不定,现在大家总觉得家庭很重要,工资很重要,如果工资低了,就想着要跳槽。最近有一个年轻人才来了两年,就想要跳槽。我们就问他,你跳了槽之后准备去哪里,计划以后怎么发展?听了他的回答之后,就劝他不要跳。因为那是一家私企,没有发展前途。我们跟他说,上海电机厂毕竟是老企业,有助于积累经验。换工作是讲出身的,上海电机厂的出身还是不错的。如果越找越差,最后就可能连饭也没得吃了。他觉得我们说得有理,就不换了。但是这也是暂时的,他要是找到更好的工作,肯定会跳槽。

采访者:为什么留不住人呢?

戴:最重要的原因就是我们企业的效益不好。打个比方说,假如我的儿子现在大学毕业了,我肯定劝他说,不要来我们上海电机厂。找不好工作的人到上海电机厂里来也是有的,但是做了一段时间有机会跳槽就都跳走了。不过也有想着法子要进来的人,看个人想法。我现在组里有一个人,原先是在我们组里的,后来考交大研究生出去了,研究生毕业之后,在松江找了一家台湾公司,那几年干得非常辛苦,钱也挣得比较多,房子也买好了,结婚也结好了,孩子也生好了。他觉得现在年龄四十岁左右了,以他的身体素质,在那个公司工作,有点吃不消。他看到我们厂里的招聘启事,就真的回来工作了,所有一切重新开始,只不过现在是硕士生,起点稍高些。他现在的工资并不高,也很忙。但是他觉得这里比其他地方好多了,现在房子也买了,能够抽出更多的时间陪孩子。所以选择在这里上班。

七、留不住人才

以厂子现在一名员工的状况为例,一名研究生,先是在电机厂工作,之后因为觉得工资不够理想而离职,后来到了三十多岁,有房子、结婚生过孩子之后,再次来到了电机厂,因为生活的重心发生了转移。他之所以能够较为轻松地、稳定地、安心地在电机厂工作,是因为他能够有更多的时间陪孩子读读书。他现在的需求是有房子住、吃饱穿暖,孩子培养放在第一位了,所以他觉得现在他在电机厂很安心,因为工作相比外企要稳定、轻松一点,可以把培养孩子放在第一位。这也可能是电机厂现在留不住员工的原因之一——工资待遇。

采访过程当中被感动,戴工在讲到厂子的过去时,流下了泪水。戴工是很易动感情的人,很实在,感动了我们。她在电机厂待了一辈子,对厂子很有感情。以前的模式不一样,自己的青春、理想、追求、事业都与电机厂紧紧地联系在一起。

比如武钢,几代人下岗,有的家庭全部家庭成员两三代人都在这个企业,企业效益变差之后,确实对于整个家庭的经济收入是巨大的打击,让其全线崩溃的。比如,在过去,电机厂的员工在之前找对象时,都会提醒说不要找一家厂的男女朋友,否则,一家人在一家企业,企业倒闭的话,就全家失业。可能那个时候也有一些破产的单位。

八、电机厂的未来搬迁

按照上海城市规划,电机厂需要搬迁。之前搬临港没有搬成功。黄浦江沿线企业须全部搬迁,建造滨江大道,所以,电机厂必须要搬。临港,电机厂已经不能进驻了,可能未来要搬到江苏启东。隔壁汽轮厂也面临类似命运,发电厂已经关掉了,电力设备厂还在,三菱电梯往哪里搬;都在这一条线上的几个企业面临搬迁的命运。

电机与发动机不同,电机就是用电来驱动别的设备。所有的电机厂做的产品都必须跟电机有关,所有的产品都有定子和转子,定子有定子线圈,转子有转子线圈。磁场、磁力线,把铜线绕起来,初高中物理当中有这一块的东西。

九、电机厂的氛围

以前电机厂的员工工资一样,没有很多的矛盾,只是有个别比较懒的,不太想干活的,会有一些矛盾;干一样的活,拿一样的钱,没有太大的矛盾。现在,人与人的心越来越远,比较冷漠,老是在心里打小算盘,嘀咕着为什么会有人拿钱多,有人拿钱少,你有什么资格比我多。过去分几级工,七级工与六级工的工资不一样。现在,人心越来越冷漠,猜忌,工资不透明,不公开,也是造成这样的氛围的原因之一。如工资条,密封着、覆盖着等。两个差不多一起进来的员工,工资有差距,两个人又没有明显的差异,就会造成员工之间的矛盾。这与个人的心态有关,又与领导制定的相关制度有关。

十、关于师傅带徒弟的状况

戴工,当年在现场由师傅带。现在戴工自己带徒弟。带的徒弟,大部分都走了,还剩了两个。有的徒弟有机会就走了。同时进来的两个人,一个人就跟戴工说,我干不长的,两年。因为个人发展规划的问题,他有个弟弟,家里是农村的,放弃了直升研究生的资格来上班,来供他弟弟读书,他给自己的规划是工作两年,再去考研,之后再读博士。他把电机厂当跳板,他要去考研、考博的,这另当别论。

另一个人,学什么都很卖力,但有一年,地铁招轨道交通警察,他考取后,递了辞呈。当时一个部长跟他谈心后得知,因为收入不高,他宁愿放弃大学学的东西,也要去做所谓的公务员。当时老部长很不解小青年的想法。因为他当年考大学的时候,他爸妈让他去考公安什么的,他都不同意。他是搞设计的,人才引进过来的,哈电过来的,他就搞技术,他上大学的时候,就决定要搞技术,要为祖国的科技性事业作贡献。所以,他技术能力很强,技术也做得很好。因此,他在跟小伙子聊了之后,就特地跟戴工谈,搞不明白为什么小伙子不搞技术,要去当警察。他当时已经在厂子里面干了两三年了,在技术上也已经独当一面了,但他放弃了这一块,很可惜。或许再过几年,这位小伙子也能成为这个领域里比较不错的人才了,所以,这个部长就觉得很可惜,但这个小伙子并不觉得可惜。

但其他大部分人,离开电机厂都是觉得收入偏少了,除了个别的员工是因为父母都在无锡,太想家了。当时焊接车间转制,厂子要把焊接组解散,说焊接件要从外面买回来,焊接组就不要了,解散。当时戴工留下来了,后来厂子里就觉得焊接组不应该解散。再后来焊接组活儿很多。当时组里人手很少,有些员工要走,但又多留了一两年才离开。大部分人都是因为收入偏少离开的,只有两个人是因为其他原因离开。

现在的九个人当中,有一个小姑娘是戴工的徒弟,而且也没有多少年。戴工从1998年开始带徒弟,后来陆陆续续带了一些徒弟。有一段时间厂里说大学生不用师傅带了,现在又说要指定师傅了。因为在这边,戴工年龄最大,有时候厂里会要求戴工带徒弟,但有时候也不指明到底是谁在带,大家都在教吧。

十一、国企、央企的现状

现在,国企也好,央企也好,亏损的比较多。如果不是顶尖技术的东西,现在大部分都出现了亏损之类的情况。国外竞争是一方面,还有我们以前,比如宝钢、鞍钢、首钢、包钢、济钢、天钢、武钢、邯钢,等等,这种厂我们都有电机给他们做。武钢,在那时候,他们派了退休的一位老同志,为这位老同志在附近的小区租房子,给他工资、待遇,让其长驻电机厂。这位退休老同志非常负责,每天跟着一起上班、下班,看着做。从技术上要求,盯着电机厂做。从小的焊缝的直与偏到尺寸,都会提出相应的意见。一旦发现问题,工人要向这位前车间主任解释情况,并进行整改。不管是在焊接件热处理结束后还是在之前,都会要求整改,热处理结束后收到整改意见再处理一次，成本就会上去。那时候，电机厂还没转制，好像是2007年转制。转制就是我们厂里的一个车间，卖给老板，变成私企，设备给他，人员要接收。要跟厂里谈好，要保障老板多少年多少的业务量。转制一两年之后，带走的员工不可以辞退。转制的时候有相关的约定，私人老板不可以辞退员工。员工可以选择不跟私人老板，也可以选择跟私人老板走，跟电机厂脱离关系，电机厂给你一笔钱买断；也可以选择跟私人老板签合同再买断，比如由于种种原因，如私人老板的厂子路远你无法去上班，还可以再跟私人老板买断，也就是私人老板再付给你一笔钱，这样的话你就与他脱离了关系，成为社会人。

到现在为止，这批购买车间的人，厂里面也还是没有还清他们这笔钱。这批人现在不要业务，只要电机厂还清欠的钱，厂里也很难做到。活儿交到厂里，过三个月给你期票，不是现金，通过银行又要过三个月、六个月、九个月、一年才能拿，所以，都是卡在资金回笼上。现在很多单位都是这样的，不给钱，我就没法买原材料，我就没法做。一般要求垫付，开始的时候垫了八九千万元，现在可能还有二三千万元。没有办法，不能做到先给钱再交货。现在这个是蛮头痛的。因为转制的时候，一方面，包袱先出去了；另外，你要做厂里的活儿，是要包工包料的，料也是你先去买的，比如钢板，厚厚薄薄的都得备，资金压力很大，都是垫付的。转制的时候经济压力一下子减掉了，我们当时的车间占用了厂房——厂房中被称为亚洲第一高的厂房，东西堆积着。后来转制后，厂房就空出来了。或者把场地租出去，有的单位会租场地，他们的厂房造好了再搬走。后来把它作为中型试验站，大型的产品、机床在那儿装备，大型的供应、机器件在那里加工，后来又作了核电车间，也在那边。当时，我们的厂房电机厂是最好的，是亚洲第一高的，产出也好。后来，低附加值的东西全都转制。大概是从1995年左右开始搞转制。大型企业，大型国企，以前都觉得不怕，这艘船沉不掉，因为背后有国家。当时如果我们厂不能扭亏的话，就是第二个重型机械厂。重型机械厂里的员工退休了就回去，没有返聘。电机厂也在压缩人员，去年，2016年，女同志到了42岁，有一个形式叫"托管"，和电气集团下面专门有一个地方叫托管中心一样，我们的下属企业中有一些富余人员专门托管到那里。现在分几档，女同志42—45岁，不用上班，拿工资的60%，缴最低的保险金，工龄维持着，因为没有买断，你还是厂里的员工，可以到外面找一些工作，每个月给一定的生活费。女同志45岁是拿75%的。女同志50岁，直接办退休，它鼓励你提早退休，后面的5年工龄电机厂给予补贴，去年涨到1800元一个月，60个月拿3.8万元，就从电机厂退休了。电机厂的工资收入向技术倾斜，技术人员工资还可以，车间里的工人，如质保部就两三千块钱。电机厂企业效益好的时候，如包扎工人每月能拿到1万多元。

上海锅炉厂"728"工程
——方大培工程师访谈录

采访、整理：陈瑞丰（上海电机学院马克思主义学院副教授）
张丹丹（上海电机学院马克思主义学院副教授）
马秀春（上海电机学院马克思主义学院讲师）

【人物介绍】

方大培，男，1939年6月生，1966年毕业于同济大学，高级工程师。长期从事工业与民用建筑结构设计与研究工作，在重大型工业厂房、高层建筑结构及钢结构工程设计方面有较多经验。其中1974年负责首次国产化的万吨级饲料厂土建设计科研课题，获机电部科技进步二等奖。1976年负责国内最大的机械厂房(400吨吊车厂房)上海锅炉厂"728"工程的土建结构设计及科研工作，该项目的设计获国家科技进步三等奖。1984年负责设计中国迅达电梯工程，获1990年机电部科技进步三等奖。1986年负责设计苏州电梯厂试验塔，获1990年上海市优秀设计三等奖，1987年后参加编写高层钢结构设计规范，代表著作为《高层建筑钢结构设计暂行规定》（合编），获1994年上海市优秀设计标准一等奖。1997年后负责设计上海市1号重点工程上海通用汽车厂冲压车间。发表论文近20篇，主要有《地震区建筑震害及抗震建筑的设计与施工》《贮粮筒仓设计中若干问题的探讨》《大跨度设置重吨位悬吊的轻钢屋盖设计》。

【采访纪实】

一进方老师的家，满眼都是书。看见我们很吃惊的表情，方老师的老伴说："家里就是书多，他总是读书、读书，现在每个月都还订有杂志，书都放不下了。他总还是在买。"方老师呵呵一笑，"这里资料很多，我家里书很多。虽然退休了，也还是要做些事情。有很多地方，还是得去讲讲课，带带年轻人，另外，也还是有一些设计上的事情，需要做的，比如闸北的体育场、浦东的迪士尼，都要过去把把关。这些都与建筑结构设计有关，我帮他们搞厂房。实际上，真正退休也只是前年的事情。"

说着说着，我们也就进入了今天要采访的内容。

张：方老师，请您介绍下您所在单位的情况。

方：我的单位是上海市机电设计研究院。上海市机电设计研究院的前身是1952年底成立的华东机械设计处和华东电器设计处。1953年3月10日，中央第一机械工业部黄敬部长签发第19号令，批准一机部第二设计分局在上海成立。1958年4月更名为一机部第二设计院，成为新中国最早的工程设计单位之一。

70年代初，二院内迁遵义，留沪的部分与1956年成立的上海市机电产品设计院在1971年9月合并，成立上海市机电设计院。到1980年2月更名为上海市机电设计研究院。

张：您单位有哪些让您感动的成就吗？

方：上海市机电设计研究院是全国勘察设计行业综合实力"百强单位"、上海市"勘察设计综合考评先进单位"，连续六届12年荣获"上海市文明单位"。

机电院人自行设计上海电器制造学校、上海电机厂、上海锅炉厂、上海汽轮机厂、上海重型机器厂、万吨水压机等多项重大工程和技术改造任务，填补国内空白，为我国重型工业、国防工业、航天工业的机械化、自动化的发展壮大作出了积极的贡献；还承担了许多援外项目的设计，包括朝鲜熙川油泵厂。改革开放后，第一次投标承担中外合资迅达电梯的大型设计项目任务，成为国内最早参与合资项目设计的单位。改革，使机电院走上了以设计为主体，多种经营齐头并进的格局。从1984年起，机电院人相继在汽车、电梯、家电、信息电子领域承担了众多工程项目设计，不断拓宽经营领域。

1993年9月14日，时任中共中央政治局委员、上海市委书记吴邦国同志为我院40周年院庆题词："深化设计体制改革，适应社会主义市场经济要求"。1997年11月29日，时任上海市市长徐匡迪题词："团结拼搏　争创一流"。

张：方老师，可以给我们讲讲您自己参与的项目吗？

方：我参与的项目当中，记忆最深的就是"728"工程了。

张：方老师，什么是"728"工程？

方：简单地说，"728"工程就是我国核电研制工程，在周总理的主持下，敲定的一个项目。

张：方老师，有什么背景吗？

方：20世纪70年代初，周恩来总理在北京听取上海有关方面对该地区严重缺电情况的汇报，就明确指示："从长远来看，华东地区缺煤少电，要解决华东地区用电问题，需要搞核电"，并同意上海市着手研究开发建设核电站。

张：方老师，"728"是怎么来的呢？

方：上海方面紧急召开会议,进行部署落实,这天是 1970 年 2 月 8 日,就以这天的日期作为核电站工程的代号。

张：方老师,核电站工程？就您一家单位吗？

方：不是。上海电气(集团)总公司的前身是上海市第一机电局(简称"机电一局")。20 世纪 70 年代起,机电一局所属 50 余家企业参与了"728"工程的科研与设备制造。

张：方老师,您具体参与的是哪部分呢？

方：我主要是厂房设计方面,为实施基建技改创造条件。

张：方老师,好专业呀,都有点听不懂了。

方：搞核电,在哪里搞呢？所以,就需要先有一个厂——制造厂。建了这个制造厂之后,就可以在这里搞核电研制和开发工作了。

张：哦哦,当时国内已经有这样的厂了吗？

方：没有,"728"是我们国家第一个核电厂,所以说,填补了国内空白,也告诉外国人,这件事我们中国人自己能干,而且能够干得很好。

张：了不起！那这个厂的制造有什么要求吗？

方：有很多技术要求,我们每天大部分时间都在单位里搞设计,搞研究,上班不可以迟到的,很辛苦。有人加班到晚上很迟,在工厂吃饭。

张：在家里也可以设计呀,为什么要在厂里加班呢？

方：我们都是现场设计,即到厂里设计。我们设计人员,一定要和工人结合,工厂、设计院、施工单位一定要三结合。对于施工工人的工作,我们是很在行的,他们干得怎么样,我们一看就知道了。设计很关键。设计一看不对,施工工人就要修改。所以,施工工人对我们很敬重的。

张：哦,这样,所以,设计也就常常加班了。

方：搞实验的时候,基本上 24 小时不休息,晚上稍微休息下,一般一直在工地上,夜里 12 点吃个夜宵,继续工作,一直到第二天,继续上班。在单位里边,吃完晚饭,也还是要加班。

张：有加班费吗？

方：没有,就是吃一个面包,或者夜里 12 点吃个夜宵。

张：加班家里有抱怨吗？

方：没有抱怨,这有什么,大家都这样。当然,身体状况不好,可以走的。当时我们搞技改,什么都没有,只好靠自己,必须这样,大家也都没什么可说的。

张：哈哈,"728"精神,很值得我们后生学习！

方：我搞厂房设计,厂房多大多高,这叫工艺设计。厂房内的东西,比如如果是放置锅炉或者发电机，这些东西就决定了厂房该怎样设计。整个这些全套的东西，包括工艺，很多很多，有时一根柱子的设计就得两三个人花整整一个月的时间，这也是攻克难关。

张：方老师，有了那些现成的机器，然后，您根据机器的大小来设计厂房，是吗？

方：当时的情景大多不是这样，很多时候都是没有现成的机器，我们还得设计、制造现成的机器。

张：哦哦，能够说个简单点的例子吗？

方：比如，用锅炉供应开水，让汽轮机转起来，产生电。得先造个很大很大的锅炉，把锅炉造出来，再设计和制造一个大房子，然后才能发电。

张：锅炉不是买回来的?!

方：不是，自己造的。我们造的房子，39米高，6层楼才18米。但是，和锅炉比起来，这个房子看上去还是很小。

张：锅炉这么大呀?!

方：嗯嗯，还得有吊车，这些都得我们自己设计，自己制造。当时国内的吊车吨位都很不够，一般的厂房5吨吊车就可以了，特殊情况下，10吨吊车也就行了。但是，我们这个需要400吨吊车，而且吊车也需要放在房子里面。这样，就又得设计房子，房子整个都是钢的。然后，这么高的工作任务，频繁爬上爬下，所以，我们就又设计了电梯。电梯当时国内还没有。吊车、电梯、整个大房子，等等，都是全新的，个个都是技术难关。

张：这么多第一呀！

方：先后还写了30多篇论文，发表20多篇，没有发表的，也都给年轻人学习用，自己也可以看看。

张：方老师，这个方面，当时世界上的技术状况，如何呢？

方：当时世界上已经有1 000吨吊车了。所以，我们要努力呀。不过，我们这个工程，不需要1000吨吊车，如果需要，我们当时应该也能够造出来的。

张：方老师，这些工程，都是您自己搞的吗？

方：还请了南京工学院的几位老师，一起来搞。这些，现在设计起来已经很方便了。现在有计算机了，当时没有计算机，都是人工计算。

张：有外援吗？

方：没有，苏联55年的一点资料，只是很简单的几个规范，没有实际用处。当时国内没有资料，我们根据结构力学，自己推出来的。

张：方老师，你们为行业立规矩哈。

方：这个我是亲身经历。实际上，73年、74年、75年，好几年，我们设计院都是业界龙头。

张：嗯嗯，这种精神值得我们永远学习。

方：设计出来，钢板多厚，都是我们定下来，一毫米都不能差，薄了不行，厚了浪费。这么庞大的一个工程，任何一个细节都不能放过。比如画一根柱子，我设计好弄好，让年轻人去画，小青年得一个月才能画好一根柱子。厂房里单是柱子就有很多，所以，当时工作量很大。

张：方老师，总体上，"728"工程的基建技改工作有个大致稳定的团队来承担吗？

方：发展核电，需要提供大量的技术装备，关键环节是提高装备制造国产自主化的整体水平，提升综合国力，所以，各个项目和任务都是有明确目标和规划的，当然也就组建了得力的团队。

张：哦，这么严谨！方老师，可以介绍下吗？

方：工程设计主要由上海市机电设计院承担，上海机电一局组织四大厂、四小厂共同完成。

张：方老师，四大厂是哪几个？

方：四大厂是上海重型机器厂、上锅厂、上汽厂、上电厂。

张：那么，四小厂呢？

方：四小厂是先锋厂、上海起重运输机械厂、上海水泵厂、上海阀门厂。

张：具体做的时候，大家各有分工？

方：上海机电院以四大厂的重型厂房设计为重点，会同第一机械工业部第二设计研究院、第一机械部第八设计研究院和相关工厂，确定厂房功能、加工工艺、工艺装备等工程设计要求，精心设计，精心施工。

张：哦哦，它们分别负责一部分？

方：上锅厂承担的主要是重型容器厂房方面，产品是核电站的蒸汽发生器、稳压器和堆芯构建等，这些核承压设备的制造，在工艺上与火电的锅炉有本质的不同，当时生产车间的厂房起重能力、起吊高度以及设备，均无法适应和满足"728"工程产品的制造要求。上锅厂基建工程包括重型容器厂房、强度实验室、加速器探伤室、加热炉及各项动力辅助设施，其中重容车间是主体工程。

张：哈哈，太专业了！

方：是啊，你们文科的可能就听不懂了。

张：那大致说下吧。

方：上海机电院和上重厂联合设计了该厂大型锻件制造厂房工程。上汽厂为了研制开发 300 MW 核电汽轮机,在国家基建投资项目中,建造 250 t 大型饱和蒸汽汽轮机厂房,占地面积 8 640 m²。上电厂为制造"728"工程所需的 300 MW 汽轮发电机厂房,从结构形式,到材料来源、工程造价、施工周期、施工方案等各方面均经过了认真仔细的综合分析,反复比较和权衡,项目设计小组最后采用混凝土混合结构的厂房形式。

张:方老师,"728"工程的技改项目,总体上有什么显著特征吗?

方:很多,和传统项目明显不同。比如,起重机吨位重;大跨度、大柱距;厂房高度高;地下结构深;地基软弱。

张:哦哦,也就是说,这些都得应用新技术?

方:呵呵,是啊。可能你们又听不懂了。哈哈,比如,节约材料新设计、大柱网新设计、鱼腹式预应力混凝土起重机梁新技术;钢与混凝土组合柱新技术。

张:方老师,您承担的这些项目大致是什么时候开始的呢?

方:1974 年,我接受设计任务。

张:得很多年才能完成吧?

方:1979 年,我们基建技改任务基本完成。

张:如此快?

方:不是,这只是基本完成,竣工验收是在 1985 年。

张:那大致都有哪些成果呢?

方:20 世纪 80 年代初,上海结合引进的 300 MW、600 MW 火电机组技术,对四大厂进行了 12 个项目 22 个单项的核电装备厂房建造和专项工艺装备的购买与研制。新建 400 t 级厂房两座,250 t 级厂房两座,100 t 级、75 t 级、30 t 级厂房各一座,35 kV、110 kV 降压站各一座,新建建筑面积 73 000 m²;并添置了关键工艺装备,为"728"工程核电装备制造创造了条件。

张:哈哈,了不起!方老师,那这么巨大的工程,需要多少投资呀?

方:20 世纪 70 年代,国家经济十分困难,但是,国家下了很大的决心,投资了 1.73 亿元,这在当时,真的是很大很大的投资了。

张:方老师,你为国家作了巨大贡献!

方:没什么,这些都是应该的,中国人应该做的。

上海电气核电集团江燕云老师访谈录

采访、整理：石建水（上海电机学院马克思主义学院讲师）
　　　　　陈兰芝（上海电机学院马克思主义学院副教授）
　　　　　苗磊（上海电机学院马克思主义学院讲师）
　　　　　刘炳涛（上海电机学院马克思主义学院教授）

【访谈时间】　2017年8月29日
【访谈地点】　江燕云老师办公室
【访谈提纲】

1. 请江老师简单介绍一下自己辉煌的工作履历。

2. 请江老师谈谈上海电气核电集团的发展史和主要成就，谈谈上海电气的核电设备在中华人民共和国不同历史阶段发挥的重要作用。

3. 核岛主设备包括哪些组成部分？上海电气核电集团是否都可以制造？中国相关技术在世界上处于什么水平？

4. 请江老师谈谈自己不断提高的奋斗过程，以及自己传承革新工艺、培养徒弟的宝贵经历，说说师徒制对于经验传承发展的主要作用。

5. 请江老师结合自己在核电设备领域不断追求卓越的经历，谈谈工匠精神的意义，以及大学生在新形势下如何更好地实现个人成长。

6. 核电集团要适应上海电气转型发展的需求，核电产品要从单纯设备集成销售向数字化高端装备制造转变，你们核电集团在此发展战略下取得的成就及面临的挑战是什么？

【访谈内容】

一、上海电气核电集团简介

上海电气核电设备有限公司隶属于上海电气集团，2006年12月在上海临港新城重装备产业区开业，是上海电气众多产业板块之一，上海电气有核电集团、风电设备、输配电等产业集团，其中核电集团是专业化生产核电站反应堆：压力容器、蒸发器、稳压器、堆芯补水箱等核岛主设备制造企业,立足上海服务国家能源战略、振兴国家装备制造业的重点国家级高新技术企业。

上海电气核电集团下所属有5家企业,其中闵行有2家,分别是上重铸锻有限公司和上海电气KSB泵有限公司。临港有3家,分别是上海电气核电设备有限公司、上海第一机床厂有限公司及上海电气凯士比核泵有限公司。

二、中国核电装备的起源和发展

核电起源于20世纪70年代,当时是周恩来总理指示"掌握技术、积累经验、培养人才,为中国核电发展打下基础"。1970年2月8日,国务院同意上海市研制核电,中国第一座核电站便以这个特殊日子作为工程代号,命名为"728"工程。中国探索核电站的道路是曲折的,也曾遭遇停办的质疑声。以秦山核电站的建设为基础,中国核电经历了从起步到国有化再到与国际接轨的艰辛历程,实现了核电设计、设备制造、燃料配套等质量管理与技术创新发展,成功凝聚了老一代核电人近20多年的心血。

1984年,我在上海锅炉厂有幸参与了秦山核电站第一期工程的产品制造。蒸发款器是核岛的主设备之一,其制造过程中的难点是为管板打深孔。当年第一代产品是30万兆瓦的,管板的厚度650毫米,直径为3米多,却要在上面打9 000多个深孔,还要保证孔与面的垂直度及孔径尺寸。当时的深孔钻设备为单轴钻,为了进度白天工人钻孔,我们晚上检查,白天就在宿舍睡觉,整个人都扑在工作上,但是感觉很幸福、很自豪。随着核电事业的不断发展,核电技术也逐渐进步,单轴深孔钻变成了3轴深孔钻,核电产品也从30万兆瓦发展为百万兆瓦,管板的厚度增加到798毫米,深孔的数量也递增到20 050个。

1996年,我国继蒸发器和稳压器后开始自主生产反应堆压力容器,由于其所容纳的反应堆本体放射性极强,故在材质要求、制作、检验等方面都比常规压力容器要严格得多,生产的难点在密封面和4个大型接管(2个进水、2个出水)对角度的要求很高。当时我们做壳体,一机床做内部驱动机构,然后装入壳体内,配合要非常好,并且与顶盖相扣要非常密封,确保不能核泄漏。

因为压力容器的难度非常大,当时中国与日本商量,由三菱来帮助我们。三菱做一台,上海锅炉厂做一台,前提条件是日本帮上海锅炉厂培养一批技术人员。这里面有很多故事,那时日本人问我们的很多问题是非常刺入人心的。他们会问:你们上班坐什么?有没有高速新干线?你们有哪些核电设备啊?了解到中国的情况后,日方说那我们只有派出一位老同志给你们上课了,用80年代的设备讲解说明。日本人在技术要求上还是非常严谨的,他们拿出80年代的核电资料供我们学习,我们就是在钻研那些老资料的基础上一点一点学习起来的。可以说,今天中国在核电技术上在某些方面已经超过日本,反过来,是我们可以给他们上课了。

三、传播核电理念是构建企业文化的关键步骤

一个企业的生存发展离不开企业价值观的熏陶。做核电关键也是做理念和文化。核电的企业文化就是"四个凡事",即"凡事有人负责,凡事有章可循,凡事有人监督,凡事有据可查"。这"四个凡事"是刻在每个上核人心里的,这是我们的企业价值观。日本对工艺的理解服从是无条件的,中国是有条件的。我们曾经做企业员工培训,问员工的其中一个问题是:"如果工艺给出了一个错误的指令,比如跳窗,那么你怎么办?"日本企业的做法是会无条件服从,中国则是有条件的,除了跳窗,我们还可以停下来。企业员工生长在企业文化的环境里,会慢慢养成这种核电文化意识,就好比我们中国人就算生在国外也要过春节一样,这就是文化。

四、由计量工作开启技术创新成长之路

从学校毕业,我的第一份工作是计量工作,我从维修量具、校准和精密测量将长度计量工作全做了一遍,其间我还从事了3年质量检验的技术工作,这为我做核电设备奠定了基础,之后再做核电产品检测时我的视野开阔了,不仅关注图纸上关于检测的问题,还会全盘考虑整个产品的工序,对整个产品的质量起到了保障的作用。

比如,我们锅炉产品有个部件叫"集箱",上面有很多个小接管,工艺要求测量每个接管的相对角度,如果用传统的方法,除了有难度还特别费时,我通过改装量具自己制作了个"水平角度规",一下子就解决了接管的测量问题,为此还申请了专利。

再如,蒸发器为了安装U型管需要装配10块支撑板,每块支撑板上都有9 000多个孔,每块板上的每个孔都必须与管板上的对应孔在同一个中心对齐。传统的做法是拿三个望远镜,在管板前设置3个测量点(三点建立一个面),以管板第一点和最后一块支撑板上的对应点为基准,建立三根光学轴线,在安装支撑板上将所有的管板上对应的孔都落在这三根轴线里。由于产品重达百吨,而仪

器才几千克,二者的沉降量不在一个级别,故三根轴线每天都会变化,需要不断地校准,无形中增加了测量误差。那时我刚结婚,单位分了个小房子,需要加个隔板,隔板需要打孔,用膨胀螺丝固定在墙上,猛然想起这个装修方法能不能也用在测量上,于是我将三个望远镜也用膨胀螺丝固定在管板上,这样一来仪器和产品变成了一体,再也不会产生不同沉降了,结果成功了!这说明人在家里,你也可以想着工作。

2007年,我来到临港。这里就是做核电设备产品为主。一年做五六套。过去三年做一套,现在一年要做几套。我们又作了技术改进,把三台望远镜改成激光,利用激光的重心测量以及能够通过显示屏显示 x 和 y 的二位数据,测量人员安装完设备后可以去干其他的事情,安装工人可以自己看显示屏调整并安装,如此节省了大量人力和时间,提高了精准性,在焊接时可以清楚地看到技术指数要求。现在,一个支撑板我们就有了三种方法。当时我们和西安光激所去联合研制这台设备时,我们就声明了技术共享,如果要卖给别人的话,也得给我们分红。这个成长经历也使得我思考,什么是创新?创新就是要变。你不变就会僵化。

做技术是这样,带徒弟也是这样。我们的临港装备基地也要传承我们的企业文化和理念,我们招聘员工需要本科学历,刚毕业的大学生尽管是一张白纸,但比较容易打磨;同时聘请退休老技术工人做好传帮带工作。现场带徒弟我有三步:第一步我讲,你听;第二步我做,你看;第三步,你说你做,我听我看。我要逼着他们去思考动手。作为师父和领导,我要给他们创造好的条件,规划几种可行性实践方案,激励他们搞科研,做好产学研工作。

我很多东西都是无意间的,我抽抽烟都能想出一件事情。在家里抽烟,我老婆要说,客厅不能抽烟,只能去厨房间后阳台。在后阳台抽烟的时候你知道我看到什么了吗?我看到我们小区的电子围栏。电子围栏是一边发射一束光,红外的,你看不见,然后另一边接收。这个光被切断,围栏就叫了,保安就知道在哪个位置有人侵者。我一看这个东西好啊,我当时就想到车间产品在滚轮架上转,由于水平没有完全调整好,转了一天两天就会向一个方向运动,结果导致筒体上的接管与滚轮架相撞,造成产品质量和设备事故,弄不好还会发生安全事故。当时,我在制造部当部长的时候,我问你们怎么监督的,他就告诉我,一个在上面焊,旁边一个人看着,差不多的时候就提醒,然后反转,再把它转回去。我一想这有点不太靠谱,果然没几天就坏掉了。然后有人向我报告,我很恼火。那天抽烟时我在想,我也做一个红外的,只要你撞了我红外,我就报警嘛,不就可以了吗。后来我就设计,上网一查,每一个位移传感器才98块,我买了两个。一个调整到400毫米,一个调整到100毫米。当你离开我400毫米了就开始闪红灯,你不是还不理我嘛,还在里面焊,没关系啊,到了100毫米了,我让你停电,不让你焊了。所以抽烟时也可以想工作,不管什么时候,只要你肯动脑子,什么事情都可以做成。所以被老婆赶到阳台抽烟也是有好处的,如果我在客厅抽烟,就看不到了,只能看到灯泡。所以,无论你的专业是不是对路都没关系,只要你肯学习,我还是那句话,学习学习再学习,创新创新再创新,就没有其他问题。

因为学生在学校里学的东西,跟外面完全没关系,不是会几个公式就可以了,一定要会学习,注重能力培养,知识一定要扎实,学习能力很重要。

五、几十年工作经历对大学生的启示

要相信自己,这很重要,不要认为我的岗位不是强势岗位,像检测、质量、设备,都是"小三子",怎么从这个"小三子"出来?我给自己定了三个"一":一年一个专利;一年一篇论文;一年,千万不要多做,多做精力不够。产学研我每年都做的,因为你要发现企业的不足;而且这对个人的提升非常大,因为你的视野一下子就会开阔起来,本来你只限于自己的岗位,你把一些人拉入你的团队,他的思路、他的知识源泉都会集中到你这里,我感觉就像一块海绵一样,不断地在吸水。再下一个礼拜我要到新疆去,讲解一个安全方面的论文,去评优秀论文奖,其实我做安全方面的工作并不多,但我在工作期间就会考虑这里面有哪些是可以做的,有哪些是可以去管理的,或者通过一些好的手段去解决问题。平时要有积累,然后把数据整理出来做成论文。这个论文呢,并不是说我自己需要这个,其实对我来说马上就要退休了,不需要评什么高级职称了,都无所谓了,但是呢,把这个东西拿出来之后每家但凡有这个工作的,都可以去参考一下。我最近写了一篇文章《大型工件起吊过程中的安全问题》,它也是一个学科啊,它里面包含好多技术,有好多措施。再如我自己编了一本书《起吊作业手册》,对每一个东西进行了规范,比如人员穿戴要规范,注意事项要规范;比如刚才看到的钢丝绳放在上面就是好的,要检查,检查完了要标识,什么时候做过,这次涂什么颜色,在这本书上都有详细说明;再比如我们这个车间,每一个车间放什么东西都有明确的规定。就是呢,通过不断的学习,有所进步;如果没有学习,你始终在原地踏步。我也告诉同学们,在自己的岗位上,不要灰心丧气,无论你的学历怎样,只要是金子总有发光的时候。

还有一个就是,不要因为你的岗位的变化而把你原有的专业忘却。对我来说,我今年57岁了,做了30多年工作了,20多年是在做计量,后面的10多年开始转行了,但我还是在思考,用计量的方法在解决许多问题。举个例子,我调到设备部当部长以后,那个行车上面有许多导轨,导轨要检测,每次请人来检测很贵,我就想啊,做个工装加个传感器嘛,在上面滚一滚数据不就出来了吗?对他们来讲检测不得了,对我来说就是小 case 啊,然后做了个工装,找了两个大学生跟着我做,做完后写了个专利去报一下,他们说要不要把你的名字写上,我说不用。后来申报成功后有奖励,大概 1 700 多元,我就让他们两个对分。我的目的就是让年轻人有所提高,对这个东西有认识,做完了之后他们感觉学到东西了,把学到的东西汇总起来。每一个同学都不要忘记,你工作中的点滴成绩慢慢记下来,都是从小到大的过程。

六、充分利用社会资源,与国内同行的合作

我们在工作中,除了创新、提升之外,我们还要利用社会资源,因为一个人的脑袋毕竟有限,利用了社会资源之后你的视野就会变大。到目前为止,我们跟郑州的军事测绘学院开展了几个项目(国家级),还有中国科学院西安光机所也有几个项目。现在我走了之后,我的徒弟在那边当主任,大概延续了我的传统,又继续做了七八个项目,就是你们刚看到的那个打孔啊,需要测量,我的徒弟他做了个推扫摄影测量。两个照相机在上面滚一滚,所有的数据都出来了,这叫双目镜,像人的两个眼睛一样看。两个相机在上面走一走,以后呢再利用软件进行处理,把拍到的照片全部变成数据,轮廓、直径、重心都有了。也就是说,我们良好的传承还有一个发扬的部分,带徒弟啊,除了你教他工作以外,还要教他传统,良好的传承是非常重要的,并没有因为你这个人走了就不好了。他现在是越做越好,而且我走了以后,他又做了几个项目,有时回去看他,他就告诉我又想了几个办法,你给我参谋参谋看看还有什么需要补充的,我会提一些我的看法,我就告诉他你做的已经考虑得很全面了,我再补充几点,这样就越做越好。

2007 年我在计量中心,我把它建设成为国家级的实验室,一般实验室开展工作只对本企业开展,我们现在面向世界开展,为什么呢?中国合格评定委员会给我发了证,我这个证拿好以后跟上海市计量院在检测方面是平级的,你能做我也能做,我有资格。这样的话,还有一个互认组织会,什么概念呢,相互认可,我们和全球 130 多个国家和地区要相互认可我这个报告,世界发达国家在这个组织之内,我的报告你要认可,我们在对外交流的过程中也很方便,可信度马上就提高了。还有一个延伸的,每次公司去接标的时候,我们会做一件事情,就是把图纸拿来,先写一个测量方案,我在过程中是如何把质量给控制好的,我的测量手段有哪些,人家一看你还没有干活已经开始考虑这些了,能够加分,5 分,这个

5分可以提高几百万呢。所以我们每次去接标的时候价格肯定是高的,但技术标我们每次都是第一名。所以每一个岗位在工作中运用得法都能为企业作贡献,千万别因为岗位小就认为对企业的贡献小,就放弃它,你肯定有你的发光点,只是你没有找到它,一旦找到它肯定能发光的。

七、学习国外经验不能照搬

随着时代的变迁,你的工具是不一样的。办法总比困难多,这个一定要记住。我现在碰到几件事,都是这样的。当你在绝望的时候,肯定还有一扇窗为你打开,这扇窗就看你敢不敢去闯了,你敢去这扇窗就是为你打开的。所以,你肯定有办法的。所以外国人现在看见,对我没办法,第一,我跟你不一样,第二,我精度比你高。你用的是什么啊,它有松动、有间隙。我传感器是买来的,密封性很好,而且我要换就换传感器,成本很低。所以,对于国外,一方面我要向你学习,另外我要超过你。我还有一次经历,我到西班牙去做监造,我们工序中拉完梅花孔不是要去打磨嘛,打磨了以后有一个倒角,倒角值这个 R 是 0.5,这个要上仪器测量的,很难又很烦的。我那天到西班牙就想,西班牙怎么测的?因为我们很多工艺是西班牙人教的,他们不告诉我们。那么我怎么办呢?那天正巧,因为我是监造嘛,就到车间去逛。他们一看见我就收表,不让我看这个东西。我就从旁边拿了一个表看,正巧那个表过期了,过期一天。我马上翻脸了:量具过期你还敢用?你们怎么管理的? 不知道这个量器已经过期了吗? 我就把这个表收掉了,让他们领导来找我。他马上报告,领导来了,对我说对不起。我马上说,测过多少产品,怎么测的,什么方法,在我面前验证一遍。他没办法啦,就把东西拿出来,在我面前重新验证一遍,我一看,就搞明白了。他要在我面前验证,要追溯啊。我们有法规的,就是说一旦这个表过了保质期,那么你怎么证明它原先测过的是好的。如果你说这块表是好的,你得追溯你昨天做了什么,前天做了什么,在保期以外你做过哪些,要给我看一遍。而且这个时候,必须我到场,不是我去学,是我检查你、我监督你。你在做我的产品,我不是很放心。他一做,我一看,就明白了,所以啊,这个内行看门道。中国人,只要把这批搞工程的放出去,外国这种东西一学就会了。因为你的脑子在这一块儿,只要看一看就知道了,当然要是跨行业,那就是看热闹了。你只要在同行业去搞,中国人肯定都比老外厉害,当然精英人家还是厉害,比如人家华尔街的精英。一般普通的工程人员,美国人、德国人、日本人拿出来跟中国比,肯定不如我们的。对待外国,千万不要去崇拜,一定要去学习。谦虚的精神一定要有,不是说只去学外国,每个人身上都有值得我们学习的地方,三人行必有我师。

我去日本的时候,在学他们的东西的时候我很尴尬,为什么尴尬呢,90年代的时候,科学已经在进步了,但他们还用80年代甚至是70年代的测量水平教我们,但从技术检测来讲已经日新月异了。他们当时拿出一套检测设备给我看,有一个竖导轨,一个横导轨,仪器就放在这两个导轨上,导轨上有刻度,每次测量后都要回来看刻度。我就在想,现在空间测量再用这个好像很不合适,但他们没办法,你让我教,我就只能教这个。回来以后呢就要定这个,这个设备是英国泰勒的,我询问泰勒人家不做了,都淘汰了,如果给你做,可以,但原来是10万元,现在是100万元。如果全部跟日本学,一点都不改变,就是花100万元用最土的方法去搞孔的检测。我给他否定了,现在已经有新方法了,不应该再用旧的,但风险一定要冒,谁担保,我说我担保,后来用了新方法。所以你不能盲目地学,日本70年代那个历史环境只有那样的技术,就比如现在我们用WiFi了,我们要传输一个设备,你还会写信吗?你要结合你当前世纪的情况来做事情,不能一味地沿袭人家的东西,这样就没有创新了。

还有支撑板,第一块安装板安装后要测量应力,90年代以前,只有西班牙会做,大概人民币23万元,每次配备一个翻译。他们拿一根带表的管棒测量,当时也不懂,因为我是做长度的,应力不是我的强项,不是很懂,后来呢,领导说你去看看,那天没事我就去了。什么应力?不就同心轴嘛,就是管板的圆和那块板对不对,为什么叫应力呢,他换了一个概念。如果这两块板中心不对,会影响管子位置,如果强行穿过会带来应力。以管板为基准看这个支撑板上面的某个孔跟对应的孔的中心对不对。在四个象限测80个孔,然后计算一下就是完成了。这个量具,我们中国叫内径量仪,我一看就知道了,但是它比较长,有1.5米,从管板这边塞进去,这边有个表,那里有个探头,一打,表就显示x、y数值,通过合成之后看看板之间的同心度好不好。如果没有这些测量数据,不让装,必须要有报告,中国人没办法啊,每次请他来23万元,他呢还说今天没空,这个礼拜安不了。后来我去看了以后就弄明白了,我画了一个图,马上联系中国的厂家,都说1.5米太长,我们只能做到0.5米。困难来了啊,怎么办?我们要不要改?人家是德国人造的,内径量仪里面有一个细长杆子,这头一动,90度的分配器,传到这个管子,这个管子再传到量具的表,表再动,也就是这边动,通过杆子传输,这个杆子直径6毫米,1.5米长,这么细的杆子做不出来,打听下来都做不出来,但是还是让他赚23万元吗?后来我到漕河泾去,看到一个传感器,我猛然间就想到了,这个东西好,传感器的传输靠的是信号,信号靠电缆,我还管你什么1.5米啊,15米我都把你传过去。我前面装个位移传感器,你的位移传感器的信息量是通过光缆线传到后面的，我只要这个杆子就可以啦，这个杆子有 17.3 毫米。就是这个小孔和细杆子我们做不了，因为精度这么高。我现在变成传感器加光缆传输数据，直接解决了问题。后来我又往前进了一步，直接将数据录进电脑，直接做一个 Excel 表格，经过简单的编程，数据一个一个往里输送，等到测量结束了结果也就出了。后来老外都感到我的方法比他们先进。

我记忆中的祁门上海小三线厂

徐国利(上海财经大学人文学院历史系教授)

每次回到家乡探亲访友,总是要到原属上海小三线的七一厂厂区和附近走走看看,脑海中便会浮现出七一厂和上海人在我童年和少年时代留下的一幕幕难忘影像。可以说,七一厂及其上海人的生活打开了我认识外部世界的一扇窗口,丰富了我早年的社会和人生阅历。

20世纪六七十年代,中国面临的国际形势十分紧张,根据中共中央、中央军委、国务院和毛泽东关于加强备战、巩固国防的战略部署,在安徽南部和浙江西部山区建设起一个以军工生产为主的综合性后方工业基地——上海小三线。小三线从1965年开始筹建,1988年调整结束,历时24年,共建成81家全民所有制独立单位,即54家工厂、2支运输队、1个变电所、3个物资供站、5所医院和防疫站、5所中学、7家管理机关、1家计量所、1所干校、1个农场;另外,还建有厂附设小学39所,厂办集体事业单位38个。[1]位于皖南的徽州行署各县是小三线建设的最主要地区之一。我生于1966年5月1日,这时,小三线企业已经在祁门建起了七一医疗设备厂、朝阳微型电机厂、为民磁性材料厂。其中,七一医疗设备厂占地5.72万平方米,厂房建筑面积1.339万平方米;拥有固定资产原值557万元,净值276万元,设备净值63.9万元,流动资金155万元;职工423人(含在当地招工的11人),工程技术人员24人。[2]该厂位于城北区,与祁峰村(当时称祁峰大队)交错在一起。它由2个厂区和1个生活区组成,一是临近祁门县北街到阊江北路的南厂区和职工生活区,当地居民一般称为"七一厂",二是临近祁门县茶厂的北厂区,当地居民一般称为"红旗厂",两个厂区大门相距也就是200米左右。

我家住在县城北街中间的徐家大屋。这是一座带有庭院、门楼、天井、菜园的两进徽州老宅。据父辈说,它建于清代道光年间。清代中后期的老宅在其他地区可谓珍贵文物,可是在徽州并不稀奇。祁门县城比我家老屋气派的并不少

---

[1] 徐有威:《皖南山坳中的上海人》,《东方早报》2012年12月4日。
[2] 《祁门县志》,安徽人民出版社1990年版,第236页。

见,如与我家隔街相对的马家大院就相当气派和宏伟,不过其中一大部分原来也是属于我们徐家的,是后来卖给马家的。到我父亲这一代,徐家大屋由我父亲和二位堂叔拥有。我家祖辈是城里的士绅,然而,经历了1949年以后的土地改革和历次政治运动,家道中落,父亲成为祁峰大队的农民。我家所住的北街紧邻七一厂的南厂区及其生活区。那时读小学没有多少课外作业,我空闲时间便经常到七一厂周围转悠,有时溜进厂里看电影或是闲逛,有时到厂区和生活区附近拾废铜废铁或牙膏皮等。这些使我有机会亲见、亲历和亲闻在七一厂工作和生活的上海人和他们的故事。

20世纪60年代末至70年代末,出身于工人、农民和干部家庭,特别是所谓的贫农、工人家庭,被视为"根正苗红",是一种无上的荣耀。我的出身不好,成分是"小土地",大体类似于小地主。我常为此感到痛苦,心想自己为何不出生在贫农或是工人家庭呢?我小时候在各方面表现突出,经常被评为"三好学生"。评上三好生要填简历表。每次在表中的"出身成分"一栏填上"小土地"三个字时,仿佛觉得做了见不得人的事。不过,这种因政治身份低贱给我带来的自卑还是短暂的,给我更直接和强烈刺激的是家庭物质生活的穷困和文化生活的贫乏。我家所在的祁峰大队位于北城区,条件比乡下农村好不少,可是仍无法和城里的非农业户口的居民相比。有时,亲朋好友送一张豆腐票、肉票或布票,父母总会感激不尽。对于童年的我来说,吃得好、穿得好,可谓一种幸福了!如果还能有手表戴,有自行车骑,能时不时看场电影和看戏,那就是上等人的生活了!不过,这样的日子对于童年的我来说,只是一种白日梦。

在那个年代,除了"地富反坏右",我眼中的祁门人大体可以分为三个"等级"。最低等级是农民,我的亲戚多是农民,父母又在生产队,农民是我接触和认识最多的人。农民虽然与工人一样号称是国家主人,但实际社会地位和物质文化生活与工人无法相比。许多农民辛勤劳动一年,还是吃不饱,穿不暖。对农民来说,鲜肉、鸡蛋和豆腐一类的副食品须逢年过节才能吃上;祁门是典型的江南丘陵地区,粮食作物主要是大米,可是农民很少能每天吃米饭,有些月份贫穷的农民要天天吃红薯、南瓜、玉米等。酸菜是大多数农民家庭一年四季主打的下饭菜。有些家庭甚至连酸菜都吃不上,常常用盐水就饭吃。中间等级,是政府部门和企事业单位的干部和工人,他们每个月可以享受肉、豆腐、鸡蛋等一类副食品供应;逢年过节,还会有品种和数量更丰富的副食品享用;夏天,还有绿豆汤喝,有西瓜吃。他们穿的衣服不仅没有补丁,而且面料也比较好。条件好的家庭,还有那个时代引以为荣的老家用"三大件"——手表、缝纫机和自行车。

不过,最令我羡慕的还是三线厂的上海人,他们才是县里的真正的上等人。

在那个年代,他们物质生活可谓是相当"优厚",不仅吃好的,穿好的,还常常有电影看。在我眼中,上海人过的是天仙般的日子。他们穿的是卡其布、的确良、毛料等高级面料做的衣服。不仅如此,他们的穿戴有上海大都市的时尚,不像当地居民的衣着"土气",尤其是改革开放以后。三线厂里女职工的装扮更惹人注目,她们就像电影和戏曲中的女演员。上海人时尚的装扮往往引领着祁门这座闭塞小山城的风尚,有些招工到三线厂的当地青年很快就受到感染,成为小县城衣着打扮的弄潮儿。我们生产队有位青年到七一厂做工,没多久便改"土"归"洋"。他留着长发,蓄着小胡子,穿着时髦的大喇叭裤。小县城几乎找不到他那号大喇叭裤,裤子的上面将屁股和大腿裹得紧紧实实,下面的裤脚则像一面大扇页。不过,太时髦的装扮也会引来当地人的冷嘲热讽。我的左邻右舍和生产队农民便嘲讽这位青年是"假洋鬼子"。

　　小三线厂的上海人不仅穿得好,还吃得好。上海与皖南相距400多千米,不算太远。为了保证三线厂职工的生活质量,抚慰人心,三线厂在上海设有办事处,其中一项重要任务就是源源不断地从上海采购和运送各类食品和生活日用品到各三线厂。食品和副食品有鱼类、肉类、水果、糖果、大米、面粉、酱油、汽水等,生活日用品有香皂、牙膏、香烟、面盆、热水瓶和铝锅等,可谓应有尽有。不少食品和生活用品是小县城没有或很少能买到的。例如,带鱼、黄鱼一类的海产品,桃子、苹果等当地稀见的水果,大白兔奶糖和汽水等一类的高档零食,上海产的铱金笔、铝锅等高档日用品。在那个物质产品匮乏的计划经济年代,上海产的各种食品和日用品在小县城是稀有的高档品,几乎买不到。能吃上这些食品,用上这些物品,是特别荣耀的事。如果有人通过关系,在三线厂的商店或上海人那里买到一些食品或物品,往往会在邻里或同事面前有意或无意炫耀一下。小时候,偶有亲戚朋友送来糖果,母亲怕我很快贪吃完,总是藏起来,隔几天才给一颗吃。上海人不仅有糖果吃,而且能吃大白兔等高档奶糖,这很令小孩们眼馋和嘴馋!直到改革开放的80年代,奶糖在县城的商店才可以随意购买。吃不到奶糖,能闻到奶糖的香味也好。我常到上海人的宿舍边捡糖纸、香烟盒和其他好玩的东西。喜欢捡糖纸,不仅是因为爱看上面印的上海滩一类的上海风光,也是因为爱闻奶糖糖纸散发出的淡淡奶香味。

　　上海人的文娱生活也是小县城的居民享受不到的,特别是他们能经常看电影。20世纪90年代以前,看电影是城乡居民最喜爱的文娱活动。每逢放映好看的电影,县城就像过盛大的节日,乡下人也纷纷赶到城里看。三线厂的上海人不仅能够经常看电影,还能看最好和最新的影片。有学者说,已经习惯了轧马路、逛公园等"白相"大都市生活的上海职工忽然间进入皖南山区,所有的业余生活瞬间消失。为满足职工业余文化生活的需要,电影放映队这一在当时农村具有标志性的娱乐方式在小三线企业异常盛行,放映队每周定期到各工厂轮流放映。在上海有关部门的精心安排下,上海市一线电影院上映的影片,如《列宁在十月》《列宁在1918》《铁道游击队》《追捕》《冷酷的心》和《佐罗》等经典影片会在第一时间运抵小三线。据1983年4月1日的上海《劳动报》披露,近年建立起30多支工厂放映队,使号称"小三线第一大厂"的八五钢厂,平均每5天可以看到一部新的电影。①

在祁门城里,居民们除了到电影院买票看电影外,最高兴的事是免费看电影。当时能看免费电影的主要有三个地方:祁门茶厂、当地驻军的驻地、三线厂。我小时候看免费电影,除了去茶厂,就是七一厂。七一厂放的电影有两种:一是只给厂里职工看的,大多在厂里的大礼堂放映,有座椅。礼堂放映的电影多是新片或好看的彩色影片。放电影时,有人守门,不给外人进。我们小孩为了饱眼福,便想方设法溜进厂里。礼堂不给进,便爬到礼堂周围的玻璃窗边,抓住窗户的钢筋往里看。有时为了抢占看电影的好位置,小伙伴会发生争吵,因抢不到地方而悻悻回家者大有人在。手抓窗户钢筋看电影是需要坚强毅力的,一场两个小时左右的电影看下来,自然是手痛脚酸,不过,仍觉得十分过瘾。二是让当地居民一起看的露天电影,放映场地设在一个较平缓开阔的山坡上,这种电影播放方式到70年代中后期比较多了。遇上这种好事,当地居民便辗转相告。下午三四点,就有人搬着凳子、椅子去抢占看电影的最佳位置。也有许多人不搬凳子,干脆站着看电影。放电影时,场地被挤得水泄不通。银幕的正面没有地方看了,就跑到银幕的后面看。小孩的身高比不过大人,也争不过大人,往往只能到银幕后看电影。

小三线厂的上海人有自己的生活圈子,很少与县城里的人来往,我们觉得他们是生活在另外一个世界的人。造成这种现象的原因,主要有两个方面:

一是客观原因。由于小三线厂大多是军工企业,要对外保密,在生产、行政和业务等方面不受安徽管辖,这自然限制了他们与当地的人的交往。小三线厂俨然皖南山区的"独立王国"和"上海飞地"。它们拥有"治外法权",治安和办案均由上海公安三线分局负责;厂里职工的户口属于上海市。他们生活的厂区,物资供应和生活设施一应俱全。要买菜和各类生活用品,可以到厂区或生活区的菜场和小卖部去买。厂里的职工与外界特别是上海的联系,有自己独立的系统。他们打电话与上海联系,使用的是上海的独立线路和上海区号。与上海通信联

---

① 参见崔海霞、徐有威:《深山里的生活交响曲》中,《东方早报》2012年12月11日。

络,有专门的上海的邮电和电信通讯站。看病则是到自己办的医院去。子弟读书,要上自己办的小学和中学。他们也乐得生活在这个独立王国中。三线厂的厂区和生活区是封闭的,厂区和生活区或是用上面有锋利的碎玻璃砌起的围墙围起,或是用长长的竹篱笆围起。为了防范当地人随意进入厂区和生活区,他们往往还养着高大和凶猛的狼狗看门。

二是主观原因。三线厂的上海人在当地居民面前普遍有一种优越感,不屑于与之交往。上海是全国最大的城市,文化教育条件和物质生活水平比皖南地区要优越得多,在他们看来,来皖南是到了"第三世界"的穷山沟里。因此,他们自然看不起当地人,特别是当地的农民。上海人的这种优越感表现在许多方面。如他们与当地人交谈时讲普通话,而转身与同事朋友交谈时马上改讲当地人很难听懂的上海话。这种人为树立的"语言屏障"令当地人十分尴尬,这实际是上海人显示其优越感的一种方式。再如七一厂为了防备当地人特别是小孩溜进厂里,在厂门口让大狼狗看门。小时候,每当我路过厂口门,看到大狼狗,就吓得躲得远远的。在当地居民眼中狼狗是凶恶的象征。因为,人们在反映抗日战争和解放战争的电影中,经常会看到日本鬼子和国民党军队或是牵着狼狗进村烧杀抢掠,或是带着狼狗守炮楼和城门等。祁门县的一些工厂也有用狗看门的,但多是普通的狗。这无形中使我们觉得上海人"可恶"和"可恨"。为此,我们用一种不友善的"上海佬"称号来称呼上海人。

1978年,我考上了祁门二中。由于二中在城南,到七一厂"转悠"的机会少了。加上后来恢复了中考和高考,学习紧张起来,我也没有多少闲暇去玩了。偶尔路过七一厂时,只是匆匆看两眼。1983年,我考上了安徽大学,七一厂和上海人与我的生活更加远离了。从1984年下半年开始,根据全国小三线会议精神和国务院办公厅〔85〕国办函字19号文批准的《上海市人民政府、安徽省人民政府关于上海在皖南的小三线调整和交接的商定协议》,皖南的上海小三线开始调整。七一厂作为二类企业于1987年3月9日移交给祁门。县里利用该厂南产区办了机械总厂,北厂区办蛇药厂,并从厂里的生活设施中划出一部分办县职工教育中心学校和县卫生干部进修学校,部分生活用房给教育系统及行政机关作宿舍。不过,当地居民仍喜欢称南厂区为老七一厂,因为,七一厂及其上海人已经成为他们那20年生活的重要组成部分。对于我而言,也是如此。

上海技术应用型大学生创业意识的调查分析

宋 洁(上海电机学院马克思主义学院教授)

党的十八大报告指出"就业是民生之本""促进创业带动就业""支持青年创业"。创业意识是指在创业实践活动中对创业者起动力作用的个性意识倾向,包括创业的需要、动机、兴趣、理想、信念与世界观等要素,它支配着创业者的态度与行为,并规定其方向、力度,具有较强的选择性和能动性。本文编制"大学生创业意识"的调查问卷,分析影响大学生创业意识的相关因素,探讨提高大学生创业意识的途径和有效策略,以更好地促进创业教育的开展。

一、调查问卷的设计

首先对学生进行访谈和开放性问卷调查,要求写出自己对创业意识的真实想法,然后对问题进行分类、筛选、补充和归纳整理。同时在综合分析理论文献的基础上,创业意识评价理论模型的结构主要参照卡尔·H.维斯珀(Karl H. Vesper)和威廉·B.加特纳(William B. Gartner)的《创业教育进展测量》("Measuring Progress in Entrepreneurship Education")[1],结合胡莉[2]、万凤燕[3]、王凤辉[4]、赖泽源[5]等人在研究中所用的问卷等相关量表的条目,拟定出大学生创业意识的初测问卷题项,形成了封闭式"大学生创业意识"的学生调查问卷。借助 SPSS 19.0 统计软件,先对抽样小范围计算每个分量表(维度)的 α 系数,即计算每个单项与其所在的分量表(维度)总分的相关,用以检验量表的内部一致性信度,删除相关系数低的题目。同时结合对问卷编制效度题的检验。经过反复筛选,最后

---

[1] K. H. Vesper and W. B. Gartner, "Measuring Progress in Entrepreneurship Education", *Journal of Business Venturing*, Iss. 12, 1997, pp.12-14.

[2] 胡莉:《大学生创业意识培养研究》,硕士学位论文,西南大学,2009 年,第 40—42 页。

[3] 万凤艳:《大学生创业意识与职业价值观及其关系研究》,硕士学位论文,重庆大学,2009 年,第 62—64 页。

[4] 王凤辉:《东北大学本科生创业意识的调查研究》,硕士学位论文,东北大学,2009 年,第 63—64 页。

[5] 赖泽源:《高等教育大众化背景下大学生创业意识的培养研究》,硕士学位论文,江西师范大学,2008 年,第 42—43 页。

形成"大学生创业意识"的学生问卷,共 37 题,主要包括创业需要、创业动机、创业兴趣、创业信念、创业评价 5 个维度。其中,反向题三题,需反向计分。

问卷全部由填选题构成,采用李克特量表(Likert scale)的五点分方法,分别赋值为 5、4、3、2、1,5 表示非常赞同,1 表示非常不赞同,分数越高,说明表现越积极,即 1、2 表示否定态度(简称不赞同),3 表示中性态度(简称中性),4、5 表示肯定态度(简称赞同)。若某项目平均值是 3,则表示对该项目持中性态度;若平均值小于 3,表示对该项目持否定态度;若平均值大于 3,表示对该项目持肯定态度。

由于研究的需要以及地域与实践时间等原因,抽样选择上海的技术应用型本科高校开展相关的研究工作,结合访谈和发放问卷的形式。共发放学生问卷 600 份,回收有效卷 529 份,有效回收率为 88.2%,其中男生 368 份,占 69.6%,女生 161 份,占 30.4%;理工科学生 306 份,占 57.84%,文科学生 223 份,占 42.16%;独生子女学生 353 份,占 66.73%,非独生子女学生 176 份,占 33.27%;来自城市的学生 281 份,占 53.12%,来自农村的学生 248 份,占 46.88%;学业水平优秀的学生 175 份,占 33.08%,学业水平中等的学生 230 份,占 43.48%,学业水平一般的学生 124 份,占 23.44%。

二、调查结果与分析

问卷数据统计采用 SPSS 19.0 统计软件,填选题采用频数分析法。

(一) 问卷的信度与效度

采用同质性信度——Cronbach's alpha 系数来测验问卷的内部一致性程度,运用 SPSS 19.0 进行信度分析(reliability analysis),得出总问卷的 α 系数为 0.808 4。说明问卷的信度符合教学测量的要求。

问卷通过编制效度题(测谎题)来探测问卷的效度。测谎题 2 题,不计分,如果被测者均答错,则该问卷视为无效。

(二) 大学生的创业需要

由表 1 可知,绝大多数大学生有一定的创业需要,体现在积极参加创业型社团、创业类选修课程、创业大赛等。有 55.0% 的大学生愿意尝试在校创业,51.2% 的大学生把创业作为职业生涯中的一种选择,但是仅有 28.3% 的大学认为自己已经具备自主创业的条件。大学生们较为强烈的创业需求,与自身的创业条件存在一定的差距,这种认知落差能够激励大学生们不断拓展多方面的知识和能力,作好充分的创业准备。研究同时发现目前仍有 34.0% 的大学生表示对鼓励大学生创业的政策不了解，这需要学校不断拓宽宣传渠道，为大学生的创业提供政策引导。

表 1　大学生的创业需要

项　目　内　容	平均值	不赞同(%)	中性(%)	赞同(%)
我愿意尝试在校创业	3.62	21.4	23.6	55.0
我有毕业后创业的想法	3.58	19.5	26.1	54.4
如果学校开设创业类选修课程，我会选修	3.49	19.7	31.0	49.3
我愿意参加相关大学生创业大赛	3.48	19.5	32.7	47.8
我愿意参加学校的创业型社团	3.43	26.7	22.5	50.8
我把创业作为我职业生涯中的一种选择	3.50	25.0	23.8	51.2
我对现在鼓励大学生创业的政策很了解	3.18	34.0	23.4	42.6
我觉得我已经具备自主创业的条件	2.89	42.2	29.5	28.3

（三）大学生的创业动机

表 2　大学生的创业动机

项　目　内　容	平均值	不赞同(%)	中性(%)	赞同(%)
创业可以创造更多就业岗位	4.01	13.2	14.9	71.9
创业是迫于就业压力	3.27	31.8	20.6	47.6
创业是为了实现财富自由	3.79	13.0	17.2	69.8
创业是为了让家庭更加幸福	3.72	12.5	27.0	60.5
创业可以获得较高的社会地位	3.58	21.2	21.4	57.4
创业可以更好地自由支配自己的时间	3.53	18.9	23.6	57.5
创业是为了挑战自己	3.88	12.1	19.3	68.6
创业是为了实现自我价值	3.96	13.4	14.9	71.7

图1揭示了大学生创业动机的各个维度。可以看出，各维度均处于中性水平之上，说明大学生的创业动机多元且共存。顺序依次为：自我发展＞利益实惠＞社会利他＞名声荣誉。在自我发展方面，大学生普遍认为创业可以更好地自由支配自己的时间，创业是为了挑战自我、实现自我价值；在利益实惠方面，大学生认为创业不仅是为了实现财富自由，还可以让家庭更加幸福；在社会利他方面，71.9％的大学生认为创业可以创造更多就业岗位；在名声荣誉方面，57.4％

的大学生认为创业可以获得较高的社会地位。大学生的创业动机受创业价值取向的影响,是其生存发展、成就价值的反映,也是其创业理想的写照。尤其是社会利他的导向作用,能够使大学生的创业更加体现亲社会行为的特征。社会价值与自我价值的统一,物质追求与精神追求的互惠,现实回报与潜在回报的共赢,能够激励大学生的创业意识更加健康、全面的发展。

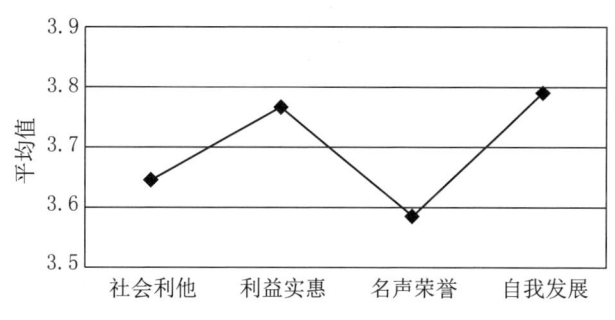

图1　大学生创业动机的影响因素

(四) 大学生的创业兴趣

表3　大学生的创业兴趣

项　目　内　容	平均值	不赞同(%)	中性(%)	赞同(%)
愿意从事贸易类企业方面的创业	3.53	20.4	24.6	55.0
愿意从事制造类企业方面的创业	3.25	25.5	34.6	39.9
愿意从事服务类企业方面的创业	3.28	28.9	25.5	45.6
愿意从事农、林、牧、渔业类企业方面的创业	2.95	37.8	30.8	31.4

研究发现,大学生的创业兴趣集中在贸易类、制造类、服务类,而愿意从事农、林、牧、渔业类企业创业的平均值略低于中性水平。这需要我们营造更加多元的创业环境,宣传各行业的成功创业典范,让大学生能够了解多方面的信息,帮助其更好地进行创业抉择。

(五) 大学生的创业信念

表4　大学生的创业信念

项　目　内　容	平均值	不赞同(%)	中性(%)	赞同(%)
我认为大学生创业成功的概率比较小	3.37	18.0	35.7	46.3
我有信心能实现成功创业	3.51	17.4	35.2	47.4

47.4%的大学生表示有信心能实现成功创业,但是又有46.3%的大学生认为创业成功的概率比较小。创业信心与创业成功认知的矛盾冲突,让我们感觉到大学生的迷茫与困惑,以及其对创业的蠢蠢欲动但又充满着对成功前途的未知心态。

(六) 大学生的创业评价

表5 大学生的创业评价

项目内容		平均值	不赞同(%)	中性(%)	赞同(%)
创业素质	创业需要有毅力	4.20	11.3	10.6	78.1
	创业需要具备诚信	4.28	6.4	12.3	81.3
	创业需要健康的身体和充沛的精力	4.22	9.8	11.9	78.3
	创业需要有承担风险的勇气	4.21	9.3	13.0	77.7
	创业需要具有果断决策的能力	4.19	13.4	7.6	79.0
	创业需要具有一定的企业经营管理技能	4.16	13.0	11.5	75.5
	创业需要具有相关行业知识	4.26	9.3	10.0	80.7
	创业需要有竞争意识和团队意识	4.16	11.7	11.5	76.8
	创业需要具有创新精神和创新能力	4.29	7.9	12.5	79.6
创业环境	大学生创业往往面临资金不足的问题	4.10	10.6	14.4	75.0
	大学生创业往往缺乏一定的社会关系,经验不足	4.11	11.7	7.8	80.5
	大学生创业需要得到家人的支持	4.04	10.8	15.1	74.1
	大学生创业需要有志同道合的创业伙伴	4.11	11.5	11.9	76.6

大学生的创业评价主要围绕创业素质和创业环境展开。在创业素质方面,大学生普遍认为相关行业知识、经营管理技能是创业成功的基础,诚信、毅力、勇气是创业成功的必备条件,创新精神、决策能力、竞争意识和团队意识是创业成功的关键,健康的身体和充沛的精力是创业成功的保障。在创业环境方面,76.6%的大学生认为创业需要有志同道合的创业伙伴,但是又有80.5%认为大学生创业往往缺乏一定的社会关系,75.0%认为大学生创业往往面临资金不足的问题。创业素质反映了创业者的综合实力,是其创业行为的内部推动力量;创业环境体现了创业者对政府、社会、人际等的整体需求,是其创业行为的外部强

化力量。创业行为是受内外力共同推动的结果。大学生的创业评价体现了大学生对创业较为客观的认识,以及对创业全面而又清醒的衡量。

(七) 大学生创业意识的性别差异研究

图2体现了男女大学生创业意识的差异。从两条曲线的走势差异来看,男女大学生的创业意识确实存在差异。在创业需要、创业信念和创业兴趣方面,男生的平均值要高于女生,可以认为这主要是因为男生相对于女生更加乐于接受挑战、更具冒险精神,对于创业的需要、兴趣和信念也更高些。而在创业评价、创业动机方面,女生的平均值要高于男生,可以认为这跟女生与生俱来的细腻性格有着密切关系,女生相对于男生往往考虑问题更加多面细致,因而创业动机层次更为明晰,对创业的权衡评价更加升华。

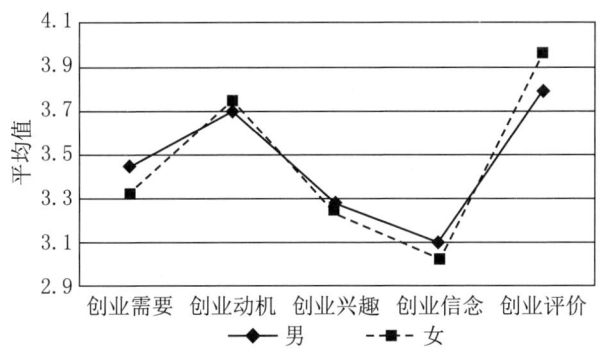

图2 不同性别大学生创业意识的差异

表6 男女大学生的独立样本 t 检验分析数据

	创业需要	创业动机	创业兴趣	创业信念	创业评价
t	1.110	−0.631	0.166	0.851	−2.956**
Sig.	0.268	0.528	0.868	0.395	0.003

注:(1)分组变量:性别。(2) * 在显著水平为 0.05 时(2-tailed),相关显著;** 在显著水平为 0.01 时(2-tailed),相关显著。

采用独立样本 t 检验法(independent-samples t test)。统计表6中表明男女大学生创业意识的差异不是都显著。女生的创业评价(Sig.=0.003<0.05,即 P<0.05)显著高于男生,其他内容男女生无显著差异。所以从统计数值来看也反映了男女大学生的创业意识确实存在差异。但就所有影响因素而言,男女大学生的创业意识不存在太大落差,创业意识相当。

(八) 大学生创业意识的学科差异研究

图3体现了文科和理工科大学生创业意识的差异。从两条曲线的走势差异来看,不同学科大学生的创业意识确实存在差异。在创业需要、创业信念、创业兴趣方面,理工科的平均值显然高于文科,可以认为这与理工科的学科特征有着密切关系,理工科大学生相对于文科大学生专业性更强些,其在相关专业领域,如计算机、微电子等产业的创业优势更为明显,因而体现在其较高的创业需要、创业信念和创业兴趣方面。而在创业评价和创业动机方面,理工科的平均值没有文科的高,我们认为这跟文科大学生的创业心态和创业形势有关,正因为文科大学生可能面对专业化程度相对不高、创业竞争更为激烈的现实,其创业动机和创业评价也更为积极多重。

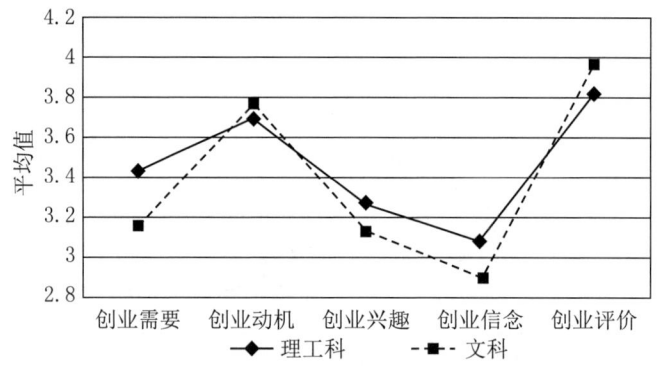

图3 不同学科大学生创业意识的差异

采用独立样本t检验法。统计表7中表明不同学科大学生创业意识的差异不是都显著。理工科大学生的创业需要(Sig.＜0.05,即P＜0.05)显著高于文科,文科大学生的创业评价(Sig.＜0.05,即P＜0.05)显著高于理工科,其他内容两者无显著差异。但从 Sig.值来看,创业信念的 Sig.值相对其他内容要小些,且比较接近0.05,说明理工科和文科大学生在创业信念方面也存在差异但不显著。所以从统计数值来看也反映了不同学科大学生的创业意识确实存在差异。

表7 文科与理工科大学生的独立样本t检验分析数据

	创业需要	创业动机	创业兴趣	创业信念	创业评价
t	2.215*	−0.721	1.219	1.960	−2.167*
Sig.	0.027	0.471	0.223	0.051	0.031

注:(1)分组变量:学科。(2) * 在显著水平为 0.05 时(2-tailed),相关显著;* * 在显著水平为 0.01 时(2-tailed),相关显著。

(九) 是否独生子女大学生创业意识的差异

图4体现了是否是独生子女的大学生创业意识的差异。从两条曲线的走势差异来看,独生子女大学生与非独生子女大学生的创业意识确实存在差异。总体上,非独生子女大学生的平均值要高于独生子女大学生。可以认为一般独生子女大学生的家庭优越感高于非独生子女大学生,家庭依赖性相对强些,对创业的主动思考意识也相对弱些。

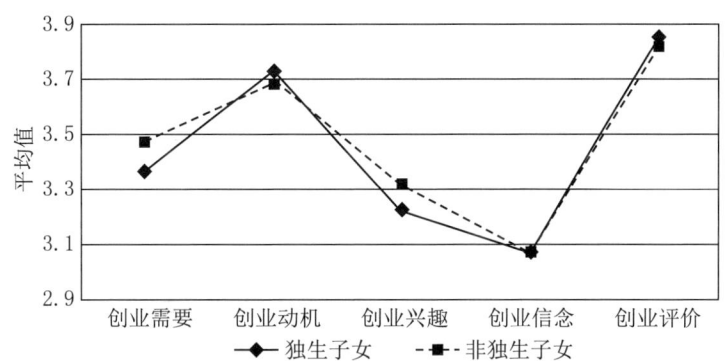

图4 是否独生子女大学生创业意识的差异

表8 独生子女与非独生子女大学生的独立样本 t 检验分析数据

	创业需要	创业动机	创业兴趣	创业信念	创业评价
t	−1.142	0.375	−1.101	−0.062	0.764
Sig.	0.254	0.708	0.272	0.959	0.445

注:(1)分组变量:独生子女与非独生子女。(2) * 在显著水平为0.05时(2-tailed),相关显著;** 在显著水平为0.01时(2-tailed),相关显著。

采用独立样本 t 检验法。统计表8中表明独生子女大学生与非独生子女大学生创业意识的差异都不显著。Sig.值均>0.05,即 P>0.05。所以从统计数值来看也反映了独生子女大学生与非独生子女大学生不存在太大落差,创业意识相当。

(十) 不同家庭所在地大学生创业意识的差异

图5体现了不同家庭所在地大学生创业意识的差异。从两条曲线的走势差异来看,不同家庭所在地大学生的创业意识确实存在差异。在创业评价、创业动机、创业需要方面,城市大学生的平均值要高于农村大学生,可以认为这跟城市大学生的接触面和眼界有关,城市大学生相比于农村大学生掌握的信息量更大些,对创业的评价、动机、需要也更为全面。而在创业兴趣、创业信念方面,农村

大学生的平均值要高于城市大学生,可以认为这主要是由农村大学生淳朴、坚韧等特征所决定的,农村大学生相比于城市大学生学习上更为努力,自我奋斗的精神动力更足,创业信念更为坚定,创业兴趣领域更宽,如从事农、林、牧、渔业类企业方面的创业也是其重点选择之一。

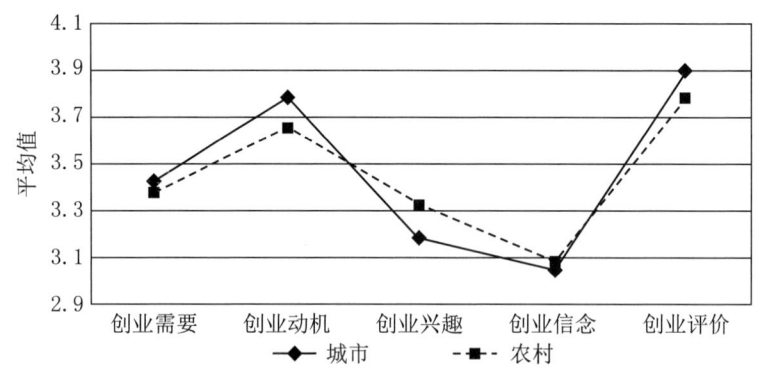

图 5　不同家庭所在地大学生创业意识的差异

表 9　城市与农村大学生的独立样本 t 检验分析数据

	创业需要	创业动机	创业兴趣	创业信念	创业评价
t	0.433	1.707	−1.733	−0.634	2.569**
Sig.	0.665	0.088	0.084	0.526	0.010

注:(1)分组变量:家庭所在地。(2)* 在显著水平为 0.05 时(2-tailed),相关显著；** 在显著水平为 0.01时(2-tailed),相关显著。

采用独立样本 t 检验法。统计表 9 中表明城市大学生与农村大学生创业意识的差异不是都显著。城市大学生的创业评价(Sig.＜0.05,即 P＜0.05)显著高于农村大学生,其他内容两者无显著差异。所以从统计数值来看也反映了城市大学生与农村大学生的创业意识确实存在差异。但就所有创业意识方面而言,城市大学生与农村大学生的差异不是都显著,不存在太大落差。

(十一) 不同学业水平大学生创业意识的差异

图 6 体现了不同学业水平大学生创业意识的差异。从三条曲线的走势差异来看,不同学业水平大学生的创业意识确实存在差异。总体上,创业意识水平与学业水平成正比,成绩越优秀的大学生,其创业意识水平越高些。成绩优秀和成绩中等的大学生,其创业意识的各维度比较接近,不存在明显差距。说明成绩水平中上的大学生,其创业意识水平均较高。而在创业信念方面,成绩一般的大学

生的平均值还略高于成绩优秀和成绩中等的大学生。一方面说明学业水平虽然影响着大学生的创业意识,但不是创业水平的决定性因素;另一方面也说明在开展创业意识教育、创新精神培养方面,应充分动员各学业水平大学生的积极性,不能以学业水平作为衡量大学生创业能力和创业前景的唯一标准。

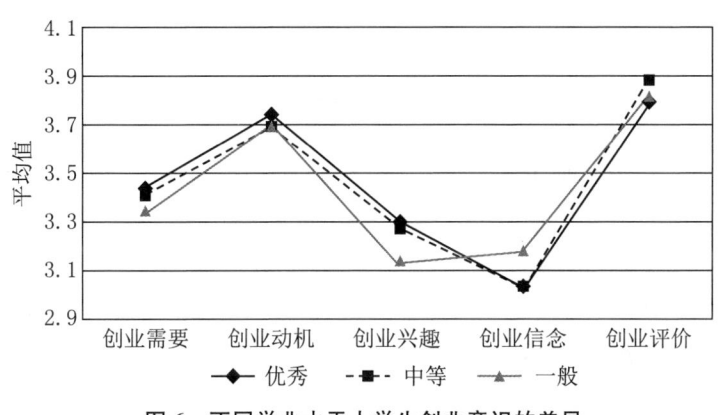

图 6 不同学业水平大学生创业意识的差异

三、调查结论与启示

(一)客观条件的外部激励强化,推动着上海技术应用型大学生创业意识持续、协调发展

在我们的访谈中,大学生对创业的关注度比较高,"崇拜乔布斯""寻找中国合伙人"等成为不少大学生的追求,创业意识已经逐渐渗透到大学生学习、生活的方方面面。从党的十八大报告"贯彻政府促进就业和鼓励创业的方针,促进创业带动就业,提升劳动者就业创业能力,支持青年创业"的政策环境,到社会物质与精神文化的日益增长及科学技术的快速发展,都激发着大学生的创业意识,催生着大学生的创业行为。"知本"与资本的融合,机会、挑战及回报的诱惑,服务社会与实现追求的价值引领,都为创业环境的改变奠定了基础。创业舆论范式的建立,创业型社会的构建等一系列外部激励强化,都将提升大学生的创业意识,并促进这种意识朝着全面、协调、可持续的方向发展。

(二)上海技术应用型大学生创业意识各方面的内涵表现不一

1. 上海技术应用型大学生的创业评价表现最为显著

大学生的创业意识可以主要从创业需要、创业动机、创业兴趣、创业信念、创业评价五个方面来揭示。研究发现,各项内容平均值均处于中性水平之上,说明大学生具有普遍的创业意识。顺序依次是:创业评价＞创业动机＞创业需要＞创业兴趣＞创业信念,说明绝大多数大学生的创业意识水平较高,创业评价全面客观,创业动机多元共存,创业需要强烈饱满,创业兴趣多样丰富,创业信念坚定清晰。这为大学生正确认识创业意识的内涵和性质,获得创业价值认知,培养合理创业心理,促进自身发展并为社会服务,奠定了扎实的基础。

创业意识的心理结构包括六个层次:第一层次是创业需要。创业意识的形成,不是一时的冲动或凭空想象出来的,它源自人的一种强烈的内在需要,即创业需要。创业需要是创业活动的最初诱因和最初动力。第二层次是创业动机。当创业需要上升为创业动机时,就形成了心理动力。创业动机对创业行为产生促进、推动作用,有了创业动机,标志着创业实践活动即将开始。第三层次是创业兴趣。创业兴趣可以激发创业者的深厚情感和坚强意志,使创业意识得到进一步升华。第四层次是创业理想。创业理想属于创业动机范畴,是对未来奋斗目标的向往和追求,是人生理想的组成部分。有了创业理想,就意味着创业意识已基本形成。第五层次是创业信念。创业信念是创业者从事创业活动的精神支柱。第六层次是创业评价。创业评价属于创业世界观范畴,是创业意识的最高层次,使创业者的思想和心理境界不断得到升华,使创业者的个性发展方向、社会义务感、社会责任感、社会使命感有机地融合在一起,把创业目标视为奋斗目标。创业意识是可以培养的,而且是创业型人才培养的前提和基础。正如彼得·德鲁克(Peter Drucker)说的:"企业家精神并不神秘,它不是模式,更与基因无关,它是一门学科。像任何的学科一样,它可以通过学习获得。"[①]

2. 不同性别、学科、家庭所在地、学业水平以及独生子女与否大学生的创业意识存在差异

男女学生性别角色的差异、文科和理工科的学科差别,独生子女与非独生子女的区别,城市与农村的家庭地区分化,学业水平不同等引起了大学生创业意识的差异。因此在进行创业意识教育时,要秉持性别、学科、家庭平衡的原则,充分利用各自的性别优势、学科优势和家庭优势,发挥各自的角色特长,关注其创业意识的变化发展,合理定位,实现风格式成长,建立适合各自的最佳意识水平,从而营造和谐的育人环境,创造男女学生、文科和理工科学生、独生子女与非独生子女学生、城市与农村学生、学业水平不同学生共同发展的和谐氛围。

(三) 上海技术应用型大学生主体内部因素激发着大学生的创业意识

大学生接受新事物能力较强,思想开放、思维活跃、充满活力,往往崇尚自

---

① P. F. Drucker, *Innovation and Entrepreneurship*, New York: HatPec & Row, 2006, p.22.

由、鼓励冒险、允许失败,喜欢刺激和新鲜感,喜欢接受挑战,有创新和创造的期待和需要。在我们的访谈中也发现,在大学生年轻的血液中流淌着"初生牛犊不怕虎"的精神,在其身上洋溢着"天马行空、跃跃欲试"的朝气,充满着"对传统观念和传统行业挑战"的信心和欲望,而这些都是一个创业者应该具备的素质。创业意识是大学生对创业思维活动的产物,是大学生对于创业心理活动能动性的集中体现,是大学生源于自己的生理动机(如解决自己的吃饭问题、工作问题)和心理动机(如成就、实现自我价值、得到社会承认等),对所见、所闻、所知、所了解的创业事务的感觉、知觉,通过判断、推理等形成的创业设想,是大学生内在的强烈需要和创业行为的强大驱动力,是大学生创业素质的重要组成部分。

四、培养大学生创业意识的建议

(一) 客观层面

1. 制定和完善规章制度和政策措施

制定和完善培养大学生创业意识的规章制度和政策措施,这些规章制度应针对新时期大学生的特点,以创业教育为根基,整体规划大学生创业意识培养工作。要对大学生创业意识培养的短期计划和中长期规划等主要问题予以明确规定,并力求制度化、操作化。近年来先后颁布的《教育部办公厅、科技部办公厅关于印发〈高校学生科技创业实习基地认定办法(试行)〉的通知》(教技厅〔2010〕2号)、《教育部关于大力推进高等学校创新创业教育和大学生自主创业工作的意见》(教办〔2010〕3号)、《教育部办公厅关于印发〈普通本科学校创业教育教学基本要求(试行)〉的通知》(教高厅〔2012〕4号)等都对创业教育工作提出了明确要求。大学生创业意识培养的良好宏观政策环境正逐步系统化和完善。

2. 加大监控力度,确保执行落实

在与大学生的访谈中,许多大学生表现出较强的创业认知和期望,但对鼓励大学生创业的相关政策的知晓度还不足。如果这些政策措施和指导意见无法得以全面实施,那么这将严重削弱上述宏观政策环境所带来的积极作用,其结果必然会降低大学生的创业意识。因此教育主管部门在颁布施行相关制度规定后,重要的一环就是要加强既定规章制度的宣传力度,监控督促执行与落实,必要时应采取一定形式的强制性评估考核。

(二) 内涵层面

1. 把握理念引导,满足创业需要

高校可在全面贯彻落实上级主管部门制定颁布的各项政策制度的基础上,

紧密结合本校实际,健全和完善创业教育的组织建制、规章制度和运作机制。例如,在调查中,某高校为了扶持在校大学生创业,给大学生创业教育工作营建一个体制健全、运转高效有序的组织制度体系,结合该校具体情况,印发了《大学生创业实习基地管理办法》等具体措施,使大学生的创业意识培养具有一定的规划性和稳定性。逐步改变高校人才培养中重智育轻德育、重理论轻实践、重知识轻能力、重共性轻个性、重专业轻基础、重功利轻素质等现象,重视学生个性差异、主体意识和创造能力的培养,把培养学生的创新精神与能力置于中心地位。[1]明确创业教育目标,清晰创业教育定位,创造创业教育条件,把大学生培养成视野开阔、学习主动、反应敏锐、勇于实践、敢于挑战的人才,满足大学生的创业需要。

2. 探讨理论深入,激发创业动机

创业教育工作是一项专业性的工作,其育人目标的实现有赖于深入研究大学生的发展规律和相应的教育规律,涉及教育学、管理学、心理学、社会学等诸多学科领域。在美国等西方发达国家,创业教育已形成了相关的教育理论和技术,并在高等教育学框架内建立了相应的学科方向。美国许多大学开设了创业学或创业研究专业,成立了创业教育中心、创业教育研究会等。但美国的创业教育的重点是在商学院,教育内容主要是围绕如何创业而进行的,并日益向专业化方向发展,这一点与我国是有所不同的。[2]目前我国的创业教育还未自成体系,一些对创业教育有所探索的试点院校,所开设的创业教育类课程在教育体系中占的比重还很小,并大多为选修课程。创业教育模式关注较多的还是少数学生,人才培养还只是限于补充的地位。需要加强对创业教育基本理论和基本规律的科学研究,进一步总结和提升对创业意识培养规律的认识。可以确立相应的研究点,建立专项基金,探讨科学化、规范化的创业意识培育模式,在推进创业教育专业化建设方面提供一定的示范作用。同时开展校内、校间的工作交流、论坛等,交流研究成果和科学经验,利于更好地指导创业教育,多维度分析创业动力,激发大学生的创业动机,从理论角度分析创业动因和目的,有针对性地解决影响大学生创业意识培养的因素,维持大学生创业行为的强度和持续性。

3. 注重实践借鉴,拓展创业兴趣

创业教育可在理论探索的基础上,注重借鉴,注重实践创新。创业教育可不拘泥于某一种实践方式,大如可以创办公司企业,小到提出一个"点子"或新想法、新设计。创业意识的培养,可通过社团或沙龙的运行与管理、公共活动或公

---

[1] 余瑞玲:《对我国大学生创业教育的实证研究》,硕士学位论文,厦门大学,2006年,第61页。
[2] 张光忠:《大学创业设计教程》,中国财政经济出版社2003年版,第25页。

益服务的设计与组织、刊物或报纸的策划与创意、专业技能或社会调查的分析与启示、竞赛或头脑风暴的问题解决构想与路径、科研或学术研究的申请与突破、法律见习或金融实践的模拟等进行。如有的高校通过三学期的实施，尤其是短学期的推行，为大学生提供了实践、试验的平台和空间，使大学生有机会接触更多的行业信息，拓展包罗万象的创业兴趣，根据个体差异和个性所好，形成丰富多彩的创业计划，开发各行各业的创业领域。

4. 强化教学渗透，坚定创业信念

一方面可开设专门的创业教育类课程。创业教育类课程可面向全体学生，全程实施。根据不同专业、不同年级、不同个体的需求与定位，分别实施不同类型的创业课程，注重创业教育的专业性与普及性的结合。实行完全学分制，确保学生选课的一定自由度，鼓励学生选修一定数量的创业类课程。高校要有放眼全球的视野，了解创业教育国际化的发展趋势和进程，及时寻求和调整创业教育工作的战略和策略。促进创业教育多元化体系建设，加强课程开发，搭建国际教育平台，增设国际教育课程。高校可创造机会，鼓励学生积极开展对外交流，拓展学生的国际视野。另一方面以其他专业课程为依托渗透创业意识。这既是把创业意识、创业精神渗入各门学科的尝试，也是对传统课堂教学的改革，更能激起学生的学习热情。尊重学生的主体地位，大量补充新知识、新发现和新成果，通过自学、研讨、合作、对话等多种方式实现师生互动。这两方面优质创业教育的推行，需要一支高素质的师资力量。需要培养教师把创业教育恰如其分渗透进课堂教学的知识与能力，同时也需要调动起教师把创业教育渗透进课堂教学的积极性。这可通过对教师进行创业教育培训，并实施以创业教育为导向的课程评价机制等措施来进行。通过课程渗透、教学浸润，引导大学生加强对创业内涵的认知，培养合理的创业心理，形成对创业成功的内在驱动力和对创业挫折的理性领悟，坚定创业信念，增强创业信心，促进创业意识的健康发展。

5. 优化宣传氛围，完善创业评价

营造全员育人的创业教育氛围，加强学生工作部门与教学、科研、行政、后勤等部门的沟通与合作，统整学校各方资源与力量。让全校教职员工充分意识到他们担负着促进学生学习和发展的育人使命与责任，真正落实以学生为本，并以实际行动实践全员育人的教育理念。提高创业教育的辐射影响力，充分利用校园广播、校园网、橱窗、板报、文化设施等宣传阵地，大力宣传创业典范，形成创业意识教育的浓厚氛围。利用校友资源，努力挖掘身边的先进典型，营造浓郁的创业意识培养氛围，形成强有力的舆论导向。利用校报等大众传媒以及互联网等新媒体，开辟专题专栏、发表评论、剖析理论、进行人物访谈等多种形式，为创业意识的培育活动营造浓厚宣传环境。将创业意识内化为学生的自主追求，并通过外部环境的优势强化，引导大学生获得创业价值认同，完善大学生的创业评价。

（三）学生个人层面

1. 把握发展机会，加强自主学习

在日常学习和生活中，大学生应该树立力求上进的能动意识，积极主动地把握一切有利于自身发展的机会，不断充实自己。积极参与社会实践、校外实习、志愿服务、义工活动，主动备战创业竞赛、创业模拟，寻找机遇体验主体创业。培育坚韧不拔的毅力和敢冒风险的勇气，增强决策的果断性和抵御诱惑的自制性，深化实践经验和就业创业准备。加强自主学习，提升自身能力，促进身心的健康成长，积极寻求创业帮助，使创新创意创业真正成为自己的行为习惯和自觉行动。

2. 创新思维习惯，提升创业认同

大学生应合理规划职业生涯，探索自己的职业兴趣，了解自己的职业能力，培养健康的职业价值观。培养创新思维习惯，有选择地进行类比模拟、移植综合、克弱转换、非逻辑联想、侧向思维、转熟为生、延迟判断等练习，提高突破性思维、新颖性思维、独立性思维能力。正确认识创业内涵，获得创业价值认知，主动提升创业意识，实现自我价值。择己所爱，择己所长，择世所需，择己所利，使创业成为自身发展的可能方向和选择路径。通过提高自身的创业认同感来提高创业行为实施的概率。

上海抗战史课程思政教育的理论视界与实践效度探索

陈兰芝（上海电机学院马克思主义学院副教授）

上海是全国抗战的战略保障基地，抗日救亡运动前期中心，凝结了海派格调的抗战文化，构成连接世界反法西斯战线的纽带。以上海抗战史为研究承载，以"抗日战争在上海(1931—1945)"课程思政建设为教学承载，加强对上海高校学生的历史观、政治观、国家观、民族观、价值观教育具有重要的现实作用。

一、关于上海抗战史研究的主要理论视点与意义向度

中国抗战史和上海抗战史的研究与教学和现实情势密切相关，尤其是与中日关系、两岸关系的发展联系紧密，同时也关联世界对中国抗战的评价、对传统欧洲中心历史观的反思与新史观新史料新视角的解读和建构。

（一）政治维度：中国共产党抗战史观建构的两岸关联和国际关联

首先，研究中国共产党的抗战史观需要关注中国台湾地区学界研究进展。自20世纪90年代以来，两岸对中国抗战史的研究着眼点逐渐跃出传统的党派争论，如关于真抗日、假抗日的问题，对国共抗战史的评价渐趋客观，总体上转向研究中国抗战在世界反法西斯战争中的重要作用，多数研究者比较自觉地站在民族立场上来分析中国抗战，表现出"求同存异"的研究愿望。因而，关于国共两党在抗战中的作用问题依然是两岸需要共同对话的课题。由中国社会科学院近代史研究所筹划，中国大陆、台湾地区、香港地区学者共同编撰的《两岸新编中国近代史·民国卷》就对抗日战争时期国共两党作用及中国抗战地位作了相对共识性的客观评价。大陆学者肯定蒋介石在抗战中坚持了中国领土与主权的完整，对正面战场抵御日军、恢复中国版图的贡献；台湾学者赞同中国共产党提倡的抗日统一民族战线促成了国共合作、共同抗日，肯定了敌后抗日根据地及其游击战牵制了大量日军。研究者在此书中表达的历史认识是：抗日战争是中华民族浴火重生、走向复兴和战后中国能跃居大国地位的转折点。

其次，研究中国共产党的抗战史观需要观照国际社会对历史的正视和反思。

学界对于日本侵华的相关研究，过去多从实证层面论述日本军国主义势力的战争罪行，而近年日渐关注其发动侵华战争的理论基础。例如，日本学者户部良一所著《近代化的异化：日本陆军史》和《日本陆军与中国：支那通折射的梦想和挫折》、川田稔所著《日本陆军的轨迹：永田铁山的构想及其支脉》、纐缬厚所著《何谓中日战争》《田中义一：日本总体战体制的始作俑者》《"圣断"的虚构与昭和天皇》《我们的战争责任：历史检讨与现实省思》等，提出日本三代天皇、日本陆军作为军国主义势力的战争责任问题，较为全面地刻画了日本发动武力扩张的国家总体战体制的思想策略。这种策略基于日本国防资源极其贫乏的现状，"主张为了应对未来发生的长期国家总体战，必须实现军队的机械化和实行国家总动员。"[①]但是，近年日本右翼势力却没有对"二战"史进行认真反思，伴随着日本首相参拜靖国神社、中日历史教科书修订、钓鱼岛等问题争议，有关揭露日军侵华暴行、批判日本右翼史观的研究关系着中日关系的现实及未来走向，这使得中国抗战史研究具有鲜明的现实性、政治性。国家关系、学界研究和民众情感交织，造成中日历史问题的复杂性，尤其是民族情感对于学术研究存在一定的影响。海外研究者逐渐突破冷战思维和欧洲中心论的固化思维，对中国抗战的评价日趋公正，从中日战争的起源、中国抗战的历史地位、政治人物、军事外交、社会经济文化等领域，对中国抗战进行了多维度重构。如美国学者罗纳德·斯佩克特的《世界史语境中的中日战争》、美国学者陶涵的《蒋介石与现代中国》等。英国学者拉纳·米特所著的《中国，被遗忘的朋友：西方人眼中的抗日战争全史》强调，中国本为世界而战，但西方一直未能对中国抗战给出恰如其分的说法，长期以来西方遗忘了浴血奋战的中国，低估了中国在第二次世界大战中的作用和贡献。拉纳·米特指出："中国在20世纪三四十年代参与那场艰苦卓绝的战争，不仅仅是为了国家尊严和生存，还为了所有同盟国的胜利。正是在那场战争中，东西方一起抗击了有史以来最黑暗的邪恶力量。"[②]

（二）价值维度：客观辩证认识中国共产党的抗战史观及其对课程思政的价值导向

开展上海抗战史课程思政教育必须坚持正确的历史观、唯物辩证的理论立场和史料甄别方法，在研究导向上关注中华民族团结对抗战胜利的意义、中国在抗战中开始确立大国地位，系统总结中国共产党领导人关于中国抗战及世界反

---

① ［日］川田稔：《日本陆军的轨迹：永田铁山的构想及其支脉》，韦平和译，社会科学文献出版社2015年版，第87页。
② ［英］拉纳·米特：《中国，被遗忘的朋友：西方人眼中的抗日战争全史》，蒋勇强等译，新世界出版社2014年版，第19页。

法西斯战争的认识。同时,汲取国内国外关于抗战史研究的有益成果,反对历史虚无主义的态度,防止冷战思维和片面的欧洲中心观、政党之争,根本是要站在整个国家、整个民族的立场上分析问题。以科学客观的态度对待历史,对于加强爱国主义和民族精神教育,引导大学生树立正确的历史观、政治观、国家观、民族观十分必要。

(三)学理维度:学界关于中国抗战史和上海抗战史研究的范式借鉴意义

"作为观察家的研究者,为确保客观性只能作为一个旁观者,与观察对象保持一定距离。"[①]深入分析取舍鉴别抗战研究资料,是构建新的认识视角和开发课程资源的重要逻辑前提。

首先,客观认识近年抗战史研究趋势与特点。近年,一批研究抗日战争和上海抗战的新著相继问世,如《抗日战争全景录·上海卷》《抗日战争与中共崛起》《中国共产党与上海抗战》《二战中的上海》《战时上海》《犹太人在上海》《外国记者眼里的抗日战争》等著作为从多视角观察中国抗战史与中国局部区域抗战史提供了资料佐证。总体研究趋势呈现出如下特点:一是研究时段表达纪念性。抗战史研究关系战争记忆和集体性纪念。2015年是纪念世界反法西斯战争胜利和中国抗日战争胜利70周年,这一年国内关于抗战研究的书籍、论文产出颇丰。如"上海抗战与世界反法西斯战争系列丛书"的出版为上海抗战史研究提供了丰富的资料,这套丛书包括《上海抗战史通论》《日军在上海的罪行与统治》《上海抗战文化》《上海抗战与国际援助》等。二是研究容量彰显广泛性。抗战史研究论题涵盖了经济、政治、军事、社会、文化、人物等方面;研究方法涉及政治学、经济学、人类学等不同学科视域;编排体例包括通史、地域史、专门史、人物史等。三是研究主体的多元性。许多历史资料逐渐公开,美国、日本、俄罗斯、中国台湾、英国都有珍贵的历史档案问世。其中最重要的,当属斯坦福大学胡佛研究院档案馆珍藏并公布的蒋介石日记、国民党档案,以及许多近代中国领导人物的个人档案。[②]两岸与国外学者对于"二战"史的研究关注点日益增多,对中国抗日战争的评价趋向理性。全面了解抗战史研究趋势和发展特点有利于在上海抗战史课程思政教育中吸收多元的研究成果和互补的研究方法,辩证认识战争与和平、战争与责任、战争与文化、战争与民族精神等问题。

---

① [日]马场公彦:《战后日本人的中国观:从日本战败到中日复交》,社会科学文献出版社2014年版,第2页。
② 郭岱君主编:《重探抗战史:从抗日大战略的形成到武汉会战》,联经出版事业有限公司2017年版,第8页。

其次，明确上海抗战的家国情怀及其在中国抗战与世界反法西斯战争中的地位和作用。上海是一座对国家和民族有担当的城市。"两次淞沪抗战及上海民众在十四年中不间断的抗日救亡运动，构成了一幅幅上海抗战英勇悲壮的画卷，也铸就了上海在中国抗日战争和世界反法西斯战争中的重要历史地位。"[①]"海派文化倡导的以爱国主义为核心的民族精神，是上海抗日军民始终贯彻的一条主线。"[②]海纳百川的城市风度和砥砺奋进的创新品格，展示了上海抗战军民的爱国救亡壮举。上海成为全国抗日救亡运动的前期中心和战略保障基地、连接世界反法西斯力量的纽带城市。开展上海抗战史课程思政教育要坚持唯物、辩证和整体的历史观，处理好全民族抗战与局部抗战的关系，明确上海在中国抗战中的引领作用，及其对世界反法西斯战争胜利的重要贡献。

二、"抗日战争在上海（1931—1945）"课程思政逻辑体系建构

课程思政所表达的思想政治道德教育的本质是通过一定的教学内容与载体手段促进人的知识增长、思维提升和精神成长，从思想意识和价值观上塑造人，实现人的主体性精神建构。笔者以"抗日战争在上海（1931—1945）"通识选修课作为实施课程思政的载体。"在"表达上海抗战历史的时间在场、空间在场和文化精神在场，以期实现理论教学的历史关怀和现实观照。

（一）课程性质定位与培养目标

"抗日战争在上海（1931—1945）"课程以十四年整体中国抗战史为建构背景，把局部抗战和全民族抗战相关联，以校本通识选修课形式开设，就其教学内容和目标功能而言具有通识教育与思想政治教育的双重性质，政治属性鲜明。课程旨在通过引导学生了解上海抗战的历史，增强对上海历史文化、民族精神、时代精神的理解认同，以理性负责的爱国主义精神认识当下中国情势，为实现中华民族伟大复兴中国梦树立理想信念。课程教学目标分为知识、能力和情感三个有机联系的层次：就知识层面而言，了解日本侵华和侵略上海的缘起、上海抗战的社会基础、上海各阶层抗日救亡运动、上海抗战文化、犹太难民的上海记忆、上海高校内迁、上海抗日战争的历史地位与作用等。就能力层面而言，引导学生运用史料分析、对比分析、辩证分析等方法客观评价历史问题，科学分析不同的历史观及其影响，明晰国际关系的复杂性及其历史成因。就情感层面而言，通过

---

① 唐培吉：《上海抗日战争史通论》，上海人民出版社 2015 年版，第 2 页。
② 张云：《海派文化视阈下的上海抗战——兼论上海抗战文化的历史地位》，《军事历史》2018 年第 4 期，第 8 页。

贯穿上海抗战历史的抗战精神、民族精神、城市精神，引导学生勿忘国耻，树立爱国主义情怀和时代担当，坚持"爱国、进步、民主、科学、和平、奋斗"的价值导向，为实现社会主义现代化强国奉献青春力量。

（二）课程专题教学体系的逻辑架构与精神主线

"抗日战争在上海（1931—1945）"课程体系基于上海抗战的历史逻辑与现实意蕴，整合教学内容，建构有机联系的教学专题。抗战精神是对爱国主义传统的发扬，是实现中国梦、建设社会主义现代化强国的精神源流。抗战精神与中国梦是贯穿课程体系的精神主线，尽管每个专题教学内容侧重不同，但都构成了与抗战精神和中国梦的多维度联系。

专题一"日本侵华与侵略上海的战争缘起"，主要探讨日本侵略中国与上海的历史因素以及上海对日本侵华的战略作用，揭示日本挑起侵华战争的多因性和日本军国主义势力的形成，指出上海日本居留民作为军国主义势力在侵华战争中的帮凶作用。探析日本军国主义的理论根源，从山县有朋的利益线理论，日本天皇的统帅权、行政权及其精神意义到日本陆军的国家总体战原则，阐明中国梦的核心利益是国家主权底线。

专题二"浴血淞沪"，指出上海抗战有机联系的"两翼"，包括以两次淞沪抗战为主体的武装抗战和以上海民众为主流的抗日救亡运动。以十九路军抗战、八百壮士坚守四行仓库、马相伯的救国呼声、圆瑛法师组织僧侣救亡等故事力量表达抗战精神的内涵，说明挽救民族危亡不仅有爱国官兵战场上的视死如归，还有普通市民日常生活里的情感涌动，爱国主义是抗战精神的核心，抗战时期的上海城市精神觉醒为复兴中国的时代渴望。

专题三"日军在上海的罪行与统治"，通过日军在上海的军事暴力、经济掠夺、扶植政治傀儡和打思想战等史实，揭示日本军国主义侵略扩张的本质和汪伪政权作为日本侵华的傀儡隶属日本侵华的一部分。阐明民族精神是正向而行的，凡是违背民族正义、民族精神的行为必然为历史所抛弃。正如古厩对汪伪政权的评价："与东南亚对日妥协势力相比，汪精卫政权的对日依存度是很强的。造成其政权弱体性的最大原因是与民族主义磁场的逆向运行。"[①]

专题四"中国共产党与上海抗战"，指出"在上海抗战过程中，中国共产党始终是中流砥柱，起着政治领导的作用"[②]。在上海抗战的重要节点上，中国共产党高举抗日民族统一战线旗帜，恢复重建上海党组织，领导上海郊县开展抗日武

---

① ［日］高岗博文主编：《战时上海》，陈祖恩译，上海远东出版社2016年版，第8—9页。
② 韩洪泉：《中国共产党与上海抗战》，上海人民出版社2017年版，第326页。

装斗争,领导上海人民支援新四军、开展对敌隐蔽战线的斗争等。利用上海这座堡垒,党团结一切爱国力量共同抗日,维护了抗日民族统一战线,使得上海抗战具有全民族性,这是中国共产党包括上海地下党组织在民族矛盾与阶级矛盾共同交织情势下站在民族利益和抗战全局立场表现出来的政治成熟。中国共产党始终坚持民族进步发展的方向,在革命中不断走向成熟并成长为民族解放运动的领导者,这是实现民族独立和民族复兴中国梦的核心领导力量。

专题五"蒋介石与抗日战争",点明"二战中的上海,是一个高度复杂的场域","随着上海所处的政治环境与国际关系格局的剧烈变迁,上海又形成许多新的尖锐矛盾"[①],剖析蒋介石在民族矛盾、阶级矛盾、军阀矛盾等多重矛盾交织下表现的矛盾心态,在应对九一八事变、一·二八事变、七七事变、八一三事变、守卫南京等重大事件中的策略选择,在大历史格局下客观评价历史人物的功过是非。从国民政府角度揭示其阶级性在民族矛盾尖锐爆发时期也带有民族性,但这种民族性不彻底。反之,对比中国共产党对时局的观察和分析,说明中国共产党具有驾驭社会主要矛盾的革命能力,从而能够在破解时代问题中推进民族独立和民族解放事业,为中华民族伟大复兴迎来光明前景。

专题六"宋庆龄与抗日战争",通过宋庆龄在抗战时期的历史活动,如支援八路军新四军、组建中国保卫同盟、促进国共合作、架设国际社会反法西斯的桥梁等,评析以宋庆龄为代表的民主人士对上海和中国抗战的贡献。从民主党派视角理解党际关系、国际关系的正义对民族精神的正向价值,阐明民主党派在关乎中国命运的最终道路选择和中国共产党发展壮大中的民主因子。

专题七"上海抗战文化",系统梳理上海抗战文化形成的历史脉络、代表性文化名人、文化团体及文化作品,阐释在抗战救亡的"物化形式"之中蕴含着"精神内容","即是指一定文化都是反映着一定的民族意志"[②]。文化是民族意志的表现,民族精神和民族意志存在,文化就不会因外力侵扰而消亡。文化的延续是拯救民族灾难的别样形式,文化演化亦构成历史发展和社会进步的动力。

专题八"犹太难民与上海'诺亚方舟'",探讨希特勒屠杀犹太人的根源,犹太难民在"二战"时期涌入上海的原因,说明上海特殊的开放包容成为犹太难民求生存的"诺亚方舟"。阐述上海对犹太难民的接纳和救护,展现了其城市精神的包容性和中犹文化价值的契合性;阐明反对战争是世界爱好和平的人们的共同心愿,反思不义之战对和平发展构成的破坏。

---

① 周武主编:《二战中的上海》,上海远东出版社 2015 年版,第 XI 页。
② 齐卫平、朱敏彦、何继良:《抗战时期的上海文化》,上海人民出版社 2015 年版,第 8 页。

专题九"抗战烽火中的中国大学",采用故事思维方法,结合复旦大学、同济大学等上海高校内迁故事,揭示日军对中国教育的破坏是高校内迁的重要原因,抗战时期高校内迁所展现的政治情怀、学术抱负、远大志向与社会担当。阐释战时大学文化的保存发展是民族文化延续的希望,深思大学精神的时代内涵。

专题十"外国记者眼里的中国抗战",梳理抗战时期外国记者在华概况、国共两党对西方媒体的态度,西方记者探访红色根据地的原因及其与共产党的交往,点明上海是各国媒介情报战的重要基地与中转站,客观评价外国记者关于中国抗战的宣传报道,阐明共产党的民主开放、实事求是、以诚待人态度是吸引知名西方记者与共产党人友好交往的重要原因。以他者之眼观察中国抗战,观察国共两党,剖析"中国共产党为什么成为全民族抗战的中流砥柱""中国共产党为什么能"的历史动因。

三、让"课程思政与时代同构",增强上海抗战史课程思政教育的实践效力

习近平总书记在党的十九大报告中强调:"弘扬民族精神和时代精神,加强爱国主义、集体主义、社会主义教育,引导人们树立正确的历史观、民族观、国家观、文化观。"[①]上海抗战史课程思政教育旨在借助上海抗战历史文化资源和课堂教学主阵地,以抗战精神为思想主线传递上述价值理念,镌刻历史融入时代。为了充分将课程建设和学生学习需求相结合,针对选修课学生发放了"关于上海抗战史的认知调查"问卷,涵盖了"对爱国主义、上海抗战史认知度与兴趣度,通识课程目标定位,教学内容,教学方法,考核评价,教育效果"等问题。在定性分析与定量分析的数据基础上,结合上海抗战史的课堂教学反思实践效果,力图从文化感知、课程建设和网络拓展层面探求上海抗战史课程思政教育的有效路径。

(一) 文化寻宝:挖掘上海抗战文化资源,让历史记忆呈现"物化在场"+"精神在场"

上海的城市底色是红色的,许多老建筑闪耀着革命星火,许多小弄堂印刻着红色光影。红色革命文化涵育民族精神,塑造着中国梦的奋进历程。根据上海市第三次全国文物普查结果,上海与抗战有关的历史遗迹共计有269处,抗战文化资源丰富。随着功能多样的智能化手机的普及,大学生越来越把网络视为一

---

① 习近平:《决胜全面建成小康社会 夺取新时代中国特色社会主义伟大胜利——在中国共产党第十九次全国代表大会上的报告》,人民出版社2017年版,第42—43页。

种存在方式。因此,将抗战文化实物遗址和文化资源转换成数据形式、在线传播方式符合时代发展的趋向。"大数据的出现颠覆了原有的认知模式:认识事物的方式变成了先寻找相关关系,再寻找因果关系"①,使认知事物从因果分析转向相关性分析。这对教育变革提出了理念转换、时空共享、资源转化的新内涵。2015年8月,解放日报新媒体中心和上海广播电视台版权资产中心合作推出了《上海抗战地图》多媒体产品,选择35处抗战地标正式上线解放网,地图有手绘版、影像版、H5几种样式。这样的"互联网+"形式把历史图片、影音资料进行了空间转化和时间共通,媒介工具被转化为红色故事的讲述者,增强了青年人的关注度,使得历史在新鲜传播载体中兼具"物化在场"和"精神在场"之"双重在场"。教师需要具备捕捉文化气息的敏锐洞察力,引导学生跟随时代节奏,思考利用数据去量化学习,促进学生认知方式的变化,提高深度学习力。

(二)对话课堂:观照学习舆情,让"课程思政与时代同构"

"培养担当民族复兴大任时代新人"是党的十九大发出的殷切期盼,这为高校人才培养目标指明了发展路向。时代新人不仅要求在知识、技术、能力等方面与时俱进,还要在家国情怀、价值选择、责任担当等方面与时代共命运。抗战精神中蕴含的爱国情怀、民族气节、团结御侮、必胜信念正是中国在民族危机、国家之患中的"时代之问"和"价值之问"。时代新人的塑造离不开抗战精神等优秀民族精神的滋养。在构成时代新人的基本素养中,根本内核在于人之为人应具有的思想、情怀、人格、品德,锻造这些精神品格才能适应并推进新时代中国特色社会主义事业的发展。这是时代新人的时代使命、时代担当和价值关怀,课程思政必须站在这样的立足点上与时代同构。

课程承载着思想政治教育和道德情操涵养的价值导向功能,是思想理念、知识体系与时代同构的重要介质。"抗日战争在上海(1931—1945)"课程的开设具有高校思想政治教育"协同育人""三全育人"的形势背景和培育"时代新人"的现实价值关切。课程教学必须坚持因势施教、因学施教、因理施教的认识论逻辑,以鲜明的"问题意识"、深度的"思想对话",构建"对话课堂",让思想政治道德教育与时代同行同构。"关于上海抗战史认知调查"面向100名选课学生发放。其中,对于"你对上海抗战史的了解程度"问题的回答中,选择了解、不了解、有些了解的人数分别为26、27和47人,选项不了解和有些了解的共计74人,说明绝大多数受访学生对上海抗战史的了解程度不高,有开设"抗日战争在上海"选修课程的必要。在问及"你喜欢的课程学习形式是?"时,受访的100位同学中,对选

---

① 王天一:《人工智能革命:历史、当下与未来》,北京时代华文书局2017年版,第106页。

项"讲师讲授、学生演讲、观看视频、课堂讨论、社会调查、其他形式"的选择人数分别为97、5、98、28、6、2。这种结果呈现出两种认知趋向：一是说明学生普遍认可教师课堂讲授、观看视频辅助教学的形式，肯定课堂教学、视觉听觉直观历史对其认知的正向影响。教师在教学中需要关注学生对历史影音的兴趣度，将《大抗战》《国家记忆》《天罚》《抗战珍惜影像资料》《国军抗战全纪实》《二战通史》等视频素材进行剪裁，精准选择切近教学主题而又能引导学生增加对历史的感知、拉近学生与历史时空对话距离的题材，使之与教学专题无缝衔接。二是对于课堂讨论和社会调查带有主观能动性倾向的选项，学生选择偏低，表明其自主学习的意识和动力不足。这需要教师在有效引导上下功夫，巧妙设计问题并及时抓住学生的思想火花因势利导、因理化人、因情感人，构建对话课堂。学则须善质疑，教则须相机教导。对话课堂的构建需要借助问题意识和问题导向建构对话的问题链条，以明确的问题为对话核心，将问题贯穿于问题情境创设、问题提出、问题辩议、问题反思评价、问题的理论凝练等对话全过程。在课堂对话中，教师引导学生进行平等对话和交流很重要，教师需要努力做一个倾听者、思考者、引导者。在建构问题和解决问题的对话中，学习变成知识建构和意义建构的双重过程，从而潜移默化提升学习者的主体实践能力和精神素养品格。

此外，调查中发现学生对抗战时期的中国外交、日本的战争责任问题兴趣度比较高，学生对此有需求和中国现实发展相关，大国外交与人类命运共同体的现实诉求，促使当代大学生思考大国责任、中国的历史地位与现实地位、国家命运、民族命运的辩证关联。这为今后完善课程教学容量提供了努力方向。

（三）资源共享：立足学习获得感，让媒介实现"思想行走"

"思想政治理论课教师要在增强政治意识、本领意识、责任意识和阵地意识的基础上，注意培养和运用故事思维，在教学中'讲好中国故事'。"[1]信息时代的来临为"讲好中国故事"提供了新途径，但也冲击着大学生的价值选择和价值判断。一方面，新媒介载体形式切合学生口味，使得交流交往和学习呈现交互式，有利于增强学习获得感，提高思想教育的亲和力。另一方面，娱乐化、碎片化、标题党式的庞杂信息影响舆论生态，在某种程度上侵蚀学生的历史观念、政治观念、道德观念、价值观念，给思想教育和知识传播带来负能量。基于讲好中国故事，培育时代新人的育人导向，教师势必要思考教育的现代打开方式，把握教育方式的时代性，合理利用媒介载体促进教育内容的内涵发展、外延扩展，让媒介

---

[1] 陈兰芝、仇永民：《论高校思想政治理论课"讲好中国故事"的价值意蕴与实践理路》，《思想理论教育》2019年第5期，第64页。

在教育中实现"思想行走"。一是打通"教"与"学"的共享通道,组建多元化数字化资源开发主体。数字化资源链接的是开发主体和使用主体,要树立学习共同体思维,组构包括教师、管理者、学生、共同参与的多元开发主体,尤其是要吸收信息技术过硬、参与兴趣度高、有创新力的学生加入数字资源的建设,促进开发主体和使用主体互动融合。二是创新教学模式,利用智慧树、学习通等新型在线学习平台,配置关于中国抗战、上海抗战相关的电子学习资源。三是借助微信群、QQ群发布专业性网站、微信公众号的数据资源,为师生共享学习、学生自主学习搭建专业化数字化的知识平台。通过推荐抗战文献数据平台等专业化普惠性的研究平台,引导学生改变碎片化、娱乐化阅读习惯,端正对待历史的态度,提高深度思考力,为建立系统化科学性的知识结构奠定基础,促进学生在专业媒介上实现思想建构。

解析电动自行车治理的困境

方恩升(上海电机学院马克思主义学院副教授)

公安机关颁发牌照中的"两轮电动自行车",俗称电瓶车、电动车、助动车、电驴等,下文简称"电瓶车"。2016年,中国大陆13.8亿人竟然拥有2.5亿辆两轮电瓶车,平均每百户家庭拥有62辆。电瓶车已成为国人日常短距离出行交通工具的主力军。不过,电瓶车骑行人也成为城市交通第一违法群体和第一事故受害群体,"电瓶车大量违法已成为城市交通秩序混乱和拥堵的主要症结之一"。全国人大常委会于2016年在全国的《道路交通安全法》执法检查中称,部分非机动车驾驶人特别是电瓶车驾驶人在机动车道行驶、逆行、闯红灯等违法行为随处可见。[①]2015年,浙江省发生涉及电瓶车的事故6 408起,死亡1 056人,分别占总量的39.4%和24.7%。[②]本文将从"警察不愿管"(政府监管)、"司机不敢撞"(《道路交通安全法》第76条)、"无路可骑"(路权)和驾轻就熟(侥幸等主观因素)探讨电瓶车骑行人的违法原因、思考对策。

一、"警察不愿管我":政府监管不力

人们行动前会评估一下,自己不遵守法律会受到处罚的可能性有多大,以及会受到什么样的处罚,然后根据这种估计决定自己是否应当遵守法律,以及应当在多大程度上遵守法律。[③]当电瓶车骑行人发现非机动车违法时,存在法不责众、违法成本低的情形,他们自然因"警察不愿管我"而随意骑行。

(一) 举棋不定的政府监管

对于电瓶车,政府"一开始不怎么管,现在是很难管"[④]。包括北京在内的很多地方禁止、放开电瓶车行驶之间举棋不定。北京2002年下令禁止电瓶车上

---

① 张璁:《十二届全国人大常委会第二十五次会议审议多部法律草案(聚焦审议)》,《人民日报》2016年12月22日,第5版。
② 李超:《莫让电动自行车上演"生死时速"》,《中国青年报》2016年3月15日,第3版;殷泓:《危险的电动自行车怎么管》,《光明日报》2016年12月2日,第8版。
③ [美]泰勒:《人们为什么遵守法律》,中国法制出版社2015年版,第5页。
④ 李斌:《为什么一开始懒得管,最后都变得没法管?!》,《新华每日电讯》2017年1月15日,第4版。

路,2006年1月1日起又宣布废止此前的禁令,但电瓶车车主也鲜少有人办牌证,政府部门的管理几近于无。和北京一样,在中国绝大多数地方,政府部门对电瓶车的管理,长期以来处于近真空状态。为了应对电瓶车的混乱局面:2009年全国因电瓶车事故死亡的人数达到 3 600 余人,比 2004 年增加近 6 倍,2011年3月公安部、工业和信息化部、工商总局、质检总局曾联合出台了《关于加强电瓶车管理的通知》(公通字〔2011〕10 号)①,界定了不同政府部门管理电瓶车的职责范围,如下表:

环节	源　头	中　间	末　端
部门	质监、工业和信息化部门	工商部门	公安机关
职责	生产管理:审查企业资质、监督企业执行《电瓶车通用技术条件》标准(GB17761)	监管销售的电瓶车符合法规要求	注册登记、通行秩序和治安管理

但现实是,即使政府监管电瓶车时,管理部门之间的推诿仍导致电瓶车监管失控和失序。全国很多地方,电瓶车都无须上牌照。即使在北京,也有很多电瓶车超标,无法上牌、无人管理。在这样的行业管理下,电瓶车已经遍布全国城乡大街小巷。相关数据显示,2015 年夏,中国电瓶车的保有量,已经超过了 1.5 亿辆。从 2016 年 4 月 10 日开始,北京长安街等 10 条大街上禁止除普通自行车之外的其他非机动车通行;并将在 2017 年起利用 3 年时间,对北京上百万辆没有牌照的两轮、三轮、四轮电动车进行全面清理整治。②

(二) 监管部门之间的推诿

尽管很多人认为交管部门不作为导致电动自行车引发大量交通事故却始终无人管,但在交管部门(公安机关)看来,遏制非法产品流向社会才是解决问题的关键。一名执勤交警称:"我们就算想管,也根本管不过来。超标电瓶车的治理,不应全都留给执法这最后一关,应当从源头就加以管理。"在中国,由于电动自行车骑行人人数众多,交警取证难,有限的警力管理机动车都力不从心,结果是交警较少处罚骑行人。江苏省泰州市的一民警坦言:"在整治交通乱象中,最难管的是电动自行车。"上海一交警也感慨:"纠处一个行人乱穿马路,他能跟你搞半个小时,正常疏导执法都没法进行,早高峰哪里经得起这样的折腾?"电瓶车骑行

---

① 董沛:《电动自行车的未来在哪里》,《工人日报》2011 年 7 月 10 日,第 6 版。
② 姜峰:《交管质监工商等各执一词 电动自行车,管不了? 管不着?》,《人民日报》2014 年 5 月 12 日,第 7 版;董沛:《电动自行车的未来在哪里》,《工人日报》2011 年 7 月 10 日,第 6 版;黄晓宇:《北京交管局:3 年时间全面清理无牌电动车》,《北京晨报》2017 年 1 月 14 日,第 5 版。

人的弱势特权和法不责众的观念,让交警执法更加困难。在上海,电动自行车驾驶人群中,中老年人、居家妇女和未满 18 周岁的青少年占有很大比例,存在"低龄化"和"老年化"的现象。他们对交通安全知识知之甚少,错误认为电动自行车即使违法,也不会受到处罚,导致交通违法行为经常发生,极易引发交通事故。电动自行车骑行人也认为自己是弱势群体,如果电动自行车骑行人的违法行为遇到警察纠正,那么骑行人或装弱者以博同情:"你告诉他违法了,他告诉你自己生活多困难,周围很多人也会围上来,指责你们警察不讲情面。"因而他们理所当然地有通行的"优先权",甚至交通违法的"特权",交警执法时会遇到他们的激烈反抗。[1]在百度搜索"上海电瓶车被扣"后的新闻,大都是暴力抗警,如当事人对民警大腿猛踢、掌掴交警。电瓶车骑行人抗拒交警执法时经常出现的另一个理由是:"别人都是这样的,为什么你就只管我一个?"这句话的潜台词是"难道我是个软柿子,好欺负?"交警这种有悖法律面前一律平等的基本法律原则的选择性执法,不仅有损法律的权威性,而且会使得违法的个人产生不公平感、羞辱感,从而拒绝接受处罚,甚至暴力抗法。即使电动自行车骑行人没有暴力反抗交警查处,很多违法者也拒绝执行裁决。如在上海,2014 年上半年查获,至 2015 年仍未接受处理或缴纳罚款的非机动车违法行为达 1.8 万起。[2]于是,交警不愿意管理电瓶车骑行人和行人,而处罚不严使得骑车人等有了"法不责众"的随大流心理,违规违法越来越多。要言之,"交警不愿管"、极少处罚为骑车人壮胆。

其他部门的辩解。质监部门相关人士则表示,电动车出厂时都有限速器,在销售环节出现的"改装提速"等问题,应该由工商部门查处。而工商部门则认为这应该由质监部门解决,"电动车的变速器为什么能随便修改?这是不是质量不合格?"工商部门还认为,"套牌"等相关违法行为也需要交管部门最终认定。自行车行业协会主张提高限速标准,尽快出台新的国家标准。"现行的电瓶车国家标准是 1999 年修订的,既没有注意到产品性能得到提升的现实,也没有照顾民众的通行需求和产业发展的需要。"[3]

---

[1] 江跃:《中电动自行车交通事故呈现多发态势 超速行驶是根源》,《新民晚报》2013 年 5 月 9 日,第 5 版;童凯:《电动车违章为何屡禁不止》,《泰州日报》2016 年 8 月 23 日,第 7 版;简工博:《文明交通畅行申城 "法不责众"需社会合力治理》,《解放日报》2016 年 3 月 27 日,第 2 版;刘冕:《"中国式骑车"让最严交规效果打折》,《北京日报》2013 年 1 月 6 日,第 5 版;崔阳阳:《"中国式骑车"顽疾何时休?》,《吴江读本》2013 年 9 月 17 日,第 2 版。

[2] 殷泓:《危险的电动自行车怎么管》,《光明日报》2016 年 12 月 2 日,第 8 版;仲颖:《多次交通违法怎么管?上海拟暂扣驾照等更严处罚》,上海人大网,2016 年 5 月 19 日。

[3] 姜峰:《交管质监工商等各执一词 电动自行车,管不了?管不着?》,《人民日报》2014 年 5 月 12 日,第 7 版。

(三) 骑行人违法成本低

即使交警处理非机动车交通违法行为,目前的主要做法也是进行纠正、劝导和处罚。①这种缺乏对拒不接受处罚行为人的强制措施的做法,缺乏有效的震慑力和约束力,无法引起违法行为者的重视。即便是违法者被处罚,也是依据《道路交通安全法》第八十九条"警告或者五元以上五十元以下罚款;非机动车驾驶人拒绝接受罚款处罚的,可以扣留其非机动车"。交警称,这样的处罚力度基本是隔靴搔痒,处罚难度也很大。②又如天津的交通拥堵一定程度上是由道路通行效率低引起的,在十字路口机动车经常被不看信号灯的非机动车或行人截停,造成通行不畅,而那些不遵守交通规则的人,受到惩处的概率几乎为零。交警不愿意查处电瓶车骑行人的违法行为,就意味着默许骑行人的违法行为。长此以往,骑行人交通文明的意识就很难被唤起,规矩自然也就立不起来。③可见,电瓶车骑行人违法现象屡禁不止的主要原因在于处罚过轻。

另外,机动车司机为了自身经济利益而愿意主动承担责任。因为电瓶车车主赔偿能力有限,即使有赔偿能力也可能不赔偿,而保险公司则有保障并且及时。这也助长了电瓶车的违法行为。正是上述的电瓶车骑行人违法成本低、交警执法成本高,很大程度上导致了政府管理电瓶车的失序。

二、"司机不敢撞我"

不仅仅是警察不愿惩罚违法电瓶车骑行人,使得骑行人敢在马路上随意骑行,更重要的是骑行人坚信"司机不敢撞我"、心存侥幸等,于是即便在宽阔、路况好的非机动车道空闲时,电瓶车骑行人也竟然在机动车道上冒险、富有敌意倾向地骑行。

(一) 对电瓶车骑行人过度保护规则的流弊

有交通管理人士认为,造成目前电瓶车车主不遵守交通规则而有恃无恐的一个重要因素是,对电瓶车弱者保护的规则。社会普遍认为,电瓶车骑行人等相对于机动车辆处于弱势地位;许多人主张更应加大对机动车辆违法行为的处罚,而宽容电瓶车骑行人违反交通法规的行为。于是,我国《道路交通安全法》第七十六条规定:出于人道主义精神考虑,即使机动车一方没有过错的,也需要承担

---

① 《上海交通管理补短板:非机动车交通违法为何屡禁不止》,上海热线,2016 年 3 月 24 日。
② 胡彦珣:《非机动车违规致事故多发 执法成本高令管理存难》,《新民晚报》2011 年 10 月 25 日,第 9 版。
③ 付光宇:《交通文明:路上"规矩"那些事》,《半月谈》2017 年第 2 期。

超过第三者责任强制保险责任限额外的不超过10%的赔偿责任。上海市为了更便于操作,2005年出台了《上海市机动车道路交通事故赔偿责任若干规定》(以下简称《赔偿责任规定》)。为了鼓励守法、保障交通秩序与效率,《赔偿责任规定》对于无责下的机动车的超出强制保险责任限额的赔偿额加以限制,第七条规定:"在有证据证明非机动车驾驶人、行人违反道路交通安全法律、法规,机动车驾驶人已经采取必要处置措施的情形下,按照下列规定减轻机动车一方的赔偿责任:(一)在高速公路、高架道路以及其他封闭道路上发生交通事故的,机动车一方按5%的赔偿责任给予赔偿,但赔偿金额最高不超过1万元;(二)在其他道路上发生交通事故的,机动车一方按10%的赔偿责任给予赔偿,但赔偿金额最高不超过5万元。"《赔偿责任规定》甚至规定了免除机动车的赔偿责任的条件(第八条):非机动车驾驶人、行人故意造成的(即俗称的"碰瓷");非机动车驾驶人、行人与处于静止状态的机动车发生交通事故。事实上,上海的机动车一方罕见赔偿5万元以下甚至免责,更多的交通事故责任认定由《赔偿责任规定》第六条(机动车有事故责任的赔偿责任)界定:机动车与非机动车驾驶人、行人之间发生交通事故的损失超出强制保险责任限额的部分,机动车一方有事故责任的,由机动车一方按照下列规定承担赔偿责任:(一)机动车一方在交通事故中负全部责任的,承担100%的赔偿责任;(二)主要责任,80%;(三)同等责任,60%;(四)次要责任,40%。由此可以计算出交通事故中的最重要项目:城镇常住居民死亡赔偿金,上一年度人均收入(2016年上海城镇常住居民人均可支配收入57 692元[①])×20年:115.4万元。扣除11万元第三者强制险后,即使机动车负次要责任:40%,仅城镇常住居民死亡赔偿金的最低赔偿也高达41.8万元。上述出于以人为本的保护弱势群体的法律设计为大部分骑车人知晓,并被许多素质不高的人所利用。这样,许多电瓶车骑行人就形成了"司机不敢撞我"的观念[②]、养成了随意骑行的习惯。

(二) 侥幸

很多电瓶车骑行人普遍存在一种侥幸心理:除了上述的"警察不愿管我""汽车不敢碰我"原因外,电瓶车骑行人还确信电瓶车小巧不会出事、熟悉家和单位附近的路况等,所以骑行人在行人甚至汽车之间左冲右突。

一是骑行人相信机动车会减速、避让电瓶车。电瓶车骑行人过高地信赖司机会严格遵守交通法规;即使自己违法骑行,司机也不敢撞他。因为大部分骑车

---

① 上海市统计局:《2016年上海市国民经济和社会发展统计公报》,上海统计,2017年3月2日。
② 刘冕:《"中国式骑车"让最严交规效果打折》,《北京日报》2013年1月6日,第5版。

人知晓我国上述的保护弱势群体的法规政策内容,而司机会为了减少财产损失、不受惩罚而特别留心电瓶车骑行人和行人等的安全。于是,很多骑行人在一定程度上作出机会主义的选择,冒失地闯进机动车的道路。①

二是骑行人更自信自己不会惨遭车祸。因为电瓶车车体小、机动性强、视野宽广,骑行人骑行范围基本在自己工作、住处附近,他们有轻车熟路的安全心理,所以认为自己遭遇车祸是像买彩票中奖那样的小概率事件。在上海,电瓶车骑行人,每2.8天有1人丧生,骑行人死亡的风险是1人/1 030万人次/日,显然是比人们常说的"不怕一万,只怕万一"的风险更低,即"万里挑一"中再千里挑一的小概率。这个小概率的推算中相关数据不是同一年度,故不十分严谨。近年来,上海市道路交通年均死亡900人以上,其中2015年第一季度涉及电瓶车的道路交通事故死亡人数占死亡总人数的14.43%;2016年,上海市日均客运量达1 832万乘次②,电瓶车出行占全市所有出行方式的20.2%。据此,每天上海电瓶车骑行者的个人丧生风险是:

每天丧生的电瓶车骑行人/全市每天出行总量中的电瓶车数
=900人/年×14.43%÷365日/年/1 832万人次/日×20.2%
=1人/1 030万人次/日

三、"无路可骑":路权有限

当今中国电瓶车基本处于失序状态的原因,除了骑行人利用政府监管不力、过度保护骑行人的法规等外,还有一个十分重要的客观原因是,多数城市的(电动)自行车的路权十分有限。因为在单纯考虑交通运行效率甚至景观的情况下,包括上海在内的中国各地方政府在路权分配过程中,过分偏向机动车,而电动自行车、公交车甚至行人的路权被严重挤压,其中电动自行车出行比例远远低于相应的路权比例,甚至没有路权。如"深圳早期规划中,并没有设置非机动车道,以快速交通为主"。深圳市交警局禁摩限电办称:"电动车和汽车抢道,只会让城市更拥堵。"③

(一)在空间上,电动自行车的路权较小

在上海,出行比重为17.3%的小汽车占据了交通干道的绝大部分,(电动)自

---

① 刘冕:《"中国式骑车"让最严交规效果打折》,《北京日报》2013年1月6日,第5版。
② 杨潇慧:《上海有效遏制道路拥堵加剧态势》,《中国交通报》2017年4月7日,第6版。
③ 吕绍刚:《电动车管理:北京限路、深圳查车、南宁管牌》,《人民日报》2016年8月25日,第9版。

行车、行人不仅无权占用主干道,在辅路上也被挤压到最低限度。上海城市非机动车道约占城市地面道路面积的22.5%;中心城有220余千米的地面非机动车禁行道路。上海市约37%的城市干道没有物理隔离。①如东西向的南京西路以及南北向的陕西北路以南,都没有设置非机动车车道,仅有陕西北路北侧设置了单向非机动车道,供往北的非机动车行驶。类似的情况在上海很多,如世纪大道、北京路、福州路、延安路等都是非机动车禁行路段。一些道路的非机动车车道消失的主要原因,一是长期的路权以车为本。随着上海经济持续发展,机动车增长的势头日趋强劲:至2002年年底上海全市机动车保有量达到了141万辆,城市路网逐渐显出运行效率和适应能力上的差距。为缓解城市路网与日益增长的机动车辆之间的矛盾,上海在2002年颁布的《上海市城市交通白皮书》提出了"中心区实现主干路机动车专用"的目标。二是上海为了筹办2010年世博会。筹备世博会更加剧了路权向机动车倾斜的步伐,但此举显然落后于当时世界城市交通限制小汽车的理念,有悖于"城市,让生活更美好"的上海世博会主旨。在上述两个因素下,从2003年11月起,由于城市道路的严重拥堵以及将机动车畅通工程作为交通政策的重中之重,上海市开始实施俗称"非改机"的机非分流改造工程。"非改机"是指将主干路的非机动车道改建为公交专用道,同时通过改建和辟通平行支路,为(电动)自行车提供分流的通道。这一改变把非机动车挤出了这些曾经提供快速、宽敞、安全分离式的自行车、助动车车道的道路。对骑车族来说,在实施了"非改机"后,将从相邻的路上通行。②

更有甚者,十分宽阔的马路竟然没有非机动车道或人行道。如浦东新区临港新城古棕路与橄榄路之间的沪城环路单向3车道、5米以上的中间隔离带、5米以上的铺砖人行道、20多米以上的绿化带,竟没有非机动车道。在寒暑假外工作日的每天上下班时间,单向的3车道中的左右车道,变成了在上海海事大学、上海海洋大学后勤上下班的果园镇等当地人的电动自行车随意骑行的"专用道"。这种没有非机动车道却有十多米宽敞人行道的上海马路,还包括莘庄镇的都市路、陆家嘴的世纪大道等。另外,上海一些道路有非机动车道却没有人行道。如浦东新区的南祝路(单向2车道)的一些路段只有非机动车道而没有人行道,在这样的地方竟然设有公交车站台。这势必导致交通混乱:行人在非机动车道行走。

---

① 刘晶晶:《慢行道路设施总量"只增不减" 因地制宜建高品质慢行网络》,《青年报》2016年10月12日,第7版。
② 杨卓琦:《自行车能重返城市吗》,《瞭望东方周刊》2016年第23期;宋鹏霞:《上海"非改机"启动》,《解放日报》2003年11月18日,第10版。

另外,商贩占道经营、汽车和(电动)自行车违法停放等严重妨碍(电动)自行车骑行人和行人的通行。流动商贩在马路上摆摊,甚至正规店家也常常会占用门前的马路经营,如辽宁省沈阳市的铁西百货等国有单位都会在其门前占道摆摊,扰乱了行人、电动自行车等非机动车骑行人和司机之间的秩序。汽车违法停放也妨碍了电动自行车等非机动车骑行人的通行。如在淮海路等道路上街沿画上了禁停的黄线,但到了晚上仍有不少车辆违法停车,将货物搬运至路边的商铺内。①

(二) 在时间上,小汽车同样优先于(电动)自行车、行人

中国过去 30 多年来,城市规划建设者在努力增加道路供给的过程中,重视尺度而忽视密度,导致道路尺度越来越膨胀,道路面积甚至要比道路长度的增长快。"宽马路"成为许多中国城市的典型配置。人们要绕很远的道而行,才能到达就在对面的目的地,即城市的步行、(电动)自行车可达性更低。②如上海部分信号灯较长,电动自行车骑行人为了节省时间或越过停止线等绿灯或闯红灯。一些复杂的平交路口的设计又片面追求长周期(红绿灯的设计分别满足了机动车的直行、左转甚至右转的需求)和增加车道数,过街距离超长,在上海主要的信号灯控制交叉口周期往往在 180 秒以上,有的甚至达到 240 秒到 300 秒,行人过街等待时间超过 120 秒甚至 180 秒。即使在绿灯时,直行过路口的电动自行车骑行人也必须十分谨慎,因为一些驾驶员不太避让遵守交规正常过马路的电动自行车等。这造成的后果是,几乎全国各地的电动自行车遵守法规也过不去马路,不如就趁着没车往前溜达着。③

(三) 非机动车的路权有限的原因

(1)各地城市路权长期以汽车为本。如上述的为缓解城市路网与日益增长的机动车辆之间的矛盾,上海市在 2002 年颁布的《上海市城市交通白皮书》提出了"中心区实现主干路机动车专用"的目标,从 2003 年 11 月起把一些道路的非机动车道改为机动车道。(2)"权力美学"现象。不少城市的宽马路与许多地方争相建设高、大、怪的地标建筑(如 2015 年竣工的被百姓称作"秋裤楼"的苏州地标建筑"东方之门"),被一些学者称为"权力美学"现象。"权力美学"的理念是大尺度、大体量和大景观,"大"是衡量建筑的唯一美学尺度,也是评判官员政绩、经济发达、社会繁荣和人民幸福的主要尺度,却忽视普通民众的基本生存、生活权利。要言之,"权力美学"的终极目标是一些官员的权力而不是普通民众的权利:

---

① 简工博:《"刚需式"交通违法集中爆发怎么破》,《解放日报》2016 年 5 月 2 日,第 2 版。
② 姜洋:《"窄马路、密路网、开放街区":怎么看,怎么做?》,澎湃新闻,2016 年 2 月 23 日。
③ 任敏:《"中国式骑车"为啥管不住》,《北京日报》2013 年 1 月 7 日,第 3 版。

一些官员以讨好上级权力为出发点,以满足自己权力的成就感、获得更大权力为归旨。公众为地标建筑命名"秋裤楼"等丑陋外号,暗含着对此类建筑的否定与嘲讽,更是对建筑背后权力呓语、空洞、傲慢的无尽反讽。①

四、改善措施的思考

为了改变中国电瓶车的这种无序状态,政府宜作出以下的应对:强化监管、平衡交通参与者的权利与义务、落实电瓶车的路权。落实路权、提高限速是为了减少骑行人违法的潜在的客观因素;借助智慧交通系统的非现场执法等加强监管是扭转警察不愿管电动车的局面;以过失相抵等理念修改交通法规,平衡交通参与者的权利和义务,借此改善骑行人因"汽车不敢撞我"而恶意骑行所导致的混乱、危险、低效的城市交通状况。

(一)扭转监管不力的局面

(1)注重末端管理。如果坚持对电瓶车的监管应该从源头在技术上、销售的中间环节、控制最高时速等,显然是找错了监管的重点。如同样数量众多的小汽车出厂的最高时速通车在 200 千米左右,但小汽车因末端的交警严格管理而未像电瓶车那样普遍地肆无忌惮地超速,所以,对电瓶车监管的主力也应该是末端的交警。(2)末端管理的方式:以智慧交通的非现场执法为主、大量的警力现场执法为辅。因为交通管理部门的传统的人海战术、马路上现场执法,尤其是一阵风式的运动式执法,难以有效地管理城市的非机动车,而只有在保证电瓶车等非机动车的路权等基础上,借助智慧交通系统才能实现交通管理的长久、精准、高效。目前,凡是交通治理比较好的城市,无论是上海交通大整治还是广西南宁、江苏省宿迁市和山东省济南市,都是广泛地使用智能交通设备。如上海,短短一年间,警方推动了 1.8 万套交通违法监控智能识别系统等高新技术设备的广泛运用,形成覆盖全市的针对乱鸣笛等 16 种违法行为的非现场执法网络。此举不仅成功地解决了有限警力的瓶颈问题,而且提高了交通管理的效率和准确率。②(3)末端管理的侧重点:源头管理。上海等地应该借鉴南宁加强电瓶车骑行人的安全意识的做法,即南宁市的电瓶车上牌时,车主需提交交通安全教育学习证明

---

① 朱大可:《形象工程的历史书写:权力美学的三种标本》,《同济大学学报(社会科学版)》2005年第3期;廖保平:《"权力美学"流弊深深》,《法制日报》2011年7月27日,第5版;陈怀瑜:《"奇怪建筑"是"权力美学"的投影》,《上海金融报》2014年10月31日,第5版。

② 简工博:《补牢交通短板的"上海探索"》,《解放日报》2017年3月23日,第1版;高峰:《严管重罚+多元共治,炼成"宿迁规矩"》,《扬子晚报》2017年6月21日,第3版;周斌:《拍摄曝光交违行为应提前公告》,《法制日报》2017年6月16日,第5版。

原件、电瓶车合格证。数据显示,我国 80% 以上道路交通事故是交通违法所致。因此,要提升交通文明水平,改变人的行为是关键。①(4)政府还采取措施增加违法成本,提供优惠甚至免费充电和停车等服务,进一步强化监管与服务。因为"法律当局要改变人们的行为模式都无非通过两种方式,那就是对遵守法律的行为给予奖励,或者对违法法律行为进行处罚或威胁要进行处罚"②。而制裁是人们遵守规则的关键因素,因为对制裁的担心会有助于人们把社会秩序的要求内化于守法的意识之中。50 元的罚款震慑力度实在有限,很多违法者因此对处罚并不在意,这也是上海、南宁等地将违法行为的相关处罚信息依法纳入个人征信系统的原因。③又如《上海市道路交通管理条例》第七十四条规定:"使用伪造、变造的非机动车号牌、行车执照或者使用其他非机动车的号牌、行车执照的,由公安机关处二百元以上一千元以下罚款。"

(二)平衡交通参与者的权利与义务

为了改变"司机不敢撞我"而导致电瓶车骑行人随意骑行的现状,取消偏袒电瓶车和行人的规定,扭转法律"护弱"长电瓶车骑行人随意骑行气焰的局面。为了保护电瓶车和行人、强化机动车驾驶人的责任意识,提高机动车第三强制险死亡赔偿额:由固定的 11 万提高到当地居民人均可支配收入的 5 倍,如 2016 年全国居民人均可支配收入 23 821 元④的 5 倍是 11.6 万元;在汽车保有量更多的经济发达的地区,这个赔偿额更高,从而更有利于促使司机更加谨慎驾驶、更有效地保护骑行人和行人。在此基础上,取消机动车无责时仍需承担超过第三者责任强制保险责任限额外的不超过 10% 的赔偿责任的规定,而公正执行"有证据证明非机动车驾驶人、行人有过错的,根据过错程度适当减轻机动车一方的赔偿责任"的规定,电瓶车与机动车的事故双方的责任比例应该一致:全部责任,100%;同等责任,50%;主要责任,60%—90%;次要责任,10%—40%。这种根据受害人的过错程度依法减轻或免除加害人赔偿责任的规则是过失相抵。⑤

这种修改的理由:(1)有利于改善交通秩序,提高交通效率。因为电瓶车骑行人已经成为城市交通第一违法群体,而常识告诉我们,奖惩可以改变人们的行为,所以,"在社会面临困境时,就必须阻止人们干出那些只有利于其个人的短期

---

① 刘崤:《前方道路,是汽车文明社会》,《人民日报(海外版)》2016 年 8 月 8 日,第 9 版。
② [美]泰勒:《人们为什么遵守法律》,中国法制出版社 2015 年版,第 5 页。
③ 戴天骄:《沪电瓶车交通违法乱象:逆行、载人、无牌上路》,新民网,2016 年 3 月 29 日;吴振东:《上海整治道路交通违法行为 处罚信息纳入个人征信系统》,新华网,2016 年 3 月 24 日。
④ 陆娅楠:《2016 年和 2010 年比 居民收入实际增六成》,《人民日报》2017 年 7 月 7 日。
⑤ 程啸:《侵权行为法总论》,中国人民大学出版社 2008 年版,第 433 页。

利益,但是有可能会对整个社会造成长期危害的行为。"[①]"酒驾入刑"便是通过严法而扭转交通陋习的成功案例。公安部数据显示,自 2011 年"醉驾入刑"实施后,全国因酒驾、醉驾导致交通事故起数和死亡人数较实施前分别下降 25% 和 39.3%。[②]于是,有专家建议,对"中国式骑车"的治理,出行者都要建立路权的概念,驾车人、行人、骑车人都遵守各自的规则,违反规则就应该接受惩罚。[③](2)更有利于电瓶车骑行人的交通安全。从理论上看,只有真正的过失相抵原则才能减少电瓶车骑行人恣意的骑行,从而减少包括自己在内的更多交通伤害。因为如果法律取消对电瓶车的过度关照,那么将使得机动车与电瓶车之间的交通风险的控制由目前的机动车单方变为将来的机动车和电瓶车的双方,而且电瓶车一方会因基于本能而更有效地保护自己的健康与生命。诚如亚当·斯密所言,"毫无疑问,每个人生来首先和主要关心自己;而且,因为他比任何人都更适合关心自己……"[④]如果每一个人都能对自己的权益尽到最大的注意,那么就能有效地避免损害的发生。因此,通过对那些本身有过失的受害人减少或不予赔偿,可以督促他们更加注意自身的安全,从而有效地减少或避免损害的发生。[⑤]

(三) 落实路权,提高限速

这两个措施能减少骑行人违法的潜在的客观因素。(1)路权理念的转变。许多城市开始注重慢行系统。如从 2016 年起,上海开始限制机动车而增加非机动车、行人的路权。2016 年 10 月,上海市规土局、市交通委、市城市规划设计研究院编制发布的国内首份《上海市街道设计导则》的基本主张是,"从道路到街道,是机动车交通空间向步行化生活空间的回归,是路权从'机动车'为主向'兼顾车行与步行,优化步行环境'的转变。"[⑥]2016 年 11 月上海市人大常委会议审议通过的《上海市城市总体规划(2016—2040)》称,显著改善步行、自行车等慢行交通环境,有隔离的自行车道达 70% 以上;提高非机动车通行网络的连续性;合理调控需求,强化小汽车拥有和使用的差别化管理。2017 年 3 月施行的《上海市道路交通管理条例》进一步强化非机动车和行人的路权,第十条规定"本市倡导慢行优先,改善慢行交通环境,保障慢行交通通行空间"。(2)扩大非机动车路权的实践。上海自 2016 年 7 月已确定包括虹口区的天潼路、浦东新区的祖冲之

---

① [美]泰勒:《人们为什么遵守法律》,中国法制出版社 2015 年版,第 5 页。
② 付光宇:《各类交通顽疾让人生气又无奈 不守交规的人有你吗?》,《半月谈》2017 年第 2 期。
③ 魏娜:《执法成本高违法成本低,这多交警都拦不住骑电动车闯桥隧》,《长江日报》2016 年 5 月 9 日;刘冕:《"中国式骑车"让"最严"交规效果打折》,《北京日报》2013 年 1 月 6 日。
④ [英]亚当·斯密:《道德情操论》,商务印书馆 2015 年版,第 104 页。
⑤ 程啸:《论侵权行为法的过失相抵制度》,《清华法学》2005 年第 6 期。
⑥ 柳森:《〈街道设计导则〉将会改变什么》,《解放日报》2017 年 3 月 27 日,第 1 版。

路等进行试点,依据《上海市街道设计导则》,适当控制机动车空间,优先保障步行及骑行空间。①经验表明,变窄机动车车道,不仅改善了行走、骑行的便捷性、舒适性,也能很好地改变机动车的交通质量。因为汽车不能再像以前在宽车道那样随意变道、插队、转弯和高速行驶,这样会减少交通事故。早在1997年,上海就对共和新路部分路段进行了"瘦身",从原来的3.75米缩至2.8米。改造后该路段高峰时机动车交通量提高了16.4%,同时交通事故数量也逐渐下降。②

(3)提高电动自行车时速的上限到25—28千米。近年来,城市的快速扩张已经使得电动自行车的原本的10千米航程、最高行驶时速15千米的标准,远远不能满足人们的实际需求。如果骑行人以时速15千米骑行,上海市居民的平均出行距离2014年为6.9千米/次,按此来算,需要近半个小时;而时速25千米仅仅费时17分,更显省时、合理。其他国家的电动自行车基本限速在25千米左右,如美国电动自行车限制时速是32千米,欧盟为25千米,日本为24千米。今后,中国电动自行车最高时速为25—28千米。这个速度不是很快,不会对自身、脚踏自行车和行人的安全造成影响,但限速高于30千米时,电动自行车不仅自身危险系数变大,而且会威胁脚踏自行车的安全,因为城市道路资源有限,两种自行车只能同在一条非机动车道内。

---

① 李继成:《上海多条道路将试点"慢行优先":优先保障步行及骑行空间》,澎湃新闻,2016年7月25日。
② 钟黎明:《杭城部分机动车道悄悄"瘦身"》,《今日早报》2007年2月28日。

上海法治文化及其建设进路探究

罗 薇（上海电机学院马克思主义学院副教授）

法治国家和法治社会必然要求有与之相适应的法治文化。党的十八届四中全会提出："弘扬社会主义法治精神，建设社会主义法治文化。"党的十九大报告强调："加大全民普法力度，建设社会主义法治文化，树立宪法法律至上、法律面前人人平等的法治理念。"这些重要提法表明，法治文化在建设中国特色社会主义法治体系、建设社会主义法治国家中具有基础性作用。上海要推动更高水平的法治建设，必须加强法治文化建设。

一、文化与法治文化

（一）文化

文化，无论从社会学、政治学、经济学，还是人类学的视野考察，都是一个争议极大的多义语汇。大致说来，可以归纳出三种不同的文化观。一是广义文化观，即人类社会历史实践过程中所创造的物质财富和精神财富的总和。用梁漱溟先生的话说，"文化就是吾人生活所依靠之一切……文化之本意，应在经济、政治，乃至一切无所不包。"[①]二是狭义文化观，"指社会的意识形态，以及与之相适应的制度和组织机构"，从这个层面分析，文化即为人类在长期的历史实践过程中所创造的精神财富的总和，"文化"即"精神文明"。三是最狭义的文化观，"一定社会的政治和经济在观念上的反映"，即人类对于自然、社会的各种观念形态的总和。

（二）法治文化

与之相对应，作为下位概念的法治文化也有广义、狭义、最狭义之分。广义的法治文化，是作为人类文明的法律现象的总和。狭义的法治文化，是指人类在社会实践中所形成的有关法治的精神财富的总和，主要包括制度法治文化与观念法治文化。它包括法治理念、法治思想、法治原则、法治精神、法治价值等精神

[①] 梁漱溟：《中国文化要义》，学林出版社1987年版，第5页。

文明成果,以及宪法、法律、规范等制度文明成果。最狭义的法治文化,是指人们对于法治的群体性认识、评价、心态的总和。本文将在最狭义层面使用法治文化概念。

我国两千多年的政治文化传统是人治文化。我们建设的法治文化是一种有别于人治文化,而与实现全面依法治国,建设社会主义法治国家相一致的主导文化体系。这是一种以法治而非人治为本质特征的新型文化。人们从内心深处对于法治的认同、信守与遵从是法治文化的本质。法治文化建设过程就是使法治精神、法治理念和法治思维方式内化于心、外化于行的过程。

具体来说,法治文化主要包括以下基本内容:一是人们具有宪法信仰和法律信仰;二是人们具有法治意识和法治观念。在工作与生活中,能够自觉地严格依法办事;三是人们具有法治精神,限制公权力、尊重和保障人权、坚守程序正义;四是人们具有法治思维,按照法治的理念、原则和标准判断、分析和处理问题。法治文化建设能够促进上述四个方面全面融入民众内心,从而在推进全民守法过程中能够发挥积极作用。

二、建设上海法治文化的意义

(一) 是上海的定位与责任的需要

上海是我国的直辖市之一,正在加快建设国际经济、金融、贸易、航运和科技创新中心,是全国改革开放排头兵,是创新发展的先行者,这一切离不开法治的保驾护航。上海要进一步提高集聚辐射全球资源、要素、人才、产业的能力,必须以良好的法治环境和先进的法治文化作为条件支撑。否则,即使有再好的基础、经验和成果,也无法得到充分保障和认同,更无法持续和推广。上海在建设法治化城市、培育法治文化方面,理应走在全国前列和作出表率。

(二) 是建设法治上海的需要

法治是法律和文化的有机统一,不仅要有严密的法律体系、完善的法治体系,还要有与之相适应的法治文化。在法治社会中,法治应当来自公众的内心信服与遵从,而不仅仅是法律外在的威权。法治关系到对自由、民主、权利、公平、正义的精神信仰与文化认同,而不仅仅是冰冷的治理手段。法治需要良好的文化土壤为其提供生命的养分与内生动力,否则,法治只能是无根之花、无本之木。因此,要下大力气推动全社会形成浓厚的法治文化环境。人是法治的主体,人的行为必然受思想文化的支配。在人的智慧与欲望面前,法律很脆弱,人们既可以拥戴法律,也可以凭靠聪明才智玩弄法律。在没有法治文化的社会,即使法律制定得非常完美,也会在现实生活中变形走样。

第一,建设上海法治文化,有助于提升立法效能。法治文化滞后会影响法律功能的发挥,阻碍法治改革与发展。良好的法治文化能为法律制度的进一步完善提供内在动力与思想基础。

第二,法治文化在适用法律中起着推动作用。法律的适用是通过执法人员的活动实现的,法治文化能够推动执法人员正确地将法律适用于具体的法律关系和法律行为中,使法律的权威和尊严得到有效维护。要全面推进法治上海建设,杜绝以言代法、以权压法、逐利违法、徇私枉法的现象,必须不断夯实法治上海建设的社会文化基础。

(三) 是营造尊法守法信法良好城市氛围的需要

"法治文化不仅是一种新式的法律价值观,更是一种具体的思维方式、生活习性或行动习惯。"[1]党的十九大报告提出:"各级党组织和全体党员要带头尊法学法守法用法",这一要求虽然针对的是全党,但毋庸置疑,对于全体社会成员也具有指导意义。法治文化具有感召人、激励人、规诫人的功能,法治文化可以通过文化自身氛围的营造和文化形式的熏陶和渲染,使法治精神成为每一个上海市民的精神支柱,使人人信仰法律、遵守法律,善于利用法律维护自身权益,依法监督政府和公权力,参与社会管理,等等。总之,每一个社会成员都自觉厉行法治、坚守法治,做到尊法、信法、守法、用法、护法,积极投入法治的改革实践中,成为法治中国、法治上海的践行者。

(四) 是推动上海治理能力的内在需求

推进上海法治文化建设,有助于领导干部发挥法治的引领和规范作用,运用法治思维、法治方法进行科学决策,按照法治的理念、原则和标准判断、分析和处理问题,真正有效地解决矛盾纠纷,进一步提高治理能力与治理水平,推进和谐上海建设。

三、上海法治文化建设的优势与难点

(一) 上海法治文化建设的优势

一般而言,法治文化总是最先产生于都市社会环境。因为法治赖以存在的条件,诸如商品经济、理性文化、民主制度都是首先在都市环境中产生和形成的。因此,法治文化往往以都市法治文化为先导,从都市向外扩展。在历史上,上海

---

[1] 周立民:《中国法治文化的基本进程与建设策略》,《理论月刊》2016年第2期。

有着最早接触、较多吸收先进法治文化的良好传统;一直以来,上海的城市文化发展呈现出开放性、包容性和多元性的特征,城市发展生机勃勃,文化欣欣向荣,这有助于我们促进法治文化的广泛交流与融合,推进上海的法治文化建设;当今上海经济发达、商业繁荣,公平、有序的市场竞争环境要求所有的市场主体平等竞争、按规则办事,上海市民的法律素养与权利意识不断提升,崇尚法治、信仰法治的社会氛围正在形成,这成为推动上海法治文化演进的强大动力。总体来说,上海市民已经普遍认识到法治是一种优于人治的治国理政方式,上海的法治环境越来越好,法治文化建设与法治实践基本是相适应的。

(二) 上海法治文化建设的难点

1. 顽固的非法治传统因素成为上海法治文化建设的最大障碍。虽然从整体来看,上海的规章制度健全,上海市民学法的热情高涨,法律意识、维权意识较强,政府和一些社会团体组织举办的"法律咨询活动""法律维权活动"受到群众的热烈欢迎。然而,中国文化缺乏法治基因,一些旧的传统烙印至今仍深刻影响着人们的思想观念、行为习惯和纠纷处理方式,严重阻碍了法治进程的深入推进,成为法治文化形成的障碍。即使相对来说最早接触和吸收先进法治文化的上海,也深受顽固的人治传统因素的影响。有相当一部分市民在发生纠纷时,不愿意通过法律途径解决,习惯于找"关系"、找领导,通过熟人通融说情依然是常见的纠纷处理方式。产生于熟人社会的这种思维方式与行为方式,在较大程度上阻碍了法律的运行,影响了法治精神的内化,成为上海法治建设进程中的障碍。如果法律没有成为上海市民解决争端的主要选择,法治思维未能成为上海民众的主要思维方式,法治上海就不可能真正实现。因此,上海法治文化的形成,绝非几道命令或者几纸宣言就可以轻松完成,而是一项长期的、曲折的、艰难的系统工程。上海的法治文化建设,需要有坚强的决心、坚持不懈的努力和扎实有效的措施有序推动,通过不断解决人们在思想中、实践中遇到的各种问题,反复磨合与调整之后,才能真正实现。

2. 在思想认识上,对上海法治文化建设的重要性与紧迫性认识不够。一方面,由于过去我们强调制度建设多,而有意无意忽视了法治背后的文化因素,纸上的规章制度还远远未能成为城市治理必须遵循的标准。另一方面,一些人认为经济发展是硬指标,法治文化建设概念虚、投入大、周期长、见效慢,不愿意投入精力和财力构建法治文化的渠道和载体。建设法治上海仍然任重道远,就目前而言,加快培育上海法治文化是一项更为迫切的工作,意义也更为重大。

3. 在法治文化建设内容方面,一是普法教育严重不足。要使法律成为上海市民行动策略的首选,其重要前提是对于法律原理、法律知识有基本掌握。然而,当前上海市的法学教育还有很大程度的提升空间,一些非法律专业的高校学生缺乏对于法律常识的基本了解,更别说一般上海市民了。二是法治宣传教育中偏重于对法律规范的学习与引导,缺少对于法治信仰、法治理念的培育与滋养,甚至在普法过程中,出现了劝导市民规避法律、绕开法律的现象。

四、上海法治文化建设的基本路径

建设法治文化绝非一朝一夕之功,不可能一蹴而就,必须打好基础、循序渐进、久久为功,既要有长期规划,也要有近期部署,两者要有机结合。

(一) 把法治教育纳入国民教育体系

1. 法治教育应当成为每一个人的教育权利和教育义务,覆盖高等教育、基础教育、成人教育、职业教育等不同类型的教育阶段,不因为教育体制的原因而导致普法出现空白。要坚持法治教育从青少年抓起,引导青少年增强法治观念、养成守法习惯。做好顶层设计,根据青少年认知的特点和规律,科学规划教学内容,形成以宪法为核心的、有机衔接的学校法治教育体系。二是用好课堂主渠道,发挥课程教育在青少年法治教育中的主渠道作用。设立青少年法治教育实践基地,提高教育的针对性、趣味性、实效性。

2. 进一步提升大学生法律教育的实效性。建议大学教育把法律作为通识必修课,让非法学专业的学生接受基本的法律教育。当前,对于非法律专业学生的法学教育主要通过《思想道德修养与法律基础》这门课程,由于把"思想道德修养"与"法律基础"两门课程整合为"思想道德修养与法律基础",法学教育的课时数相较于"98方案"大幅减少,无法在有限课时之内很好地传授法律知识和法律方法,往往是学生刚对法律产生一点兴趣之后,就进入结课阶段。大部分承担这门课程的教师,缺乏法学专业背景,他们经常会将不熟悉的法学教育的内容一带而过,进一步压缩原本有限的法学教育课时。而一些大学生也只是把法学教育课程当作修学分的工具,敷衍了事,马虎应付。再加上考核轻松,更加助长了学生对于这门课程的轻视。可以说,高校的法学教育流于形式,违背了法学教育的初衷,无法得到良好的法治教育效果。大学生的法律信仰状况直接决定了未来中国法律信仰的具体走向,大学生法律教育的失败必将影响到法治建设的精神之基。

因此,我们要反思思政理论课"05"改革方案,恢复"法律基础"课程的设置,使之成为高校非法律专业学生的必修课、考试课。我们不是要把非法律专业的学生培养成法官或者检察官,事实上这也不可能,但至少我们有责任把他们培养成敬畏法律、真诚信仰法律的现代公民。只有在课时得到保障的前提下,才有可能把学生领进法律的门槛,实现法律教育的教学目的。同时,要切实加强高校一线法律师资队伍建设,形成一支有才有德、有理论功底、了解现实国情,真正有能力为学生提供专业指导的教师队伍。高校要在经费上给予有效扶持,一是把好进口关,法律教育教师必须具备法律专业背景,具有较强的专业能力。二是要加大法律教育教师培训力度,有计划选送骨干教师到政法部门挂职锻炼,教师法治实践技能的提升会反哺教育教学。此外,要引外智,借外力,聘请法律实务经验丰富的专家作为兼职教师,通过具体鲜活的案例教学提升教学效果。

(二) 继续有效推进全市法治教育工程

普法运动是加深市民对于法律法规理解的重要途径。构建全市法治文化,必须深入、持久、有效地开展普法教育活动,使广大市民随时随地想学就学,学有所成,与法律亲密接触。

1. 有计划、分层次组织市民学习法律知识。法律知识学习主要分为三方面:首先是宪法及相关法律。维护宪法权威,捍卫宪法尊严是全面依法治国的根本要求,要通过学习牢固树立宪法法律至上、法律面前人人平等的理念,形成学宪尊宪守宪护宪的良好风尚。二是部门法。学习刑法、民法、商法、经济法、行政法等法律法规,这些法律法规涵盖了国家和社会生活各个方面的基本规范,成为解决矛盾和纠纷的基本依据。三是党内法律法规,这是中国特色社会主义法治体系的有机组成部分。

2. 提高普法工作的实效。伴随着轰轰烈烈的立法活动,我国的普法活动也开展得如火如荼。然而,多年普法,成效不大。原因在哪?笔者认为,一是没有讲清楚什么是法治,二是普法理念出现偏差。我们对于法治的误解主要有二:一个国家有了法律制度就是法治国家;法治是人治的惩治手段与延续,法治意味着酷刑。人们不相信法治可以带来程序正义与公平公正。在过去的普法过程中,我们并没有针对这些误解予以澄清。在普法理念方面,我们注重法律知识的灌输,却忽视对于社会大众法律意识与法律思维的培养。法律知识学了就忘,普法流于形式。人们不仅没有懂得多少法律知识,而且也未能从内心深处真正认同、信任法律的正义和权威。

因此,在今后的普法工作中,我们要讲清楚法治的内涵与特征,通过法治理想模式与人治的对照,使人们了解法治既是约束权力、保障人权、维持社会秩序与治安的治国方略,也是社会治理所追求的目标,要让人们对于中国社会在法治方面所处的状态有较为清晰的认识。在普法理念方面,由"灌输知识"向"培育法治思维"转变。普法不应当像扫除文盲一样开展集中式运动,而应当春风化雨、润物无声,要注重培养社会大众的法律意识与法律思维。法律成分在人们的日常思维中占的比重越多,说明人们的生活越来越信任和依赖法律,法治的实现就越来越容易。

法学功底深厚的法律宣讲者们,要放低身段,走出书斋,用老百姓理解的语言、生动的实例宣传法治,感受上海老百姓的真实生活,要及时回应上海民众的质疑与困惑,指导法律实践。总之,真正的普法绝非简单的灌输,而应当把侧重点放在市民法律思维方式的培养,通过市民亲身参与的法律实践,让法律真正走进他们的生活。

3. 培育市民的法治信仰。人活着需要信仰,法治建设同样如此。为什么会出现"凑齐一堆人就走"的中国式过马路现象?"大闹大解决,小闹小解决,不闹不解决"的闹访现象?"黑头文件不如红头文件,红头文件不如口头文件"的现象?拼实力不如拼关系、拼爹的现象?说到底是因为法治信仰缺失。法治信仰是社会主体在对社会法的现象理性认识基础上油然而生的一种心悦诚服的认同感和依归感,是人们对法的理性和激情的升华,是社会主体关于法的主观心理状态的上乘境界。美国法学家伯尔曼曾说过:"法律必须被信仰,否则它形同虚设。"假如没有了法治信仰,那么在社会公众看来,法律也就不过是一张张写满"规矩"的纸而已。在大规模的法治建设中,信仰如果缺位,顶层设计得再好、再完美,推行起来也是举步维艰甚至随时都有夭折的危险。就像盖房子需要打好地基,地基不牢,房子设计得再漂亮、盖得再高,也随时有可能墙倒屋塌一样。现在我们最缺少的就是"官民"的法治观念、法治信仰。培养具有法治品质的市民,就成了上海法治文化建设进程中最艰难、最复杂、最关键、最漫长的环节。

(三) 增强"官民"的法治素养水平

1. 培育市民的权利意识和主体意识,引导市民遵守和依赖法律。市民的权利意识与主体意识是建设法治上海所必需的,是取之不尽用之不竭的活力、动力。市民权利意识与主体意识高,表明对法律法规和法治精神的认同度高,他们对法律的需求和渴望会随之增长,愿意用法律维护自身权益,每个人都会越来越相信法律、依赖法律,依照法律思维而思考。如果上海市民缺少权利意识和自主意识,只知服从与愚忠,只知自保,上海的法治化水平不可能高。因此,我们要呵护和培育市民的权利意识、主体意识,引导他们从排斥、拒绝法律到遵守、信任、依赖法律,无论是邻里纠纷、社会矛盾、名誉侵权,还是财产纠纷等,都要鼓励他们利用法律途径维护自身权益,而不是在国家机器的强制与威慑之下被动服从法律法规,或是一门心思"请托打点"。引导强化市民自觉守法、遇事找法、解决问题靠法,培育法治思维,让"请托打点"付出代价,才能营造风清气正的法治文化环境。

2. 依法控权，建设上海法治政府。法治不是管理者的特权，绝不能把法治的功能单向化或是片面化，一味强调"治国"与"治民"，而事实上，法治最核心的内容在于依法治官、依法治权，用法律规则来限制政府的权力，"把权力关进制度的笼子"。因此，法治文化的核心在于形成"权力不能任性、不敢任性"的文化氛围。一方面表现为官员阶层普遍有守法的自觉性，愿意依法办事。另一方面，一旦出现官员任性违法的现象，会立即在全社会形成舆论压力对其进行监督。

政府守法比一般公民守法更具有迫切性和必要性。政府是否守法，能否建立法治政府，是法治的最重要指标。政府信用危机将直接导致社会的法律信仰危机。政府是国家机关中公职人员最多、职权最为广泛、与公民打交道最频繁的机关，行政权力广泛、深入地渗透于社会的各个领域，公职人员，尤其是基层政府的工作人员，被看作政策落地"最后一公里"的关键环节。上海市民对于政府的认知往往就取决于他们与基层政府官员打交道的感受，政府工作人员对法律持肯定或是否定的态度，也必将对公众是否真心接纳法律产生直接的影响。如果政令朝令夕改，政府公职人员知法犯法，违法破坏法律运行的稳定性，民众的法律信仰也会随之消解，整个社会就会处于无序状态。行政机关严格依法行政，带头守法、严格执法，才能带动全社会讲法、讲公正、讲诚信，民众对于法治的信心也会逐步确立。

一是建设有限政府，法无明文规定皆禁止，政府的权力是有限的，必须在法律授权职权范围内活动，而相对于公民来说，法无禁止皆自由。领导干部这个"关键少数"要带头尊法、学法、守法、用法，不逾越法律红线，不触碰法律底线，坚持原则、遵照程序，严格用法律法规约束自身，处理内外纠纷，减少"有权任性"现象的发生。二是建设责任政府，行政权力作为一种公共权力，在行使职权的同时，也承担着相应的义务和责任，职责统一，权责一致，回应社会的正当需求与民众的正当要求，以善政达到善治。三是政务公开、透明，准确及时地公开公权力运行的相关信息，提高公权力运行透明度，用制度来保障民众对公权力的信任不被滥用。总之，只有加快上海法治政府建设，才能对整个上海市起到引领和示范作用。

（四）培育公平正义的司法法治文化

司法行为是法治文化的外观，法院在法治建设中始终处于前沿阵地。依法公正裁判、化解矛盾纠纷，维护社会的公平正义，就是践行法治文化的过程。在司法实施过程中，只有当老百姓的诉讼权利得到合法保障，权利救济渠道畅通，诉讼程序与结果公平公正，每一位上海市民在每一个司法案件中都能感受到公平正义，司法权威与司法公信才能真正确立，法治相对于人治的优越性才能够得以彰显。而司法不公会给社会公正带来的破坏性是致命的,它将损害司法公信力,侵蚀民众对于法律的信仰。

在法治社会,司法是定分止争的最后一道防线,司法机关的裁判是终级裁断,是解决矛盾纠纷的最终方式。"如果人民群众通过司法程序不能保障自己的合法权利,司法就没有公信力,人民群众也不会相信司法。"[①]在司法公信力不足的情况下,任何规劝人们遵守、尊重、信仰法律的努力都徒劳无益。在一个缺少司法至上传统的国度,要提升司法的公信力并使民众对于司法权威产生认同,短时间内很难实现。看待分析这一问题,需要整体性的视角,为把上海建设成为法治环境最好城市之一,为了提供最优质的司法保障,至少我们可以从以下几方面努力:

1. 弱化司法的社会控制功能。司法应遵守被动与中立的司法规律,保持冷静与克制,不要被工具主义对待,不要把政治思维渗入司法并提出不合时宜的政治性司法原则。法院在体制中就要归位为司法机关,而不能承担司法之外的维稳、拉动经济等更多的社会责任。如果法院在社会公众中的印象只是政府的办事机构,司法权威与司法公信力不可能真正建立起来。

2. 保障法院依法独立行使职权。在一些法律学者的眼中,之所以出现司法不公,根子在于法院不能依法独立行使审判权。虽然独立的司法组织系统已经建立,却始终未能实现良好的司法环境。虽然近年来也进行了不懈的努力,但仍需进一步加强对于司法审判体系的垂直管理,改革资源供给制度,进一步减少甚至割断法院在人事、财政方面受地方掣肘的局面。同时进一步探索设立跨行政区划的法院与检察院办理跨地区的诉讼案件,使司法机关与行政区划适当分离,排除地方的干扰。只有为法院独立审判创造了良好的制度环境,地方法院才不会成为地方政府的法院。

3. 法院内部弱化行政控制,改变"审者不判、判者不审,集体决策、无人负责"的局面。法院内部正在进行着大刀阔斧的司法责任制改革,改变过去案件层层审批的模式,实行"主审法官、合议庭办案责任制"。谁办案谁负责,实际上是放权给了法官,同时通过明确法官的职责与责任风险,形成以法官为主体的权力运行生态。司法改革正在以出乎意料的速度有效推进,接下来,要进一步做好调查研究与经验推广,继续巩固和扩大已有改革成果。总之,只有当人民群众在每一个司法案件中感受到了公平正义,司法的公信力才能得到提升,法律信仰也会在民众中悄然生长。

[①] 张文显:《法治中国建设的前沿问题》,《中共中央党校学报》第18卷第5期。

(五) 继续挖掘和培育独具上海特色的法治文化资源

文化寓于生活,贵在积累。当一种生活方式日积月累,最终积淀为人们的一定传统和风俗习惯的时候,它才是一种名副其实的文化,而非仅仅是书面或口头的文章。[①]要通过多种方式让法治真正融入上海市民的生活,让其所见所闻所感都是法治的公平正义,进而沉积成潜在的思维方式和行为模式。

1. 加强网络法治文化建设。自媒体时代,信息传播方式、舆论生态与公众参与方式都发生了巨大变化。法治文化建设应当顺势更新观念,主动作为,最大限度地发挥新媒体在法治文化建设中的作用,搭建传输快捷、覆盖广泛的法治文化平台。通过文字、视频、漫画等多种形式,着力打造富有较大影响力的法治宣传官方微博、微信、政府网站、新闻网站和商业网站,探索今日头条、悟空问答、知乎问答、直播等新形式和新载体,以多角度"视窗"占据市民视野,开展新颖、时尚、可接受程度高的网上法治文化活动。

2. 打造上海法治文化阵地。要充分利用上海特有的时空条件,把法治元素融入公共文化设施建设,建成一批广受上海市民喜欢的法治文化示范阵地。比如,建设法治色彩浓厚的社区,打造法治文化园林、法治图书角、法治列车、法治文化长廊、法治主题雕塑、法治文化橱窗等法治文化阵地,扩大户外公益广告、车站公交站点、法治公益广告覆盖面,探索在地铁站、大型商圈、地标性建筑外立面等具有影响力的空间展现普法元素,提升普法公益广告的感知度,让上海市民在无处不在、日复一日的视觉冲击下刻下法治文化的烙印。

3. 开展上海法治文化创建活动。每个地方都有特色文化资源,法治文化建设过程中要注重"本土资源",从中获得滋养,形成各具特色的法治文化。我们应当通过上海市民喜闻乐见的文化表现形式,开展系统的、立体的、多层面的、全覆盖的法治文化创建活动。比如,把法治元素融入沪剧、越剧、舞台剧、影视节目,推广法治剪纸、法治皮影戏、法治书法等活动,开展法治热点事件与热点新闻解读、法律知识竞赛、法律书籍阅读、法治文化论坛等一系列法治文化活动,激发上海市民学习法律的热情,使人们在潜移默化中学到法律知识,树立法治信仰。

---

① 李德顺:《法治文化论纲》,《中国政法大学学报》2007年第1期。

社区青年民间领袖的培育与发展空间[①]

张丹丹(上海电机学院马克思主义学院副教授)

近几年,我国在推进社会治理过程中,出现了许多有效的治理载体和治理模式,也涌现了许多参与社区治理的民间组织和积极分子。这些积极分子以各种不同的身份出现,比如居委会干部、楼组长、社区各种专业人士等,并且从年龄层次上看,青年社区领袖越来越多地参与到社区治理过程中。如2013年开始,上海闵行区的江川街道和周围高校合作,开展青年储备干部培训,培训对象包括在编的青年人员,也包括基层一线青年社区工作人员,这些青年社区工作者分布在街道和社区的各个领域,在带领社区居民实现有序参与社区治理中起到了非常重要的作用。而且,培育社区青年领袖也越来越受到各组织与部门的重视。如2013年北京市智耘弘善社会工作事务所推动社区青年领袖成长计划,培育千名青年骨干义工,积极引导社区青年参与社区、投身公益活动。2015年,上海的"明日公益计划"也在积极培育青年公益领袖在慈善领域的发展。

目前参与社区管理、带领居民进行社区自治的民间领袖,以一批热心于公益事业的退休人士为主,但不能否认的事实是,青年民间领袖数量虽然不多,但其参与的形式、内容和效果是值得肯定和推广的,而且由于自身的特质和优势,以及受到各组织部门的重视,社区青年领袖的数量也在不断增加。社区青年民间领袖通过各种参与载体和平台越来越成为社区治理中的重要队伍和力量,他们在引领居民实现社区事务的自我管理、推进有效的社区治理中起到了重要的作用。

一、社区青年民间领袖的界定

在推进社区有序、正态自治的过程中,社区民间领袖是公民参与中的积极分子和引领者,而社区青年民间领袖是社区民间领袖的重要组成部分。关于社区青年民间领袖,在学界还没有统一的界定,本文基于对社区民间领袖的探讨,试图从年龄、文化程度、个性品质及参与社区事务的态度等方面作进一步分析。

[①] 本文原载《青年学报》2016年第3期。

在《变迁与抗拒:城市社区自治的空间及路径》一书中,笔者曾对社区民间领袖作出如下界定:社区民间领袖是指具有一定的理论知识基础或实践技术专长的、社区事务的积极参与者和管理者,通过其行为方式或人格魅力使得居民的参与更加地组织化和有序化,居民的矛盾纠纷能够得到有效的解决,从而达到社区文化和价值取向的认同与一致。①由此,我们可以认为,社区青年民间领袖首先从年龄上来说,基本处在20—35岁,也就是现在社区中涌现的部分80后、90后,他们受过高等教育,相当一部分青年具备相关专业的理论基础和实践专长,他们通过各种方式积极投身于社区公共事务的管理,参与和创新社区治理。最后,在社区青年民间领袖的引领和参与下,增强了社区居民对社区的归属感,提升社区居民对社区文化的认同,推动了社区居民价值取向的一致。

社区青年民间领袖作为公民参与社区治理中的积极分子,可能存在于非制度性职务的人群,比如楼组长,也可能存在于社区公益组织中,还可能是年轻的社工,等等。他们不仅需要参与社区事务的热情和爱心,也需要参与和管理社区事务的能力和气质。

二、社区青年民间领袖的功能

社区青年民间领袖作为社区民间领袖的重要组成部分,有着和社区民间领袖共通的功能,包括信息传递作用、组织居民维权、推动自治载体与自治组织的构建、社区老娘舅、引领社区文化与价值取向的统一。②除了这些功能外,社区青年民间领袖也有着自身特殊的优势和功能,主要体现在以下几个方面:

(一) 创新社区自治组织的模式

目前,在社区治理过程中,涌现了各种民间的组织和团体,比如自上而下的社区公益性组织、娱乐型的居民自治组织、以社会服务为主要内容的社会工作机构等,这些民间社区组织的出现一定程度上满足了居民的多元化需求。在调查中,我们也发现各类社区自治组织在运作过程中,往往会受到官僚化倾向的影响。官僚制是把"共同体行动"改造为理性安排的"社会行动"的特定手段。③换句话说,这些自治组织容易受到外在官僚化倾向和制度的影响,从而也会影响自

---

① 张丹丹:《变迁与抗拒:城市社区自治的空间及路径》,上海社会科学院出版社2015年版,第127—128页。
② 张丹丹:《变迁与抗拒:城市社区自治的空间及路径》,上海社会科学院出版社2015年版,第128—129页。
③ [德]马克斯·韦伯:《马克斯·韦伯社会学文集》,人民出版社2010年版,第216页。

治组织创立的初衷。

而青年社区领袖参与和管理社区自治组织,则有利于推动社区自治组织的模式的路径。由于青年社区领袖的自身的特质、处事方式等方面与传统民间领袖有较大差别,他们不仅拥有参与管理社区事务的热情,也有年轻人所特有的创造性和活力,由此他们给自治组织带来的是管理上的创新和运作项目上的创新。在社会多元化发展的今天,这些形式和内容上的创新,不仅能更好地满足居民多元化的需求,也能更有效地促进社区自治组织自身的发展。

比如 WYC 小区是 2008 年交房的新建商品房,该小区年轻人较多,未成年的小孩也比较多,来自五湖四海,且大多以年轻白领为主,早出晚归,居民之间缺少时间相互沟通。13 号楼的楼组长 CH,任职 3 年,是在职大学教师,28 周岁。他带领社区居民通过网络创建各种类型的群,如针对体育运动的足球群,还有针对亲子关系和亲子活动的群等。在街道和居委会的推动下,本小区各楼组的楼组长以及社区工作者(基本都是 20—35 岁的年轻人)在网络平台的基础上,成立了以开展亲子活动为主的自治组织,通过自治组织不仅增强了居民之间的相互了解,也增强了社区居民参与社区治理的意识和积极性。[1]

(二) 推动自治载体的多元化和科技化

自治载体是居民实现自主的、有序的社区治理的平台和手段,自治载体的构建在实现有效社区治理中起着重要作用。自治载体的形式应社区的具体情况而设,比如"公共客厅""睦邻点""楼组之家"等。随着科技化和信息化发展,在一些以年轻白领为主的新式社区,青年社区民间领袖在引领构建自治载体中,其方式和平台也是日益多元化,并不断和科技结合在一起,比如在有些小区中依赖网络平台而构建的业主论坛、业主宠物群、准妈妈群等,通过便捷的信息沟通与互动,实现居民之间的信息互动与共享。同时,在这些网络平台中,青年民间领袖传递的是一种正能量的作用,引导居民的正向沟通和矛盾调解等。

(三) 提升自主化、有序化的沟通和行动路径

正如以上两点所言,社区青年民间领袖通过创新自治组织以及自治载体的构建,引领社区居民参与社区事务的管理,这些方式上的改变,有利于提升社区居民从无序自治走向有序自治,从而实现社区是我家的共同体的概念。总体上而言,社区中涌现的这些青年民间领袖,基本上受过良好的高等教育,拥有相关的专业知识基础,有些也具备相关管理社区事务的实务知识与能力。他们在参与社区事务管理中,能够较快适应社区发展需求,运用自己的所学知识帮助社区

---

[1] 实践资料来源于 2011 年笔者参与的上海市 M 区 GM 街道关于楼组自治项目的调查。

居民解决相关问题。而当社区面临着一些共同的问题时,或者某些群体遭遇共同问题时,这批青年领袖也能理性地作出判断和处理,通过合情合理合法的方式与相关部门交流,为社区居民争取相关权益,维护正当利益。从而为社区居民与政府之间搭建了良好的沟通桥梁,实现社区自治的有效路径。

如 GL 小区的最大特色是"公共客厅",以楼组为单位建立的公共客厅加强了居民之间的互动。在每个楼组中都设立了公共客厅,公共客厅里的硬件都是由本楼组的居民捐赠的,可能是记名的,也可能是无记名的。其中有个楼组主要推动者是一位 50 多岁的楼组长和一位 20 多岁的楼组长助理,当楼组居民在公共客厅中交流,出现一些诉求时,会反映到楼组长和助理处,通过楼组长和助理统一,并和相关部门协调,从而不仅促进了居民与政府部门之间的有效衔接,也推动了居民通过有序的方式参与社区事务的管理。①

三、社区青年民间领袖培育与发展的基础

社区青年民间领袖群体的成长需要一定的制度基础和社会基础,同时也需要相应的文化基础。社区中已经开始萌发这样的一批年轻人,他们热衷于社区公共事务的管理,同时本身又具有一定的能力和文化气质,在引领社区自治和管理方面起着重要作用。但这批年轻的社区领袖人物的成长需要一定的养料,也需要合适的成长空间。其成长和培育需要合理和足够的成长空间,具体来说包括三个方面:制度上赋予合适的成长空间、社区居民的普遍认可②、文化认同和价值取向的一致。

(一)制度基础:制度上赋予合适的成长空间

彼此平等的居民之间需要一种"同意权力"。它不具有强制性,但有约束力,约束力不是来自外部压力,而是来自自愿参与和自主选择所形成的内在动力,"同意权力"主要是从决策参与中产生的,因为只有主动的同意才是真正的同意。③这是费孝通老先生当年为上海社区建设所提出的建议,他指出政府要让居民主动参与到社区管理和相关事务的决策中,让居民发挥主动性,实现草根民主。费老的这个"同意权力"其实运用于社区青年民间领袖身上也是非常合适的,社区中的青年民间领袖具有几个非常显著的特点:年轻、有主见、有能力,并

---

① 实践资料来源于 2011 年笔者参与的上海市 M 区 GM 街道关于楼组自治项目的调查。
② 张丹丹:《变迁与抗拒:城市社区自治的空间及路径》,上海社会科学院出版社 2015 年版,第 129 页。
③ 费孝通:《对上海社区建设的一点思考——在"组织与体制:上海社区发展理论研讨会"上的讲话》,《社会学研究》2002 年第 4 期。

且参与社区事务的方式更富于创新与活力。他们不愿意受制于计划经济形式下的权力形式,不愿意被动接受规则,而更愿意采取主动参与决定,进而遵守决定的习惯与规则。他们不同于以往的"社区阿姨"或者"柏万青阿姨"的形象,这些青年领袖用自己独特的方式引领着社区居民。因此,党组织应该用特别的方式培育这个群体,赋予这个群体合理的、独特的和足够的成长空间,积极培育优秀的社区青年民间领袖,这种培育可以采取组织内和组织外相结合的方式,而并非都将优秀的民间领袖赋予政治性头衔,或因为远离政治而限制甚至害怕其功能的发挥。

对于政府而言,即要定位好自己的角色,就如费老所言,要避免行政机构把自理自治性的社区作为自己的一条"腿"来使用,政府和社会的关系要通过立法来明确。政府和社会的关系明确了,然后再去明确社会中各分子的关系,如此,社会中个人和个人的关系、个人和社区机构的关系、社区机构和社区机构的关系也就可以理清楚了。社区中这些关系顺理成章了,不同身份和角色的居民在其中应该发挥什么作用,应该放在什么位置干什么事,自然也就明了了。

(二) 社会基础:社区居民的普遍认可

不管是青年民间领袖还是其他年龄层次的民间领袖,其存在和成长需要得到居民的普遍认可是非常重要的根基,这也是一个最基本的条件,失去了群众基础的民间领袖就非真正意义上的领袖了。而这种认可,随着居民生活方式的改变和对社区服务的需求和服务质量的改变和提高,民间领袖的能力水平和要求也不断变化和提高,传统的社区老娘舅型的民间领袖已经不能满足社区的需求,这也是对民间领袖自身能力、素质方面的综合要求。随着科技的发展,社区中的一批年轻人也开始通过网络等各种方式参与到自己的社区事务中,而他们的一些处事方式和处理能力也逐渐得到居民的认可。

比如,在调研过程中发现,小区居民对一些领袖人物的认可,可以极大地促进管理社区公共事务的有效性。特别是在一些以白领为主的年轻社区中,传统的"社区阿姨"形象已经远远不能满足社区居民的需求了。"某一天早上起来,突然发现公共客厅里多了一幅画,或者多了一盆花,也不知道是谁捐的?"[1]在这里,我们可将它归纳为对楼组的归属感,公共客厅是作为家的延伸,而在这个楼组公共客厅的建设中,一位50多岁的楼组长和一位20多岁的楼组长助理起到了关键性的作用,她们的所作所为得到了居民的普遍认可,特别是在处理一些楼组居民的纠纷问题方面。

---

[1] 实践资料来源于2011年笔者参与的上海市M区GM街道关于楼组自治项目的调查。

(三) 文化基础:文化认同和价值取向的一致

关于文化认同的概念,实际上费老在 2002 年针对与上海社区建设时就已经提出了,他所说的文化认同主要是指社区居民在价值观、思想方法和生活方式上找到同一感觉,共同管理起来。① 费老提出的文化认同,主要强调了文化应该深入居民的生活,从居民的需求出发,从而让居民接受管和愿意管。从这个层面而言,社区民间领袖的能力气质就显得尤为重要,对于社区居民而言,他们凭什么要接受这批年轻人的引领,甚至接受他们的管理,关键就是青年领袖在实现社区管理、带领社区居民实现社区自治过程中,确实是以社区居民的真正需求为根基,立足于社区居民的现实生活,并且其独特的工作方法与手段能够让居民认可,在这种认可基础上实现真正的文化共同体的目标。

由此我们也发现,其实社区民间领袖的自身能力气质与社区文化的性质,需要有较高同质性,即需要高度的文化认同,这需要价值取向上的一致,这种价值取向也就是哈贝马斯所说的公共领域的形成,以及社区居民有一种自觉的凝聚力,形成一个守望相助的共同体,即居民心里面"家"的概念。② 比如白领社区比老年人为主的社区更认同青年民间领袖的气质与能力,也更愿意接受青年民间领袖的管理方式和手段。但并不意味着在老年人为主的社区中不需要或者不存在青年民间领袖,实际上青年民间领袖在老年人为主的社区中所起的作用也不可忽视。在某些社区中,老年人会比较认可一些社区组织中的年轻人为老年人所组织的活动或者开设的义诊和志愿服务,在这些自治组织的活动中,可以构建年轻人和老年人之间的信任关系。如在 GL 社区中,有一位年轻的医生,他和一些老年人结对,为他们提供义诊或者咨询活动,通过专业的服务,与老年人建立了一种信任关系,由他所组织的一些社区活动也收到了老年人的积极响应,可以说这位医生居民的能力和气质得到了其他居民的普遍认可。

四、社区青年民间领袖未来发展空间的思考

目前基层社区自治的特征主要呈现了偏态自治与无序自治的特征③,一方面,这两种自治特征的出现缘于社区自治空间的有限,另一方面,这两种自治特征反过来又会进一步对自治空间造成影响。无序自治的出现有很多原因,其中

---

① 费孝通:《居民自治:中国城市社区建设的新目标》,《江海学刊》2003 年第 3 期。
② 沈关宝:《人格塑造、文化认同与社区参与》,《社会》1997 年第 12 期。
③ 张丹丹:《社区自治的特征:偏态自治和无序自治——社区自治空间有限性的原因》,《华东理工大学学报(社会科学版)》2015 年第 2 期。

社区民间领袖的因素是非常重要的部分,正如前文所述,社区青年民间领袖的能力和文化气质对于实现有效的社区管理和引领社区居民实现有序的社区自治,起着非常重要的作用。然而正由于偏态自治特征的存在,社区青年领袖的角色与功能的发挥会受到外在制度的制约,前文所说的官僚化倾向的影响是重要的因素,会制约着社区青年民间领袖的成长空间。

由此,社区青年民间领袖的培育需要具备一定的制度基础,制度上赋予其成长空间,可以通过组织内和组织外的方式,灵活地培养年轻的社区参与的积极分子,在实现政府与社区青年民间领袖的互动中,逐渐确立彼此之间的信任关系,赋予其实践的空间。同时社区青年民间领袖自身能力素质的培养也是重要因素,适合各不同社区的文化气质有利于得到社区居民的普遍认可。通过自治组织和自治载体的创建与创新,实现自治模式和自治路径的创新。通过这种创新,由社区青年民间领袖引领社区居民实现有序的、无障碍的沟通,从而真正达到费孝通所说的守望相助的社会共同体。

政府权力清单制定中的权力事项分类问题研究
——以上海市权力清单为例

刘 妤（上海电机学院马克思主义学院讲师）

权力清单是我国政府大力推行的一项行政制度，以"权力清单"为关键词，搜索到国务院从 2014 年 3 月至今共发布过 23 个相关的规范性文件。权力事项分类是权力清单制定中的重要内容，并对权力清单制度的目的实现有重要意义。

一、从推行权力清单的目的看权力事项分类的意义

（一）公开权力运行流程，达到监督、制约行政权力的目的

2013 年 12 月 11 日，党的十八届三中全会通过了《中共中央关于全面深化改革若干重大问题的决定》，在第十部分"强化权力运行制约和监督体系"中提出："推行地方各级政府及其工作部门权力清单制度，依法公开权力运行流程。完善党务、政务和各领域办事公开制度，推进决策公开、管理公开、服务公开、结果公开。"强调通过推行权力清单来强化权力运行制约和监督体系。

2014 年 11 月 12 日，党的十八届四中全会通过了《中共中央关于全面推进依法治国若干重大问题的决定》，提出："各级政府及其工作部门依据权力清单，向社会全面公开政府职能、法律依据、实施主体、职责权限、管理流程、监督方式等事项。"同样是强调公开权力运行过程以实现对权力的监督。

（二）明晰权力界限，不得法外设权，消除权力涉租寻租空间

《中共中央关于全面推进依法治国若干重大问题的决定》提出："行政机关不得法外设定权力，没有法律法规依据不得作出减损公民、法人和其他组织合法权益或者增加其义务的决定。推行政府权力清单制度，坚决消除权力设租寻租空间。"这一表述强调通过清单为行政权力划定清晰的范围，达到"法无明文规定不可为"的目的。

由此看来推行权力清单制度的顶层设计的主要目的有二：其一为细化、梳理法律规定，以权力清单明确法定权力的界限，"清单之外无权力"，以达到行政机关更好、更准确地执行法律的目的；其二，制定权力清单就是要向社会全面公开

行政权力的运行流程,监督权力运行的过程。

(三) 权力事项分类是权力清单制定中的重要环节

2015年3月24日,中办、国办印发《关于推行地方各级政府工作部门权力清单制度的指导意见》,确立了权力清单制定的重要任务,即梳理、调整、审核、优化、公布、管理、问责,其中梳理是清单制定的基础。文件中还要求:"地方各级政府工作部门要对行使的直接面对公民、法人和其他组织的行政职权,分门别类进行全面彻底梳理,逐项列明设定依据,汇总形成部门行政职权目录。"可见,按照一定标准对现存行政权力进行梳理,公开行政权力运行流程,是推行权力清单制度的重要目标。

权力清单一般包括哪些内容呢?以上海市行政权力事项基本情况梳理登记表(行政处罚)为例,表格包含:处罚事项、实施主体、办理时限、处罚依据、处罚基准、处罚程序、处罚内容、处罚种类、违法行为、法律规定、处罚对象、处罚领域等。填表之前首先要确定权力事项的类别,上海市编办统一制作了17种不同权力事项的登记表,特定的权力事项填写对应的表格。可见,从权力清单梳理的程序来看,对权力事项进行分类是权力清单制定中的基础步骤。

从权力清单里的内容来看,权力的实施主体、职权依据、实施程序等都有相关的法律、法规规定,但权力事项的分类却存在不确定因素,一项具体的行政权力到底被认定为行政许可还是行政确认是有存疑空间的。

二、从制定权力清单的实践看权力事项分类的意义

(一) 权力事项分类对公民权利的影响

国务院新闻办公室于2015年6月发布《2014年中国人权事业的进展》报告,在"民主权利"部分提到权力清单制度积极推进,指出在2014年,国务院通过一系列取消和下放行政审批项目的决定,取消和下放246项行政审批事项;国务院公开了各部门行政审批事项汇总清单,坚决消除权力设租寻租空间,完善权力运行程序。强调积极落实《政府信息公开条例》,全面实行政务公开,推广电子政务和网上办事,保障公民及时、准确地获取信息,接受公众监督。

权力清单中列举的行政权力是对公民、法人或者其他组织权利义务产生直接影响的行为,权力事项当然能影响公民权利。例如,行政合同和民事合同的界分,行政机关既可以和相对人签订民事合同,也可以签订行政合同,但行政合同和民事合同的缔结程序、合同的变更、救济途径等方式都存在着重大区别。这就意味着行政合同的认定条件非常重要,上海市×区编办在制定权力清单时就二

者进行过具体界定,认为政府以民事主体开展政府采购,签订购买的合同,是民事合同,如信息系统购买、政府课题购买等;以行政主体开展政府采购,签订购买的合同,是行政合同。

(二)权力事项分类对行政事项性质的影响

权力事项类别中存在容易混淆的行为类别,给权力清单制定带来了一定的困惑,如果不把分类进行明晰的界定,会混淆行政事项的性质。例如,行政备案和行政许可的界分、行政征收与行政征购的界分等。不同性质的行政事项对行政主体的要求、行政行为的程序和条件等存在很大差异。

上海市×区编办在《行政权力清理有关问题把握》一文中,对行政备案进行了明确的界定:"行政备案,接受材料不得出具意见,只能出具收件回执。如出具意见,即需请行政机关同意,纳入行政审批规范管理。"并指出:"行政备案从备案的材料是否齐全、是否符合法定形式角度,可要求再修改、完善或补齐材料,但不得出具意见。"实践中,存在为了规避《行政许可法》规定的条件和程序,以"行政备案"之名,行"行政许可"之实。

三、权力事项分类的实践

(一)上下不一致:各级政府对权力事项分类的标准不统一

在权力清单的制定过程中,权力事项的分类并不统一,笔者选取了几个样本作以下比较,选取样本的标准如下:中办和国办的指导意见,属于中央层面的指导意见;北京市西城区是较早启动行政权力清单制定工作的,也是北京市首个建立区政府行政权力库的区县;上海市杨浦区的权力清单是上海市首张公布的区政府权力清单;浙江省是首个完整"晒出"省级部门权力清单的;河北省作为京津冀发展区域的成员,可以和长三角的浙江省进行对比(见表1)。

表1 各级政府对权力事项的分类标准

发布机关	权力事项类别
中共中央办公厅、国务院办公厅	行政许可、行政处罚、行政强制、行政征收、行政给付、行政检查、行政确认、行政奖励、行政裁决和其他类别
北京市西城区政府	行政许可、行政处罚、行政强制、行政征收、行政裁决、行政确认、行政给付、审批备案、登记等依法实施的具体行政行为
浙江省	行政许可、行政处罚、行政强制、行政征收、行政给付、行政裁决、行政确认、行政奖励、其他行政权力

续表

发布机关	权力事项类别
上海市	**行政处罚**、**行政强制**、**行政确认**、行政检查、行政备案、**行政给付**、**行政征收**、行政征用、行政奖励、行政合同、行政指导、**行政裁决**、行政调解、行政规划、行政决策、行政复议、其他权力
河北省	行政许可、**行政处罚**、**行政强制**、**行政征收**、**行政给付**、**行政裁决**、**行政确认**、行政奖励、行政监督、其他类

表1中加粗的文字表示是权力事项类别中的统一项,分别是行政处罚、行政强制、行政征收、行政给付、行政裁决、行政确认6项。其中上海市统一规定,行政审批不纳入本次清理范围。由于在学理上和实践中,行政许可和行政审批的概念和内涵都趋于统一,上海市的权力事项类别事实上也包括行政许可一项,这样各样本共7项类别一致。划分权力事项最多的是上海市,把权力事项划分为18个类别,划分权力事项最少的是浙江省,共划分为9个类别。这样各地的行政权力清单必将呈现出"百花齐放"的状态。

(二) 左右不统一:学界、实务界、司法界对权力事项分类的认识不一致

1. 学界对行政行为类型的认识

权力事项的类别在大致上对应于理论界的"行政行为"的种类。"行政行为的法律分类就是基于行政行为的复杂性对行政法治实践有所制约这一事实,对行政行为的类型进行确定、理出行政行为在行政法治实践中的头绪、简化行政行为在行政法治实践中的格局。"①

章剑生教授以"若干类型化的行政决定"为标题列出下列行政行为:行政处罚、行政许可、行政强制,并采用"非行政许可决定的行为"概念概称行政决定之外的全部行政行为。②

沈福俊和邹荣主编的《行政法与行政诉讼法》把行政行为的类型具体化为:行政许可、行政处罚、行政强制、行政检查、行政征收与征用、行政确认与行政裁决、行政给付与行政奖励、行政合同与行政指导、行政赔偿与行政补偿、行政程序与政法信息公开、行政复议。③这是对行政行为的类型划分比较详细的一本教材。

陈新民的《行政法学原理》列出了几类典型的行政行为:行政合同、行政强

---

① 关保英:《行政行为的法律分类构想》,《东方法学》2009年第4期。
② 章剑生:《现代行政法总论》,法律出版社2014年版,第195页。
③ 沈福俊、邹荣编:《行政法与行政诉讼法》,上海人民出版社2013年版,目录第2—3页。

制、行政处罚、行政事实行为、行政指导、行政计划。①

由上可见,关于行政行为的类型学界并没有形成统一的意见,并且有从"精细化"向"粗放型"发展的趋势。

2. 实践中权力事项分类的困境

由于目前已有规制的单一行政行为法律有《行政处罚法》《行政许可法》《行政强制法》,这些类别的行政权力事项容易达成共识,在制定权力清单过程中各地一般在认定行政处罚行为、行政强制行为、行政许可行为时不会出现偏差,但对于其他行政行为类别,法律规范并不能统一权力清单制定中的事项分类问题。

笔者参加了华东政法大学法治中国研究所承接的×区权力责任清单梳理工作的项目,负责此次清单制定的区编办下发了《行政权力清理有关问题把握》,把权力事项的分类作为一个重要问题作了专门指导,其中对"关于权力区分"作了具体界定,对行政检查、行政备案、行政征收、行政征用、行政合同、行政指导、行政裁决、行政复议、行政调解、行政决策等作了具体界定,并对一些容易混淆的非行政权力进行了界定。但实践过程中,存在划分界限不清晰,划分时有重复的问题,怎么把权力事项"塞进"事先分好的事项类别成了项目组需解决的首要难题。具体操作的行政机关也经常难以区分行政管理和公共服务职能,甚至扣上公共服务的"帽子",逃避进入权力清单,成了减少权力事项的捷径。例如,某地建交委制定权力清单过程中就把"停车库备案"放进了公共服务平台,不再列入权力清单,事实上建交委还是要实地考察是否符合开设停车场条件,符合条件才批准,说是公共服务职能有些牵强。

除了自身没有清晰的界定标准,在准确把握行政行为事项间的区别方面,实践中的行政行为类别和学理上的行政行为的类型也不尽一致。例如,对行政合同的界定,学理上和政府部门的认定就有差异。学理上一般认为,行政合同是指行政机关与相对人双方的意思一致,所缔结发生行政法上法律关系的合同并以是否发生行政上法律效果来区分行政合同或民事合同。②上海市×区制定权力清单时确定政府采购合同是民事合同,对于征收补偿协议,却有条件限制,认为只有非政府做不可的,才认定为行政合同。实践中还有"行政决策"类别也被滥用,"其他权力事项"成了所有含混不清的事项的"兜底条款"等问题。

---

① 陈新民:《行政法学原理》,中国政法大学出版社2002年版,目录第5—6页。
② 陈新民:《行政法学原理》,中国政法大学出版社2002年版,第175页。

3. 司法实践中的权力行为类型问题

《最高人民法院关于规范行政案件案由的通知》把行政行为种类划分为：行政处罚、行政强制、行政裁决、行政确认、行政登记、行政许可、行政批准、行政命令、行政复议、行政撤销、行政检查、行政合同、行政奖励、行政补偿、行政执行、行政受理、行政给付、行政征用、行政征购、行政征收、行政规划、行政划拨、行政救助、行政协助、行政允诺、行政监督、其他行政行为，共27个类别。

这些类别在司法实践中本身就难以区分，例如行政允诺、行政奖励、行政指导之间怎么区分，并没有清晰的界限。"袁绍林与海安经济技术开发区管理委员会行政允诺上诉案"、"代小娟与重庆市綦江区民政局民政行政允诺上诉案"、"张炽脉、裴爱玲诉绍兴市人民政府不履行招商引资奖励法定职责案"，以上三个案例，两个是允诺引资奖励的，一个是行政机关和相对人签订协议给予补偿的，在司法实践中都被认定为"行政允诺"。"许逢青等诉海安县人民政府奖励行政允诺案"中，把奖励和允诺都写进同一个标题，使得司法实践本身对行政行为的分类就不甚明晰，和学界、实务部门对此的认定都有很大差异。

四、统一权力清单事项分类的设想

（一）法律对权力事项类别已有界定的，遵照法律规定制定权力清单

《行政许可法》《行政强制法》《行政处罚法》对权力事项的界定应该得到遵从。例如，2003年颁布的《行政许可法》对行政行为有了明确的界定，时任全国人大常委会法律委员会副主任的乔晓阳在其主编的《许可法释义》一书中，认为行政许可行为具有以下特点：依申请、经依法审查、授益性、要式行政行为。把握这个标准就能区分行政许可和行政备案。在上海市×区梳理权力清单时就行政备案如何把握作了说明，认为行政备案，接收材料不得出具意见，只能出具收件回执，如出具意见，即需经行政机关同意，要纳入行政审批规范管理。实践中，有些行政权力由行政审批调整为管理服务甚至称之为"备案"，如"停车场（库）的备案"，仍然需要出具意见，这就符合了行政许可的"经依法审查"的特点，而不是行政法意义上的备案。

（二）由上级政府统一分类标准，下级政府的权力清单事项参照统一分类标准进行归类

要想使权力事项的分类统一起来，不能让各地方政府各行其是，而是应该由上级政府制定统一的分类标准，地方政府的权力事项在统一分类的范围内，不能超出这一范围，这统一的范围内可以根据当地的具体情形制定。当然，地方制定

权力事项时应该秉承"不越界、可缩限"的原则,即部分统一权力事项如果在当地没有执行的条件,则可以不定,不公布。例如,上海市×区安全生产监督管理局在梳理权力清单时发现,相关法律规定安监局对煤炭生产相关的安全规范有监督、检查职权,但是×区不存在相应的监管对象,笔者以为就没有必要再列出这一权力事项。但是如果统一标准中没有列出的权力事项,下级政府却不能突破统一标准的范围。

如果按照这一思路,实践中权力清单的梳理和公布应该由上而下展开,由上级先制定统一的分类标准,或者上级先梳理、公布本级政府、部门的权力事项,下级政府、部门参照上级的事项类别进行梳理、分类。中共中央办公厅、国务院办公厅印发了《关于推行地方各级政府工作部门权力清单制度的指导意见》,规定了地方政府公布权力清单的时间表,要求省级政府2015年年底前、市县两级政府2016年年底前要基本完成政府工作部门、依法承担行政职能的事业单位权力清单的公布工作,也是要下级政府参照上级的样本来做。

实践中的做法却偏离了这一思路。拿前文提到过的样本来说,北京市、上海市市级权力清单至今没有公布,而部分区(县)已经公布了其政府工作部门的全部权力清单;河北省、浙江省政府率先公布了权力清单,所属市、区(县)随后才公布了权力清单。以上海市为例,杨浦区已经公布了工作部门的所有权力清单,但由于市级的权力清单并没有公布,×区在梳理权力清单时并没有范本,虽然也参考了杨浦区权力清单情况,但没有把它作为范本,二者对权力事项的理解有很大偏差。这样会造成市级、各区(县)自成体系,就会影响法律体系的一致性。

(三)制定权力清单过程中,行政机关应该广泛听取理论界意见

从事学术研究的学者和从事实务工作的政策决策者之间可能存在着知识应用的鸿沟。根据卡普蓝的"二元社群理论",学者们处于在学术机构中进行研究的环境,习惯使用定义清晰的学术名词,以理论科学模型看待问题,透过科学分析寻求答案,重视知识的积累;反之,实务界要在真实的社会中面对民众的环境,必须使用一般社会大众能接受的草根语言,以政治因素看待问题,通过协商取得共识,以寻求利害关系人配合政策执行,重视问题的解决,通常被学者所排除的"政治问题",却成为决策者最重要的考量因素。一个是以解决问题为主要目的,一个是以逻辑清晰为主要方向,难免在认识上有所差异。[①]但是理论比实践看得远,理论比实践更理性,把理论和实践结合起来才能取得长远、

---

① 汪正洋:《图解公共政策》,五南图书出版股份有限公司2012年版,第10页。

稳定的发展。

权力清单制定过程中,各清单制定主体也要多从理论角度全面考量。中办、国办发布的《关于推行地方各级政府工作部门权力清单制度的指导意见》提出:"在审查过程中,要广泛听取基层、专家学者和社会公众的意见。"现在多地在制定政府权力清单时采用召开专家论证会、咨询会,甚至用政府购买服务的形式组建专业咨询、审核团队,都是很好的方式。行政行为类型的界定在学界、实务界、司法界都有重要作用,诚如《2014年中国法治实施报告》中所言:"权力清单的目的在于明确权力边界,并非要取消权力。"在权力清单制定过程中准确把握权力事项的类别,把握职责和服务的界限,才是制定权力制度的最重要内容。

参考文献

1. 包万超:《行政法与社会科学》,商务印书馆2011年版。
2. 刘松山:《运行中的宪法》,中国民主法制出版社2008年版。
3. [美]特里·L.库珀:《行政伦理学:实现行政责任的途径》,中国人民大学出版社2001年版。

明清鼎革之际上海嘉定侯氏闺秀及其文学活动

段继红（上海电机学院文理学院教授）

上海自古属于吴越文化圈，物产丰富，文教昌盛，"土腴物阜，田畴绮错"，"民物殷阗，风俗茂美，人文蔚起"。自晋唐以来，人才辈出，"弦歌诗诵之声，郁郁洇洇，溢乎遐迩"。明清两代更是文化重镇，朝廷重臣、文坛宿儒多出其里，亦盛产博通经史、能诗善文、兼擅书画、琴棋博弈的才女。如闵行李媞，"有异禀，读书过目成诵，诗才高逸似郊、岛"，有《犹得住楼诗稿》[1]；吴胐善画山水、花鸟；李怀亦能诗善画，亦能创作戏曲；曹鉴冰"能书善绘，造请者咸称韦坚先生"[2]；侯承恩"兼工小令，善弈通琴理"[3]；廖云锦自幼从父廖古檀吟诗作画，"数岁即喜画花卉翎毛"[4]。女性文学繁花似锦、彬彬大盛，如华亭董如兰的《秋园集》、青浦倪小的《斯堂吟》、奉贤徐庄綦的《剪水山房集》、松江张介的《环翠阁诗词》、南汇冯兰因的《蛟珠词》、嘉定侯承恩的《松绮小草》等。

上海之所以出现如此众多的才女，与地域文化、家庭教育和社会风气密不可分。才女文化在江南地区被社会主流广泛接受，受文人结社风气的影响，她们亦结社为团，如徐庄熹、廖云锦、张玉珍、张介、金翠峰、张屯，常于户外趁兴雅集，分题拈韵。张玉珍在《齐天乐·消寒分咏得煮雪》一词中描述了她们雪天相聚时的情景：

一天寒意云边重，菲菲六花飘到。细压梅梢，匀铺草脚，片霎装成瑶岛。随风飞绕。正唤起陶家，幽情多少。待浣冰心，几回频带落英扫。　　红炉围坐小院，看铜铛满贮，珠露般皎。点入龙团，剪过蟹眼，沸处松声并闹。倾瓯味好。胜仙液琼浆，渴消应早。莫管豪门，暗中偷欢笑。

---

[1] 《上海续志》，见《清代闺阁诗人征略》卷十，王英志主编：《清代闺秀诗话丛刊》卷三，凤凰出版社2010年版，第2177页。
[2] 《闺秀词钞》卷三。
[3] 《闺秀词钞》卷八。
[4] 《闺秀词钞》卷十。

她们甚至可以参与文人雅会,与文人士子酬唱往来,借此获得奖掖和鼓励。如朝廷重臣、著名学者,青浦人王昶于三月上巳日集结文人雅士游历辰山、舍山,置酒檀园,并以《兰亭序》字限韵,分体赋诗,张玉珍、廖云锦等女诗人亦在列中。这次"祓禊之会"上,廖云锦现场所绘墨兰获得王昶赞叹,并为之赋题画诗一首:"檀心碧叶香风远,恁丹青全浣。水墨一痕寒,描取湘花,补入离骚传。彝斋遗派无人管,剩冰弦弹怨。只付与幽闺,淡影微匀,略似春螺浅。"后云锦诗集刊刻之时,王昶为之作序,称其"不欲以才艺名,而其诗浏然以清,粹然以洁,多见道自得语,时人获其片词为秘宝"[①]。

男性文人的提倡及奖掖,也是上海地区女性文学繁荣的重要推手。明清时期江南地区拜师学文为一时风尚,女子纷起效仿,如廖云锦、张玉珍和徐庄焘,纷列袁枚门墙,而袁枚对其鼓励不遗余力,除诗词雅集之外,还于嘉庆丙辰(1796)年夏五月,亲携《随园女弟子诗选》前往苏州付梓,使麾下女弟子作品得以传世。

家族浓郁的文化氛围对才女的成长极为有利。上海望族亦有江南特有的文化传统,重视教育,家学渊源,而且有着更加开明的女性观,闺秀写诗习文往往在家族中受到关注和鼓励,如奉贤才女徐庄熹《剪水山房集》自序云:"方七龄时戏题画二十字,先君子见颇许可,嗣后凡遇可赋之题,辄命作诗"[②];侯承恩在其《松绮小草》自序中亦云:"庚午小春,家君周甲,诸同社以诗介寿,家君亦有自寿之作,余随和一律,方书毕,家君见之喜,谓母氏曰:此儿几时读书,乃能作诗写字?"[③]文化家族因此才女辈出,如华亭章氏家族的章有淑、章有湘、章有渭、章有闲、章有澄、章有弘,六女皆能诗词、多有唱和,集有《章氏六才女诗集》;华亭曹氏三代皆有才女,曹焜室吴胐,其媳李玉燕,孙女曹鉴冰,三人均能诗善画,有合编《三秀集》。

由此可见,社会风尚的浸染及家族的提倡,成为上海地区才女成长的最佳土壤。以嘉定侯氏为例。侯氏家族源远流长,原籍山西上谷,宋室南渡后,辗转江南,明初始兴,后家声渐隆。侯氏家风严谨、耿直忠孝、刚正不阿,在嘉定堪称望族。明清鼎革之际,社会板荡,一直宁静安逸生活的侯氏家族也被卷入国破家亡的惨剧之中。

清兵占领南京后,被誉为"侯氏六俊"和"江左六龙"的侯氏子弟玄演、玄洁、玄瀞、玄洵、玄汸、玄泓退归嘉定避难。顺治二年,清兵下苏州,攻嘉定,嘉定爆发十余万人参加的反剃发抗清起义,侯峒曾、侯玄演、侯玄洁父子被推为首领,慷慨捐资,与众同甘苦,虽经奋力抵抗,终寡不敌众,城破,为清兵俘杀。其女辅义、孙

---

① 凌耕:《王昶传》,学林出版社2002年版,第208页。
② 〔清〕徐庄蠢:《剪水山房诗钞初编》,清乾隆乙巳年(1785)刻本。
③ 〔清〕侯承恩:《松药小草》,康熙六十一年(1722)刻本。

女异来等为免遭侮辱,自尽而死,仆人杨恕、龚元等人也慷慨赴死。侯氏家族在国难之际挺身而出,慷慨就义,可谓一门忠烈,浩气长存。而嘉定民众在其带领之下,亦誓死抵抗,虽遭到清兵残酷镇压,三次屠城,死亡者达二万余人,但嘉定城内民众无一降者,在山温水软、儒雅平和的江南,谱写了一曲慷慨悲凉的壮歌。嘉定三屠后,侯姓家族多改姓杨或徐,以避劫难。他们誓不仕清,或务农力耕,或设教卖画,或治撰史志,相约以布衣终老。

侯氏为科举望族,故多博学多才,著作甚丰,如侯峒曾的《都下纪闻》《江西学政全书》《侯纳言集》;侯岐曾的《雍瞻诗文书稿》《嚠城救时急务》及《日记》;侯玄泫的《枕中集》《西园诗草》《客沪集》《槐荣堂次社》《明月诗简》《潜确先生集》《学古十函》《月蝉笔露》《昔病记》《学易折衷》等。

文化望族的标志不仅是族中男性博学多才,女性亦多才女,如侯岐曾的女儿侯蓁宜,著有《宜春集》,侯旭的女儿侯成恩,都是嘉定名噪一时的闺阁诗人。如同江南其他士绅,侯氏联姻亦选择门当户对的夏、顾、侯这样的名门望族,家族中女性往往知书达理、能诗善文,这样的姻亲关系不但能密切各大家族中志同道合的成员关系,且能通过才女的母教作用促进门祚兴旺。嫁入侯氏的几位才女,相处融洽,均工于诗,女红家务之外,时以诗词赠答,并各有诗集存世。

夏淑吉,明末反清义士夏允彝之女,夏完淳同父异母姊,侯玄洵之妻,善琴工弈,励志操,善词赋。侯玄洵自幼体弱,婚后一年许病故,夏淑吉年仅 21 岁。此时正逢战乱,家门罹难,其父夏允彝沉水自尽,弟夏完淳被杀,公公侯岐曾因藏匿抗清领袖陈子龙被捕自尽,侯岐曾母刘氏自杀,侯峒曾及其二子自沉未死被戮,侯峒曾二孙女亦自尽……侯氏一族被死亡的阴影笼罩,连夏淑吉被誉为神童的独子侯檠在 17 岁时也病亡。面对国破家亡的血海深仇,不堪重负的夏淑吉选择遁入空门,法号神一,企图在青灯古卷中,淡忘人生的残酷,正如她自己所言:"吾数年来,三百六十骨节,交付太虚,更无系恋矣。"据《甲申国变遁迹空门僧史略》载,淑吉"筑岁寒亭于曹溪、龙江间,夙具慧根,戒行不玷,禅诵勤苦,清修以终"。著有《龙隐斋诗集》《龙隐遗集》《杜关语录》《升略问答》。

章氏六才女之一章有渭归嫁侯玄涵,在嘉定之乱中,夫妇二人恰好不在城中,但玄涵伯父侯峒曾及其二子均遇难,其三子侯玄瀞亦被清廷搜捕,玄涵携瀞以逃,清兵追至,玄涵书堂兄之名衣上,欲投水代死,以保存伯父一支仅存的血脉,幸为义士所救,与玄瀞一起剃度,避难于扬州天宁寺。章有渭在颠沛流离的生活中写下了大量寄托怀抱的诗歌,"才大力胆,是一作手,其诗高旷神远"[①],集

---

① 雷瑨:《闺秀诗话》卷八,扫叶山房本 1925 年版。

为《淑清遗草》《淇园集》,最终在惊悸中病故。

嫁入侯氏的另一才女宁若生,字瑾如,明大理寺评事绳武孙女,玄汸之妻,侯家败亡后,与夏淑吉一同削发为尼。在侯氏家族的诸媳之中,若论讨论经史,瑾如当推第一,著有《春晖室诗草》。

但在明朝尚未颠覆之前,侯氏望族一门风雅,过着衣食无忧、诗书唱酬的诗意生活,族中女性亦流连于私家园林的小桥流水和亭台楼阁之间,欣赏秀媚宜人的自然景色,在章有渭的《行园》中可略见一斑:

烂漫花如绣,闲行碧沼边。浴凫还泛泛,无蝶自跹跹。
罗袂香风袭,纱窗翠篆连。徘徊看落日,彩雾绚青天。

家中文化氛围十分浓郁,妯娌与小姑们常聚集一堂,日课诗文,讨论经史,分题拈韵,赋诗填词,挥毫泼墨。假如不曾遭如此巨大的人生变故,侯氏家族中志同道合的才女们在优渥的生活状态中会一直吟唱着明媚清丽的诗篇。然而国破家亡的双重痛苦,使得她们成了啼血杜鹃,"有恨无可申,有语向谁陈"的巨大悲哀,使得诗成了她们"长嗟薄命身"的泄洪口,而悼亡,则成了她们诗文的主题。章有渭去世之后,宁若生在她的房间里徘徊,睹物思人,联想近年家中变故,不禁悲从中来,写下了《同荆影集玉璜闺中次韵感怀》:

十年往事不堪论,凭仗清樽减泪痕。
独有云和楼上月,天涯还照几人存?

夏淑吉在思念家中故去诸亲时亦垂泪挥笔:

萧萧鉴玄夜,幽室生微凉。
睠言念君子,沉痛迫中肠。
音徽日以杳,翰墨犹芬芳。
——《悼亡》

侯氏宗族的男性纷纷罹难之后,柔弱的女性承担起了奉养高堂、抚养弱孤的重任。夏淑吉在父亲夏允彝殉国和丈夫侯玄洵病故后,携子迁居曹溪,之后侯氏家族女性陆续迁来。侯玄简亡命途中去世,其聘妻盛蕴贞立志守节,前来投奔。盛氏亦多才,著有《寄笠零稿》;夏完淳被戮后,其妻钱秦篆亦前来。曹溪成为侯

氏女性在严冷人生中相互慰藉,唯一温暖的归宿之地。夏淑吉在《先考功忌日三首》中哭道:

> 轻生一诀答君恩,伯道无儿总莫论。
> 不忍回肠思昨岁,楞严朗诵亦招魂。
>
> 翻疑爱重谪人天,子女缘微各可怜。
> 拜慰九京无一语,花香解脱已经年。
>
> 望系安危一代尊,天涯多士昔迎门。
> 丘山零落无人过,夜月乌啼自断魂。

遁入空门的侯家女性,从姑嫂和妯娌转为佛门姐妹,她们相互搀扶着在青灯古卷、谈禅论佛中洗涤苦难,淡忘悲伤,渴望获得心灵的宁静:

> 人生聚散本浮沤,回首苍茫感昔游。
> 晓露未收花力重,午阴欲定鸟声幽。
> 闻香小坐忘尘世,步月清言扫旧愁。
> 梅影横斜应似画,残英满地有谁收。
> ——夏淑吉《忆王庵旧游寄再生》

但是,嘉定侯家那个幽雅宁静、花草葱郁、鸟声婉转、小桥流水、亭台楼阁的江南院落将注定成为她们心中永远挥之不去的牵挂和思念:

> 尺素频传慰草莱,槲庭非复旧池台。
> 彤云未许蛟龙奋,琪树宁辞鸾鹤来。
> 黄竹歌声遥仿佛,玉壶风色好徘徊。
> 落梅深处无人到,脉脉心期更几回。
> ——夏淑吉《即事感怀》

嘉定侯氏妇孺以她们柔弱的肩膀,坚强地面对家国之变的巨大打击,担负着家族复兴的大任,苦难中的她们,用笔记录下了她们在特殊时代的真实生存状态和人生感受,亦为上海留下了一笔宝贵的精神财富和文学遗产。

"小资情调"与上海文化传统

吕翠凤(上海电机学院马克思主义学院教授)

一、小资情调的诠释

上海是一个充满着现代和复古气息的城市,这里有奢华的购物商场、独特传统的海派文化和很多颇具情调的巷子弄堂。我们可以去感受一下大上海的小情调,准确地说是大上海的小资情调。还记得曾经看过《海上传奇》和《上海老爵士》,这两部纪录片将上海的人文情怀浓浓地渲染了一笔。

(一)小资和小资情调[①]

掀起小资们的"盖头"来,让我们看个清清楚楚明明白白真真切切。

小资由"小资产阶级"的简称演化而来,现在日常生活中常指向往西方思想生活,追求内心体验、物质和精神享受的年轻人。[②]可以说大部分小资是有文化有修养的人。

情调,是人们情感体验的一种方式,指人情感活动表现出来的基本倾向。它是作为情绪色彩和心理过程的一种特殊性质的色调而表现出来的情感。这样的情绪色彩叫情调。

小资情调应该是人们追求的一种生活品味。就现今社会而言,小资早已不再属于资产阶级的范畴,在历史的长河中它已演变成为一种生活态度、生活方式。小资实际上是一种生活情调与生活品味,并渗透着对生活和生命的一种感悟和理解,它是高于现实法则的一种浪漫情趣。人人都希望有这种浪漫的小资情趣,去享受生活、感受生活的美好。也只有对生活充满信心的人,才能对生活有着积极的态度,否则他如何去浪漫呢?

(二)衡量小资的硬件和软件标准[③]

所谓的小资,首先要有个硬件水准,并不是什么人都可以称为"小资"的。小

[①] 李天晔:《浅析大学生的"小资情调"》,《科技信息》2009 年 16 期。
[②] 杨桃莲:《微博空间中大学生自我认同的建构》,研究出版社 2017 年版,第 101 页。
[③] [美]保罗·福塞尔:《格调:社会等级与生活品味》,世界图书出版公司 2014 年版。

资的经济基础在中产阶级边缘,高于普通民众即一般工薪阶层是肯定的。但也没超过中产阶级的上限,在这个边缘的人最多。小资们未必都有车有房,也有住公寓,打出租的。大部分小资有比较稳定的职业和收入来源。这是小资的硬件水准。

其次,小资最重要的"软件"就是小资所特有的品味、情趣、格调,也就是被称为小资情调的东西。

小资们是喜欢穿休闲服的,在非工作状态和非正式场合,而且是品牌服装,但很少有人会穿 Adidas 和 NIKE 那样招摇的大众名牌,正像《格调:社会等级与生活品味》里所说的,小资们认为,只有贫民才喜欢那样标榜自己,小资们是有格调的,小资不是城市贫民,所以小资不选大众名牌,他们选择的是一流品牌的二线产品,这不仅是他们的服饰标准,也是他们选择一切生活用品的通用标准。既要跃升于大众之上,又俨然与暴富分子划清界限,限于经济基础,又无力追逐超一流品牌。这正是典型的小资情调之一。

小资不屑与流行为伍,在流行到来的前夜,他们是着力追捧者,在流行的巅峰到来之时,他们又成为流行的唾弃者。

再次,小资们也要为生计奔波,但绝不会把这些挂在嘴边,所以小资们大多是忧郁和含蓄的,他们本质上向往稳定的生活,但又经常把自己装扮成漂泊者和流浪者。

概括起来,所谓的小资情调其实就是一种固执与狂热、边缘与非主流、忧郁与含蓄,并以此来标榜他们的与众不同。

这就是小资,他/她可能是月光下一个忧郁的诗人,可能是酒吧里一个狂放的歌者,也可能是写字楼里一边品咖啡一边整理文件的职业女性。

二、上海文化传统与海派文化[①]

(一) 上海的文化传统

1. 上海文化与江南吴越文化。上海的文化被称为"海派文化"。海派文化是在中国江南传统文化(吴越文化)的基础上,融合开埠后传入的对上海影响深远的欧美文化而逐步形成的上海特有的文化现象。海派文化既有江南文化(吴越文化)的古典与雅致,又有国际大都市的现代与时尚。区别于中国其他文化,具有开放而又自成一体的独特风格(正如有人把上海称为"混血儿"一样)。(这

[①] 吕翠凤:《走进上海》,上海社会科学院出版社 2016 年版,第 59 页。

一定义不同于学者吴福辉给海派文化下的定义,他认为海派文化原是一种中国前工业文明条件下产生的都市文化,是一种现代市民社会的文化,这是海派文化的性质。)

2. 从传统上说,有两个"上海文化"的概念,一个是地域性的上海文化,另一个是纯粹文化意义上的上海文化。后者是借助上海这个地域发展而来的,但是它本身并不受地域的限制。

虽然上海文化是江南文化和西方文化的结晶,其根源为吴文化,吴人的特点就是上海人的特点。但是新一代的上海人,已不再是原来的吴人,他们形成了新的上海文化。

3. 以上海为龙头,杭州、宁波、南京、苏州为副中心的长三角城市群,已可列为世界第十一大经济体,其经济规模超过了韩国和印度。在绵延数千年的古代,偏于东海之滨的上海,一直处在江南的边缘;以苏州、南京及杭州为中心的江南社会,对发展较为滞后的上海,具有颇为重要的牵引、引导与提携的作用。可以说,深厚、多元的江南文化哺育了上海的成长,而在江南文化和西方文化共同滋润下形成和发展起来的上海城市,又对江南社会具有反哺作用。在近代百年中,上海都市文化对全国各地都有辐射影响,其中辐射作用最大的地区,就是江南。上海与江南地区的文化关联、交流与融合形成带有江南文化特色的上海文化。

(二) 海派文化与西方文化

上海文化与西方文化交融形成海派文化。

上海位于长江入海口,面临东海,在19世纪中叶被辟为通商口岸。借助这种得天独厚的地理位置和历史条件,上海逐渐发展成为远东最活跃的金融、商务中心。来此经商的人们来自世界各地,带来了世界各地的文化风俗与生活理念。这些使得上海成为中西方文明的汇集之地,一个多元文化的大熔炉(所谓的海派文化也是在这种背景下形成的),同时也吸引了来自世界四面八方的人们,城市人口不断膨胀着。市民们从小接触的五彩斑斓的多元文化,培养起一种宽容理解的眼光,这又使得多元文化在此能够兼容并蓄,共同繁荣,形成了一个良性循环。上海独特的地理位置、经济发展与历史变迁等因素造就了这座城市独特的城市精神,也造就了重契约、精明雅致、勤劳务实、坚强隐忍的上海人。

三、海派文化背景下的人们生活多元化

"海纳百川,兼容并蓄"的海派文化,体现在上海文化的方方面面。海派文化就是尊重多元化、个性,兼顾个人和社会利益,以契约精神为主导的理性的、随和

的、较成熟的商业文化。

（一）上海人理解并尊重生活多元化

首先是尊重多元。在上海，你会体会到人和人之间的多元化。比如一个团体内有很多针锋相对的观点都能够和谐相处。因为人本来就是多元化的。这使得个人在不同的方面发展，组成一个更强大的社会。一个人只要不影响他人，就可以干自己喜欢的事情。不能因为别人与自己不同，而去排斥。因为，君子和而不同。

其次是入乡随俗。上海人到了随便哪个地方，都会尊重当地文化。比如上海人以前三线建设，现在外省上学就业，都会主动去了解当地文化，至少做到不排斥。而留在家乡的，很多外地的文化也能被当地人吸纳。比如我们认可普通话，并把普通话学得很标准。

再次是个人。上海非常尊重个人。个人的言行举止，只要不影响他人，都是能够得到理解和尊重的。虽然很多做法我不理解不同意，但是我能够尊重。每个人都能够向着自己喜欢的方向去发展，而不受到干涉。

（二）上海人多数过着自己想要的有素质的生活

上海人多数都有自己的想法和生活方式。[①]金钱非常重要，但是人生也有更多的精神领域。人们在精神领域找到自己的空间，然后朝着自己喜欢的事业去奋斗。精神领域比物质领域广阔得多。比如有人喜欢研究天文，有人喜欢钢琴。上海人多数会享受人生。

上海人比较遵守社会规则和社会道德。坐地铁不能吃东西就不吃，国家倡导少生孩子就少生，学普通话就学。中国绝大多数规则都是合理的，所以我们更多的是遵守。

上海人有社会责任感。比如地铁中的一些老人，有时候看不惯不文明行为会管一管。再比如上海人自发组成了家乡文化保护的团队、吴语保护的团队。因为每个人都希望自己生活在一个和谐的环境中，这是我的家乡，我的祖国，我要好好爱护。看到上海的脏乱差，也有很多市民在网络上批评，并且做一些力所能及的事情，影响社会。江南人的责任感是有历史传统的。明末苏州在没有灾荒、温饱没有问题的情况下，市民居然也能参与政治，反对魏忠贤，不惜牺牲自己的生命。

上海人的理性体现在对事情的判断力和洞察力上。我们更喜欢发掘这个现象到底是什么，至于结论到底符不符合所谓的"谱"，没有关系。例如爱国，我们

[①] 吕翠凤：《走近上海》，上海社会科学院出版社 2016 年版，第 159 页。

做不到去砸日本车,烧日本店。我们不会随外界忽悠,随大流。比如一个小区缺网吧我们就开网吧,缺水果店我们就开水果店。大家和谐相处。

上海人比较成熟。成熟是人由于理性,对事物有了正确的判断推理,有一定经验,包括对历史有一定了解之后,由内而外的成熟。成熟也是自我的发现,独特个性的形成。为人处事讲理、不暴躁。因为和气生福,没有必要冲动。

上海人求真不讲面子。上海人不喜欢虚假的一套,也不屑去装。很多时候毫不避讳地说明,某某我吃亏了。出现利益冲突,大家都摆在台面上谈,不是去回避、撒谎。包括地域冲突,也是在网上被大量指出问题的所在。因为真实的反映真相才是解决问题的第一步。我们喜欢赤裸裸的真实,不喜欢美丽的谎言。明明不是这样的,却这么说糊弄过去,很让人反感。

在利益方面分配合理。上海人不喜欢占别人的便宜,当然也不喜欢别人占自己的便宜。利益大家互不侵犯。亲兄弟明算账。这样实际上反而能够促进人与人之间的关系。上海人明白地讲利益,因为人本来就是趋利的动物。

上海人具有契约精神和成熟的商业文化。上海人普遍讲契约。契约不单单是个人诚信,而且是人和人之间的自由、平等。一切都是利益交换,交换使得各自的利益得到无形中增长。契约精神又促进了社会的平等。大家在平等的社会中用自己的能力来获得财富。商业社会最大的特点就是遵守法律,公平竞争,优胜劣汰。江南商业社会经过一千多年的发展,已经形成了成熟的文化。人际交往、利益分配、人与社会、个性发展都有了自己的一套行事风格。

上海人随和和善于妥协。上海人有句话叫作和气生财。随和的性格,包容一切,找到各种合理的因素以吸纳,完善自己。只要不侵害自己的核心利益,上海人不乐意和别人发生冲突。因为冲突都会产生损失。人和人之间很多冲突都是傲慢与偏见造成的。

生活中很多事情需要妥协,比如利益。退一步海阔天空。因为社会有无数个人组成。你的利益需要尊重,别人的利益也需要尊重。然后大家找一个平衡点。当然这里边也需要对方的妥协。

(三)上海人有着独特的审美观[①]

上海人的审美观就是清静淡雅,不喜欢大红大绿、大吵大闹等重口味。上海人服饰清新,饭菜香甜清淡,建筑粉墙黛瓦;说话细声细气,不喜欢打扰他人。这是上海人独特小资情调生活形成的基础。

上海人比较注重形象。上海人多数站有站相,坐有坐相,服饰、谈吐得体,符

---

① 卢正行:《张爱玲小说的时代感》,麦田出版社1994年版。

合现代礼仪。在许多人眼中,上海是一个海纳百川的城市,它不断吸纳着来自全球最新最时尚的元素,充实着自己中西合璧的文化,偶尔,这一大熔炉会被认为缺失自己的传统。事实上,上海的居家文化是传递上海特色最有利的见证。

伴随着海派居家文化的发展,和人们对小资生活的向往,他们的衣食住行都深受影响。为满足爱家爱生活、中高端消费族群的健康家庭休闲需求,代表新商业文明时代海派生活方式的居家休闲服饰也应运而生,而开创这一居家文化的服饰领导品牌"居风服饰"更是刮起了一阵猛烈的海派居家文化风潮。和传统的居家文化相比,它不局限于睡衣、内衣等品类,而是把休闲、运动等类型服饰也纳入居家生活中,更能体现海派文化的海纳百川,满足更多人群的需求。

在全球文化打通互融的今天,居家文化也日趋一体化。通过上海海派文化将新鲜的居家理念带入中国,中国当代的居家文化必将向着更深厚、丰富的方向发展。

四、海派文化使上海成为讲究腔调的城市

(一) 海派文化使上海成为彰显小资情调的城市[①]

海派文化使上海成为讲究腔调的城市,也成为具有独特文艺气质的城市。上海之所以号称"海纳百川",必然是带着各种截然不同的面貌出现在人们眼前。如果说弄堂生活是上海历史的重要部分,那么,徐家汇繁荣的商业街市更加具体地呈现给我们的是,这座城市特有的风尚典雅,与时俱进,和弥漫在空气中的小资情调;英伦风格的商品住宅小区的诞生,代表着新一代上海人的消费理念和生活方式,这在历史上,往往是和贵族联系起来的,尊贵的身份造就了前沿的享受;那来自星巴克氤氲的香气,成就了一个个小资产阶级的梦,红烛摇曳,浓郁芬芳的咖啡……飘荡着的是一种"独自徘徊寂寞又悠长"的"雨巷"式的孤独。白天,这里沉积了夜晚的尘嚣;夜晚,这里荡漾着白天的幽魂。

(二) 烟雨江南使上海具有独特的灵气

上海地处江南,除了自己的特点外,还具备一切江南城镇的灵气,空气中都氤氲着浓浓的水汽,薄淡的阳光被云雾锁着,湿漉漉的玄青翘角在老式的屋顶,洇湿的白色粉墙,湿淋淋的青灰石桥石埠……这是江南城镇一种难以言说的魅力和柔光。轻轻的水汽、柔柔的雨雾,可以渗入石头瓦片,墙角砖缝,甚至人的骨头里,江南的景致是水做的。女人也柔情似水。"女人吃花,男人吃嗲。"上海女

---

① 《海派文化摇篮里 最有上海腔调的童话》(互联网资料)。

人在全国人民眼中,一直是那弱不禁风,又惹人怜爱的嗲(嗲又嗲得恰到好处)妹妹。也算是小资情调生活中一种独特的味道。

然而,这里不仅有水的气场,还有处处可以感受到的浓浓的中国传统文化气息。每一条街巷都有一个古老而优美的故事。每一个故事都诠释了海派精神对于外来文化介入时的宽容与理解。我不能不说,又一个全新的上海,有待我重新了解和认知。

京剧与近代海派文化

徐剑雄(上海师范大学马克思主义学院教授)

一、京剧的京派与海派

(一) 京派、海派的由来

"海派"一词自清朝末年直到今天一直很流行,海派之说最初与晚清"海上画派"有关①,海派称呼更与京剧有关。起初,"京伶呼外省之剧曰海派,海者,泛滥无范围之谓,非专指上海也。京师轿车之不按站口者,谓之跑海。海派以唱做力投时好,节外生枝,度越规矩,为京派所非笑。京派即以善于剪裁、干净老当自命,此诚京派之优点。"②故海派原非专指上海的京剧,约在光绪后期(约在1898年左右),上海京剧崛起,并形成自己的特色,上海渐渐成为可以和北京颉颃的京剧演出中心,这时海派开始专指上海、专指上海的京剧和伶人了。据《老副末谈剧》云:"平曲初无京、海之分,予到申时,尚未闻有此名。自潘月樵创《湘军平逆传》,夏月润之《左公平西传》继之,争奇斗胜,延江湖卖解之流,授以刀剑刺击之术,名之曰特别武打,而上海派之名,乃渐闻于耳。"③

在不同的环境下,北京的京剧保持了传统而少革新,上海京剧逾越传统而有多方面深刻的变革。四面八方的人口、发达的商业、多元异质的文化,这样一种都市环境造成了上海的京剧"从剧目到表演形式,和北京的京剧纵无根本上的不同,而其故事取材,场子的安排,乃至人物表现,唱白气势,都有其区别"④。从而北京、上海的京剧发展为各具特点的流派:京派与海派。

(二) 京派、海派的区别

"京派""海派"关于老戏的唱词结构没有很大的差别,不过唱做和工力却有

---

① 参见张仲礼主编:《近代上海城市研究》,上海人民出版社1990年版,第1130—1132页。
② 徐珂:《清稗类钞》第11册,中华书局1986年版,第5027页。
③ 北京市艺术研究所、上海艺术研究所编著:《中国京剧史》上卷,中国戏剧出版社1990年版,第276页。
④ 周贻白:《中国戏曲发展史纲要》,上海古籍出版社1979年版,第431页。

优劣深浅之分,京派重规矩唱工而近于瘟,海派重做工而近乎火。京派和海派的区别主要表现在新戏上,京剧到上海自成一派的标志也是海派新戏(连台本戏)的崛起和鼎盛。海派新戏的兴盛更是京派讥笑海派、称海派为野狐禅的根据。所以从京派新戏和海派新戏的对比是可以充分看出京派、海派的区别之所在的。

从表演方面看,京派注重伶人技艺,唱"尚行腔,重板眼",武打"尚功架,重解数"①,"一味追求和谐、优美、雅致和柔软"②,对吐字发音极其斟酌考究,"有唱念可听,有做打可看,和老戏无甚差别,能引动人们精神上的情感"③,所以百观不厌,南北欢迎。海派唱做念打"不守绳墨"④,海派唱工少、以花腔取胜,为了追求真实效果,念白经常用方言,如苏白、湘、鲁等地口音,做工火,武打不着意讲求工架步法,用真刀真枪,打斗凶狠、迅疾,给人以强烈的感官刺激;在音乐上加入五音、七音联弹,海派净角行腔使调莫不顿折抑扬,曲尽其妙⑤。

在行头和化装方面,京派对一鞋一带,咸有定数,简洁朴素,只要颜色不错,袍靠破旧也无大碍,京派强调"穿破不穿错"⑥。京派也用"美丽的颜色和协调的图案来美化旦角的服装",但始终注重"传统服装式样及它们的象征性"。⑦海派服装新颖别致,窄小玲珑,花衣绣裳,光彩照人。勾脸亦别于传统而借鉴话剧的化装,夸张、近于生活,"抛弃了那些细小复杂的花纹,只突出面部的线条,从而很好的显示出脸上的表情。"⑧

从舞台美术方面看,京朝派称为"砌末""彩头"的,海派叫"道具""布景",诸如此类,不一而足,从表面上看,好像仅是语言上的差异,实际上这种不同更体现在京剧表演实践中。海派机关布景如前所述,层出不穷,配以奇特的图案和装饰品,把实物搬上舞台,甚至引进魔术,令人眼花缭乱,有依赖技术和物质倾向。而"都门素不讲究布景"⑨。在中国传统戏剧里,布景只是戏剧的点缀品,而非戏剧的本位。

从剧本来看,京派剧多取材于"古人的流香遗芳,一切穿着和装饰很奢侈,俨然是贵族化的艳史"⑩,追求文词的华丽,文意深奥,剧本为名角个人而编,且立意过高。海派取材现实,贴近生活,文词通俗,剧情复杂离奇。

从观众方面来看,京派娱耳,是听戏;海派娱目,是看戏。"观剧者有两派,一北派,二南派。北派之誉优也,必曰唱工佳,咬字真,而于貌之美恶,初未介意,故

---

① ⑤ 菊屏:《海派之京剧》,《申报》1925年2月28日。
② ⑦ ⑧ 焦菊隐:《京朝派与外江派》,载蒋锡武主编:《艺坛》第3卷,上海教育出版社2004年版,第357页。
③ ⑩ 徐筱汀:《京派新戏和海派新戏的分析》,《戏剧月刊》第3期,1928年8月。
⑥ 叔行:《伶人行头之南北观》,《戏剧画报》第2期,1930年3月。
⑨ 柳遗:《应时节戏及戏剧之布景》,《申报》1919年8月24日。

鸡皮鹤发之陈德霖,独为北方社会所推重。南派誉优,则曰身段好,容颜美也,而艺之优劣,乃未齿及。一言以蔽之,北人重艺,南人重色而已。"①

(三) 京派、海派的实质

"北京是明清的帝都,上海乃各国之租界,帝都多官,租界多商。"②不同的人文环境造成了京派和海派迥异的风格。京派以正统自居,一招一式、一腔一调讲究有规矩、有板眼,遵循已有的歌唱和舞蹈的程式,趋于保守。"所谓京朝派只是为了士大夫阶级而存在,他们演技力求洗练、蕴藉,格律严而流于抽象,所谓'笑不露齿,行不露趾',就和士大夫阶级的道德要求相一致。"③这是它的迂,积重难返,不进则退,反不如海派随潮流而动,年轻而有活力。"海派,这是属于新兴的市民阶级的艺术,夸张、过火、趋重写实,格律范围不住的创造发展,在嘲谑哄笑中针世砭俗。"④海派,正因其海纳百川,多新鲜血液,生命力旺盛,革新步伐快。

二、京剧与近代海派文化的繁荣

近代上海都市经济的繁荣为戏剧的发展创造了优越的条件,京剧从北方来到上海,通过京昆、京徽、京梆合演迅速成长为上海剧坛盟主。近代上海京剧在所有剧种中独占鳌头,领近百年风骚,是它繁荣了上海戏剧文化,是它开创了近代上海戏剧产业,实验了一种戏剧经营模式,并拓展了戏剧在上海商业市场的空间。因此,20世纪初期兴起的新剧(话剧前身),以及随移民而进入上海的地方戏剧无不受到京剧的影响,在伶人队伍结构、舞台布景、剧目、音乐、唱腔、表演、服装、化装等诸多方面都不同程度地唯京剧马首是瞻。这样,以海派京剧为主流在近代上海形成了海派戏曲的洪流,争奇斗艳、丰富灿烂的戏剧丰富了上海市民文化生活,从而为上海整个城市生活抹上了绚丽的色彩。京剧将近代上海的戏剧文化推向鼎盛,在它的影响下,走进都市的各种地方戏经过改革,抛弃乡野戏的简陋、粗俗,一跃而成为都市戏剧,各自在上海都市舞台占领了一席之地。

(一) 新剧与京剧的渊源

民初,新剧之盛,几夺京剧之席。⑤新剧是话剧进入中国后的初期形态,上海

---

① 徐珂:《清稗类钞》第11册,中华书局1986年版,第5061页。
② 《"京派"与"海派"》,《申报》1934年2月3日;又见《鲁迅全集》第五卷,人民文学出版社1981年版,第570页。
③④ 槛外人:《京剧见闻录》,宝文堂书店1987年版,第6页。
⑤ 钱化佛述,郑逸梅撰:《三十年来之上海续集·民初所演之种种新剧》,学者书店1947年版,第26页。

既是最早输入之地,也是中国人最早尝试演出之处。①新剧是在晚清戏剧改良背景下开始产生的,当时一批留日学生受到日本新派戏的影响,模仿西洋话剧,实验新剧。1906年,在日本学习艺术或爱好艺术的学生曾延年、李叔同、谢抗白、李文权等组织了第一个新剧团体——春柳社,春柳剧社的中坚分子为曾延年、李叔同、欧阳予倩、陆镜若等人。1907年,王钟声与马相伯合作创办通鉴学校,同年10月王钟声组织春阳社,新剧剧团纷纷成立。这时正是辛亥革命前夕,市民政治革命热情高涨,新派人物在编排新剧时把西方自由民主的话语和反对清政府的政治言论杂糅其中,所以能引起市民的共鸣。新剧在形成之初,很明显地受到京剧的影响。首先,新剧伶人中大多是京戏迷。其次,新剧借鉴了京剧的编剧方法、戏剧结构和表演程式,从而不仅戏的本身仍与皮黄戏无异,而且也用锣鼓,也唱皮黄。

(二) 地方戏对京剧的借鉴

上海是个五方杂处的国际性大都市,来自各地的移民带来了他们家乡的地方戏,这些地方戏最初只能在各地商帮建立的会馆公所演出,但是随着上海戏剧演出的商业化,京剧营业兴盛极大地刺激了地方戏,它们也跃跃欲试,相继加入市场演出的行列。从清朝末年开始一直到20世纪40年代,西边的秦腔,北方的梆子戏、蹦蹦戏,南方的粤剧和江南一带的地方戏都光顾过上海。有的昙花一现,风流云散;有的频繁来沪,在上海抢滩登陆,站住了脚跟。在京剧主导的戏剧市场中,这些地方戏受到京剧的深深的影响。

(三) 京剧对电影的推动

京剧对于中国的电影更是功不可没。电影的出现,是世界科学技术发展的产物,电影传入中国是晚清的事情,在中国,它滥觞于20世纪初的北京,其后却是在上海成长起来的。电影在中国的成长与中国传统文化——京剧密不可分。早期的中国电影从内容到形式、伶人、导演、放映场地都和中国京剧有着千丝万缕的联系。电影在中国出现之前,戏曲是中国人主要的娱乐形式,中国戏曲具有两千多年的历史,到清代京剧吸收其他各剧种发展为一种全国性流行的剧种,京剧对电影在中国的生存与传播产生了重大的影响。

(四) 京剧与戏曲电影

电影兴起后,很长时间一直和京剧一起并列成为上海都市流行艺术。但京剧毕竟是有悠久历史的传统艺术,欣赏京剧的习惯和审美标准必然影响到观众

---

① 参见徐半梅:《话剧创始期回忆录》,中国戏剧出版社1957年版,第3页;许敏:《新剧——近代上海一种流行艺术的盛衰》,《史林》1990年第3期,第57页。

对电影的认同,比如京剧情节的曲折、结构的完整、人物忠奸分明、大团圆的结局等,诸如此类,这种审美心理是经过长期沉淀积累形成的,短时期是不会改变的,所以电影必须考虑到这一点。中国电影的奠基之作就是从京剧开始的,1905年北京丰泰照相馆老板任庆泰拍摄了中国第一部影片:谭鑫培表演的京剧《定军山》。刚刚诞生的中国电影,还处在哺乳期,需要从京剧中吸收营养,从此,中国电影的成长就和京剧联系在一起了,因为电影一开始就把中国人熟悉的京剧作为拍摄对象,京剧成为早期很多电影的重要内容,电影借助了京剧这个成熟的艺术形式来使自己站立起来。

20世纪20年代后期,观众厌烦了"欧化"的爱情片,刚刚发展起来的上海电影陷入困境,出于商业目的,各公司开始拍摄古装片,这一转向竟然为上海电影找到了一条发展的捷径。古装片的题材是市民熟悉的中国古老传说和戏剧故事,有些古装片更是直接将京剧舞台正热演的连台本戏搬上银幕,如《狸猫换太子》《盘丝洞》《济公活佛》《洛阳桥》《女儿国》等。"孤岛"时期,当上海电影受到战争影响再次陷入困境时,古装片兴盛起来,使上海电影度过危机。说到电影明星,尤其是女明星,不能忽视一个现象:京剧队伍中有很多著名坤伶由京剧舞台转向银幕,成为步履维艰的上海电影最初的明星,她们在电影里表演的身架和动作依稀透露着京剧表演的影子,她们在电影里的舞蹈也显露出京剧舞蹈的韵味。她们成为京剧和电影之间的媒介,引导着熟悉京剧的观众去习惯电影,完成了对两种艺术观赏心理差别的过渡,推动了电影走向大众。

三四十年代的上海是中国电影基地,而此时的上海是京剧的一个重要表演中心,所以戏曲电影以京剧为主,并选择了梅兰芳、周信芳等京剧大师来表演,京剧故事的选择拓展了早期电影的题材内容,京剧大师的表演增强了电影的吸引力,京剧艺术的简朴、象征、写意特征深刻地塑造着电影的民族风格和气派:朴实、概括的叙述方式,诗化、意境叙事风格,这些都明显区别于欧洲、美国电影的风格。

(五)京剧与传媒

京剧作为近代上海一种大众流行艺术,与近代大众传媒关系紧密,围绕京剧产生了大量广告、报纸、唱片。

随着报纸开始大量刊登有关戏园广告、剧评、伶人逸闻趣事,这些大小报纸吸引了市民的眼球,许许多多的报纸围绕着京剧和京剧伶人大做文章,从而保持着可观的发行量。当时上海报纸无论大小,都辟有专栏刊登关于戏剧、戏园、伶人的消息以及文人墨客、戏迷对戏剧的评论,几乎到了不可一日无剧评的地步,正是大小报纸迎合市民对京剧及伶人的兴趣,造成了"剧评遂见重于时"的局面,

"一般戏迷买报不看报,专看剧评,各梨园伶人也视报纸之褒贬为荣辱,于是报纸遂如雪片飞舞,剧评亦如汗牛充栋。"①剧评成了都市一种流行文化的指南,京剧剧评一方面促进了近代上海的众多戏剧报纸、期刊杂志的诞生,另一方面又为它们提供了一个个令市民瞩目的热点题目。报刊的渲染反过来成了戏剧文化繁荣的催化剂,剧评涉及方方面面,从京剧剧目、戏园特色,伶人的唱腔、扮相、服饰化装到伶人的生活琐事,等等。

三、海派京剧的文化内涵

京剧流传到上海这个商业都市后,为适应上海市民大众的欣赏趣味和商业经济的要求,不断进行变革,成长为一种新的流派——海派京剧。它和上海城市的近代化、上海社会的转型紧密相连,是上海都市化的产物,它是海派文化的具体镜像,海派京剧丰富而深刻的文化内映射出近代海派文化的特征。

(一) 奢华

仅从伶人行头方面看,海派京剧中存在以奢为荣,以华为贵,追崇奢华文化取向。上海五方杂处,商贾云集,为繁华胜地,各种娱乐场所争华斗奢,商业环境下形成了追崇奢华的风气,有人总结立足上海的经验:首先要知道"沪上为繁华薮、浇薄地",因而在娱乐行业"欲动人视听,第一须以豪奢为事"②。戏园为吸引观众,装潢富丽;伶人为讨观众喜欢,对于行头的式样、质地,"无不穷奢极华,随意改良,几不见其原形"③。伶人到上海,如果不花巨金置办簇新行头,"虽有通天绝技,未有不因之减色者。上海习俗奢靡,于伶人行头观之,亦可见一斑。"④

伶人如此,也影响到其他阶层人士。戏园是风尚的展示台、风向标;戏园也是风尚的催化剂、推进器。流行文化往往是一个城市市民的心理表露。其实,不论戏园的富丽,还是伶人行头的华美,无非想向世人透露这样的信息:我是成功者,我有资本奢侈。同时也给世人这样一种诱导:奢侈不仅是以前成功的表现,还是下一步成功的条件。这大概是奢华后面的文化吧。

(二) 包容

海派京剧在形成发展中,吸收了徽剧和梆子的部分剧目、唱腔、表演方式,也

---

① 剑云:《菊部纪余·负剑腾云庐剧话》,《繁华杂志》1914年第1期。
② 陈伯熙编著:《上海轶事大观·林黛玉小史》,上海书店出版社2000年版,第415页。
③ 《谈行头》,《上海生活》第2年第5期,1938年10月16日,第25页。
④ 叔行:《伶人行头之南北观》,《戏剧画报》第2期,1930年3月。

借鉴了粤剧华丽行头和火爆的武打,移植了昆曲的灯彩戏,引进了西方声、光、化、电来创建新式舞台,发展机关布景,还广泛吸收新兴的话剧和江南地方戏的精华为自己所有。最能体现其包容性的莫过于海派京剧以开阔的胸怀热情地欢迎京朝派来沪,上海每年都要邀请京中名角儿来沪演出。包容体现了海纳百川的开放胸怀;对不同事物的包容体现了平等的观念和民主的意识。

(三) 竞争

上海戏园一开始就是商业化的经营,上座率高低决定了它的盈亏,争夺观众是戏园经营者苦心孤诣考虑的一件事,为了达到目的,戏园想出种种新奇的花样,"打对台",让两个名角同时在两个戏园演唱,展开竞争,一决高下,看谁更受观众欢迎,这是戏园老板招引观众的策略。京剧舞台上的竞争昭示了一个道理:上海滩上是优胜劣汰,适者生存,上海崇拜的是能者、贤者。

(四) 趋新

趋新是海派京剧的生命力之所在,取新去旧,使海派京剧始终以新鲜面孔出现在观众面前。趋新首先表现在不断的变革,从落户上海那一天开始,为适应南方观众以及上海这个移民社会市民大众的欣赏趣味,京剧就吸收了昆曲、徽戏、梆子等的优点,充实自己,逐步形成海派京剧。随着科技应用到戏剧舞台,新式舞台在上海建立,为戏剧变革提供了硬件设施,时装戏、机关布景的连台本戏应运而生。

其次可以从形式和内容等方面观察。海派京剧形式上的趋新是借助了近代科学技术的成果。引进到中国的新的科技文明,渗透到京剧艺术中,改变了京剧的剧场、舞美等诸多方面。声、光、化、电的应用,极大增强了京剧的表现力、感染力,突破了京剧古典美的传统。海派京剧内容的趋新是反映现实社会,社会变革的重大事件、重大的社会新闻、普通市民的婚姻家庭生活都成为海派京剧的素材。海派京剧趋新还表现在把现代歌舞和音乐如钢琴应用到京剧表演中,试图革新京剧的传统伴奏音乐。

趋新体现了对新事物的热情和欢迎态度,海派京剧已经突破并抛弃了中国传统文化中中庸保守的哲学,发展了中国传统文化中敢于"破"、善于"立"的精神。趋新也表明了对科学主义的尊崇,近代人类社会的进步是通过科技革命体现出来的,生产力的突飞猛进,得益于科学技术的革命性发展及其在现实生活中的应用。海派京剧充分注意到这种趋势,并顺应这种潮流,可以说海派京剧的生命力旺盛源于它的科学主义精神。不断趋新还揭示了海派京剧实用主义的态度,不尚空谈,脚踏实地,有用则实验,无用即淘汰,在实践中去检验,即使被讥笑为"野狐禅",也不停止自己的探索。

(五) 媚俗

对于京派所追求的雅致，鲁迅以梅兰芳为例，说："他未经士大夫帮忙时候所做的戏，自然是俗的，甚至于猥下，肮脏，但是泼剌，有生气。待到化为'天女'，高贵了，然而从此死板板，矜持得可怜。看一位不死不活的天女或林妹妹，我想，大多数人是倒不如看一个漂亮活动的村女的，她和我们相近。"①京派着意的雕琢，京剧雅是雅了，但多数人看不懂，成了贵族的赏玩品，而海派则以大众为取向，以通俗为归宿。

海派京剧是由市民阶层的好恶塑造出来的，所以"与京派相对，海派显然更是一种大众文化，都市文化"②。海派体现出媚俗，迎合大众口味，"通俗文化，亦即大众文化或平庸文化，则只追求被大多数欣赏者在当前接受，它几乎完全是为了娱乐，它只受制于这样的信条，即生产者对什么才会导致轻松愉快的刺激的猜测。高雅文化要求其欣赏者想象的参与，要求一种在感受力光谱上深刻而机敏的反应。通俗文化则是无要求的，它只需要其欣赏者最低限度的注意，以一种通常只限于喜欢或不喜欢的表面肤浅反应为满足。"③海派京剧为在上海这个"冒险家的乐园"里辛苦奔波的市民提供解乏的娱乐，给疲惫的身心以声色刺激。海派京剧追求离奇的情节，以噱头、彩头、跳舞、马戏、幻术、真刀真枪来吸引观众。为求真赶活物上台；为媚众不惜卖弄风情。

当作为大众艺术欣赏的主体——市民阶层普遍贫困后，当市民普遍文化低下后，追求简单的快乐、强烈的刺激成了他们的目的。机关布景，甚至幻术的使用满足了俗众猎奇的心态，也凸显了海派京剧的物质主义倾向。

"商业社会是享乐主义的社会，它需要丰富而刺激性的文化娱乐作为生活的佐料，需要文化为消闲、享乐服务。"④夹杂色情成分的京剧在上海这个商业都会的舞台上必然有所反映，这也是通俗文化为追求消费效果的结果。

---

① 《花边文学·略论梅兰芳及其他》，载《鲁迅全集》第五卷，人民文学出版社 1981 年版，第 580 页。
② 张仲礼主编：《近代上海城市研究》，上海人民出版社 1990 年版，第 1152 页。
③ [美]R. 威尔逊：《商业社会中的高雅文化和通俗文化》，周宪译，《国外社会科学》1990 年第 8 期，第 30 页。
④ 乐正：《近代上海人社会心态》，上海人民出版社 1991 年版，第 134 页。

从《太真外传》到《大唐贵妃》
——京剧梅派艺术的"京戏海唱"

吉文斌(上海电机学院文理学院教授)
郭祉聪(上海电机学院商学院本科生)

2003年初,上海市精神文明建设工作会议在经过全市大讨论后,将上海城市精神定位为"海纳百川、追求卓越"。2007年5月,时任上海市委书记的习近平在市第九次党代会上提出要"大力塑造海纳百川、追求卓越、开明睿智、大气谦和的新形象"[1],这标志着上海城市精神在与时俱进中不断发展并得以最终形成。海派京剧同样与这方水土紧密相连,而源于《太真外传》并在上海脱胎的大型交响京剧《大唐贵妃》,同样也是这座城市血脉精魂的真实写照。

一、京剧大师梅兰芳的上海情缘

清乾隆末期四大徽班进京,在融汇积累各剧种艺术特色后形成了京剧。1863年,苏北徽班来上海演唱皮黄,京腔京调开始扎根上海。"沪人初见,趋之若狂"[2],京班逐渐取代了在上海舞台占优势的徽班地位,并成为上海影响最大、观众人数最多的剧种。

19世纪末以来,上海凭借经济文化优势得风气之先,京剧改良运动最早开始出现。许多剧种甚至包括西洋戏剧争相与京班同台演出,使得京剧在沪进一步融汇各种艺术特色。编演改良新戏、创办戏曲理论刊物、创办新式舞台,同时出现男女同台合演,海派艺术风格开始形成。冯子和改革旦角表演艺术,周信芳的麒派、盖叫天的盖派成为海派表演艺术的两大支柱。海派京剧的表演能够突破行当、突破程式,注意调动各种舞台手段为刻画人物服务,生活气息浓,注重念白,做工道地,武打热烈。周信芳还突破了当时只重"唱"的倾向,适应了南方观众重"看戏"的审美情趣。总的来看,海派京剧在编、导、演、音、美各方面有大量

---

① 习近平:《在中国共产党上海市第九次代表大会上的报告》,《解放日报》2007年5月30日,第1版。
② 姚民哀:《南北梨园史略》,《菊部丛刊》,交通图书馆1918年版。

创新并增强了其综合性。

"上海这座城市,承载了中国近代以来风云变幻的历史,是一个经济、文化中心,同时也是一个京剧重镇,特别对于我父亲梅兰芳的艺术生活,以及梅派艺术的发展,都有着极重大的意义"[①],梅兰芳的幼子梅葆玖曾这样写道。梅兰芳虽在北京学戏登台、崭露头角,然而他唱红梨园却是在上海。1918年移居上海前就曾三次来沪,首次扎靠贴片演大轴戏《穆柯寨》也是在上海。在天蟾舞台、美琪大戏院等申城新式剧场的演出,让他的演艺水平逐步提升,进而炉火纯青。1927年梅兰芳凭借其创排并主演的连台本戏《太真外传》,被《顺天时报》评为"四大名旦"之首,还捧为继谭派艺术创始人谭鑫培之后的新"伶界大王"。

在上海看戏思考,回北京创排新戏,这是梅兰芳在民国时往返京沪的主要生活方式,他开始探索"京戏海唱"的方式。梅兰芳被上海京剧改良的"时代新风"所感染,他吸收了文明戏、服化道、新式舞台等改良成分,创编了时装新戏《孽海波澜》《宦海潮》《邓霞姑》《一缕麻》和古装新戏《霸王别姬》《凤还巢》《宇宙锋》《抗金兵》《生死恨》等。同时还积极改良骨子老戏,以《贵妃醉酒》为例,梅兰芳去芜存菁,从人物情感变化入手,从美学角度纠正了它的非艺术倾向,使之成为一出梅派经典剧目,同时还创立了"花衫"这个行当。

1932年梅兰芳举家迁居上海,梅葆玖也出生在思南路的梅宅。1939年后他蓄须明志,不为外侮演出近八年。上海解放后,梅兰芳又多次带着梅葆玖、带着梅剧团登上中国大戏院、登上人民大舞台,在这里亲身完成梅派艺术的传承工作。用他自己的话来说,在沪演出是他"演艺生涯发展方面的一个重要关键"。

二、梅兰芳《太真外传》在上海的成功走红

梅兰芳在排出历史名剧前后部《西施》后,九城轰动、传颂一时。他也想把《红楼梦》编为连台本戏搬上舞台,但只创排了三出"红楼戏"。在改良《贵妃醉酒》后,他对杨贵妃这个人物产生浓厚兴趣,一鼓作气排演了连台本戏《太真外传》。这部戏取材于白居易《长恨歌》、洪昇《长生殿》等诗词歌赋、传奇小说,由齐如山分本编写,李释戡等人协助作词创腔。

连台本戏是京剧中一种连日接演的整本大戏,源于民间的节庆演出。明清传奇每本一般分为四五十出不等,常要两三日才能演完。从20世纪初开始,上海京剧舞台出现了竞相编演故事连续、通俗易懂、排场热闹的连台本戏的盛况。

---

① 张斯琦:《梅兰芳沪上演出纪》,中西书局2015年版,序。

周信芳创排的《汉刘邦》《封神榜》等大量连台本戏，一时间使得沪上梨园蔚为大观、高朋满座。许多剧目久演不衰，许多优秀演员在连台本戏的演出中脱颖而出，连台本戏也成为海派京剧的一大特色。梅兰芳和周信芳是"同庚同科"的童伶，曾共同在京城最大的京剧科班"喜连成"学戏，还搭班表演过《九更天》与《战蒲关》，周信芳的演剧理念也深深地影响了同在上海的梅兰芳。

1925 年至 1926 年，梅兰芳在北京开明剧场演出全四本《太真外传》。头、二本《太真外传》以唱取胜，梅兰芳为杨玉环安排设计了成套唱腔、表情和身段，用来刻画她从"入选"到"埋玉"的兴衰过程和心情变化，他创制的【反四平调】等大量梅派新腔声情并茂、玉润珠圆，新颖别致、曲尽其妙，也将旦角艺术性提升到空前地位。梅兰芳特意为三本设计了"盘舞"，这是【南梆子】中的一场"霓裳羽衣舞"，台中设一高足圆盘，周围有舞童相衬，他在转动的圆盘上进行舞蹈，首演时特约"富连成"科班的学生扮演舞童，每演至此观众欢声雷动，这也是他情绪表现最热烈、场面也最宏伟的舞蹈。

《太真外传》不但场面宏伟、歌舞繁重，而且还有许多别开生面的创举。在布景方面，如头本"亭栏惊艳"的楼台亭阁；二本月宫内，桂殿兰宫、蟾蜍玉兔的活动机关布景；三本"七巧盟誓"的满天星斗、金盆捞月；四本"玉真梦会"的海上仙山，忽而变为琼楼玉宇，都是运用过一番心思的因情写景之作。这部诞生在北京的连台本戏无论从舞台设计到表现形式，雍容华贵、仪态万千，无不体现着浓浓的海派气息。

1930 年到 1936 年之间，百代、胜利、高瓶、大中华等六大唱片公司对这出在唱腔音乐、舞美构思、扮相行头、舞蹈表演都有显著创新而红极一时的梅派名剧一拥而上，录制和出版了十一张唱片，创纪录之最。据梅葆玖回忆，梅兰芳最后一次在大陆演《太真外传》是 1938 年 4 月 12 日在上海天蟾舞台，演的是(第)三本。他说，"这出戏给我印象最深的是在我的童年和少年时期，父亲蓄须明志在上海家中授徒、作画，却让我不断地听他《太真外传》的唱片，这是我父亲精力最旺盛时期的唱和念。"①

《太真外传》等连台本戏之所以获得观众的喜爱，是因为它取材于中国古典传说，讲究故事的连续性和曲折性，悬念设置扣人心弦，使观者欲罢不能；它的表现手法不拘一格，在立足于本体的同时，善于从其他艺术门类吸取养料，可以调动多种手段来为舞台演出服务，特别是舞台布景力求营造真实的环境气氛；它的制作与市场意识密不可分，通过想方设法吸引观众，不断满足观众求新、好奇的

---

① 梅葆玖：《从〈太真外传〉到〈梅兰霓裳〉》，《光明日报》2013 年 4 月 27 日，第 7 版。

心理,使其成为痴迷京剧的戏迷。正是上海这片沃土给了梅兰芳源源不断的灵感与机遇,他为《太真外传》倾注了极大心血,法古不泥古、移步不换形,才让这部煌煌巨制标新立异,蕴含着极高的文学价值和艺术价值,也因此确立了他"四大名旦"的头牌地位,奠定了梅派探索"京戏海唱"的基础。

三、梅葆玖《大唐贵妃》在上海的华丽转型

由于《太真外传》装台复杂,而且要连演四本才能完整,故梅兰芳在抗战蓄须明志后就没有再演出。后人如无深厚的功力,对剧情、布置了解不够,也很难表演。1994年,梅葆玖在刘元彤和徐元珊①协助下,重排了全本《太真外传》②,其中保留了一至四本的重点唱段与内容。由梅葆玖和梅葆玥这对梅氏嫡传乾旦坤生,担纲饰演后期杨玉环和李隆基。演出比较成功,但梅葆玖希望能有一台真正体现创新、顺应时代的《太真外传》,他把目光投向了曾给父亲带来荣耀、给京剧带来希望的福地——上海。

20世纪后期,在改革开放尤其是浦东开发开放的东风吹拂下,上海的经济社会环境发生了极大变化,人民群众也期盼着享有更加丰富多彩的精神文化生活。1998年,拥有1800个座位的大剧场上海大剧院开业。1999年,以创新发展的理念为引领的首届中国上海国际艺术节成功举办。梅葆玖在参加第二届艺术节时,看到参演的都是西方歌剧、交响乐、摇滚乐,就是没有中国自己的东西。所以他找到时任上海市委副书记的龚学平,提到梅兰芳的夙愿就是要对《太真外传》进行改造,但这部戏的技术水平和场地要求非常高,重排也许只有在上海才能实现。龚书记欣然应允,提出并和市委宣传部殷一璀部长、周慕尧副市长一起担任总顾问。③

《太真外传》之所以能在京剧史上留下浓墨重彩的一笔,是因为它有好的团队、好的剧本、好的演员、好的舞美,即梅兰芳、齐如山、李世戡、姜妙香、王凤卿等人的各显其才和勠力同心。但时过境迁,连台本戏甚至传统京剧在20世纪末已经到了"门前冷落鞍马稀"的窘境,继承与创新的问题困扰着老艺术家和年轻演员。而梅葆玖却在此时做出了创排《大唐贵妃》的创举,并将其定位为交响的、合唱的、可以与世界对话的戏剧,更体现出梅先生锐意开拓的胸襟和胆识。

---

① 刘元彤和徐元珊是曾经参加梅兰芳当年《太真外传》演出的"富连成"科班的京剧名家。
② 内容包含"太真观定情册封""华清宫温泉赐浴""沉香亭太白醉写""御书楼望阙献发""长生殿七夕盟誓""庆寿筵杨妃舞盘""马嵬驿兵变殒命""玉贞观君妃相会"等部分,时长为三小时一刻。
③ 郭小男:《不是一个假嗓、一个扮相就能成为梅葆玖》,《南方周末》2016年5月5日。

2001年11月2日晚,大型交响京剧《中国贵妃》于第三届中国上海国际艺术节期间在上海大剧院隆重上演,而它在上海的演出成功也绝非偶然。

　　从主创团队来看,体现了择优而从、任人唯贤。编剧翁思再、导演郭小男、作曲杨乃林这组"铁三角"都具有深厚的戏剧功底以及浓厚的创新理念,与开朗随和的梅葆玖一拍即合。由郭小男1993年导演的上海淮剧团的"都市新淮剧"《金龙与蜉蝣》,被认为是"十几年探索性戏曲走向成熟的标志",而郭小男对"都市新戏曲"的革新理念也让他成为《大唐贵妃》导演的不二人选。

　　从剧本唱腔来看,体现了旧中见新、新而有根。《大唐贵妃》以《太真外传》和《贵妃醉酒》的经典唱段为线索编织情节,但绝非传统剧目的完整再现和延续。《太真外传》的艺术价值与魅力毋庸置疑,《大唐贵妃》更保留了12段梅兰芳原创原腔,同时新写了30余段唱腔唱词。其中,"听宫娥在殿上一声启请""杨玉环在殿前深深拜定""忽听得侍儿们一声来请"是《太真外传》的重点唱段,"海岛冰轮初转腾""玉石桥斜倚把栏杆靠"则是《贵妃醉酒》中的经典唱腔。由杨乃林作曲的《梨花颂》大大突破旧的板式,用西洋的和声对位、模进移调等作曲手法重新结构,然而它的构成元素却是二黄四平调。它以交响乐团配合京胡等"三大件"伴奏,亦新亦旧、亦中亦西。

　　从演员阵容来看,体现了海纳百川、代代相承。梅葆玖为了《大唐贵妃》挑选了最优秀、最合适的阵容。在他的积极协调下,这部戏由上海京剧院演员担任班底,并特邀多个院团协助演出。北京京剧院的梅葆玖和马派老生张学津、中国京剧院(现称国家京剧院)的著名演员李胜素和于魁智,上海京剧院的青年演员史敏(现名史依弘)和老生李军分别饰演后中前的杨玉环和李隆基,可谓一出典型的"梅派大戏"。

　　从创作模式来看,"首次实现明星挑班制和剧团班底制的新组合"①。首演版《大唐贵妃》投资300万元,是上海对戏剧艺术创作力量的整合和市场化运作的延伸。而"京剧名家+当地班底"的新探索,正是京剧鼎盛时期的"名家挑班制"在现代演出市场的重新激活,与当前文化体制改革方向和要求完全吻合。《大唐贵妃》在上海这个市场经济异常繁荣的大码头,撬动了"市场"的杠杆,使各种演出资源在市场运营中不断优化配置,从而将"锻炼人才、培育市场、扩大影响、繁荣艺术"四位一体的运作功效有效激活。

　　从舞美设计来看,体现了古今相映、中西合璧,拓宽了戏曲美学意境的现代空间。内有中国传统美学抒情写意的精神,如皇家宫廷乐舞"霓裳羽衣舞"、古战

---

① 苏星:《〈中国贵妃〉再现梅派风彩》,《中国财经报》2001年10月27日,第4版。

场大将军出征的阅兵式"大起霸"、月宫里的"鹊桥仙舞"等；外有鲜明的后工业时代色彩，技术的含金量显而易见，如由高新技术组装的机关布景、亦真亦幻的盛唐勾栏、会变魔术的戏装等。虽然采用了大量实景布局，但这是从《太真外传》就已经开始的探索，"一桌两椅"的时代已经过去了，升降舞台、现代音响、舞美灯光的运用都是为了使这部戏更美更好看。

《大唐贵妃》是典型的交响京剧，这也深受海派艺术的影响。梅葆玖认为传统京剧很美、很漂亮，也很规范，但对于年轻人来是陌生的。京胡、京二胡、月琴这"三大件"都很好听，但是有一些单调。所以乐队的演出也要从音乐上丰富、从唱腔上美化，而且要把真情唱出来。这种唱法和传统的不完全一样，融入了一些美声的、现代的唱法，让观众产生潜移默化的感受。

荀派艺术传人孙毓敏认为，可以看出作者对京剧表演技艺的娴熟和对京剧传统的尊重与爱护。比如李隆基出场念的引子，就是传统的程式，安排得非常恰当。有人说如果不借鉴《南阳关》的引子，而汲取《梅龙镇》的引子念法可能更妥帖一些，这也是可以参考的。在"梨园知音"一场，老生的击鼓和"夜深沉"曲牌的妙用也是借鉴得比较成功的；再如把《摘缨会》老生唱的【西皮二六】唱腔安插在该剧"长生殿"中也是神来之笔。所以看这样的演出，都有似曾相识的亲切感，使观众不仅仅欣赏到新鲜，而且感受到演唱的深度，有一种耐人寻味的感觉。①

《大唐贵妃》首演后，梅葆玖对戏里没有用上"昆的东西"表示不太满意。若想集梅派之大成，就要做到"文武兼备、昆乱不挡"。所以在"仙乡续缘"一场的开始，由王珮瑜饰演的李龟年换上灰髯口再次出场，清唱一曲昆腔表达对国家衰落、梨园星散的悲情，曲调采用了昆曲《长生殿》中《弹词》的"不提防余年起离乱"一段，只用一支笛子伴奏，显得清幽凄凉而且特别古朴。梅派和海派艺术都是新旧的结合，随着时代变迁逐渐进步发展的。

四、两代梅先生对"京戏海唱"的创新与实践

回望两百年梨园沧桑，以梅兰芳为代表的传统京戏和以周信芳为代表的海派艺术可谓双雄并立、占尽风华。如果没有梅兰芳改良老戏、创排新戏，没有周信芳在唱念做打上"大破大立"，20世纪的中国京剧就不可能像今天这般景象，他们奉行的理念、他们创建的剧团，甚至以他们之名命名的流派与剧院，仍深深地影响着京沪梨园。"海纳百川、追求卓越、开明睿智、大气谦和"，是上海的城市

---

① 孙毓敏：《我看〈大唐贵妃〉》，《中国京剧》2003年第7期。

之魂，也是中国京剧艺术的涵养所在，更体现在梅、周等几代大师的艺术追求中。

梅兰芳曾在 1935 年提出"中国戏剧之三要点"①：西方戏剧与中国戏剧的隔阂是可以打破的；中国戏剧的一切动作和音乐等，完全是姿势化，就是一切的动作和音乐等都有固定的方式；戏剧未来的趋势必须现代化，并不一定是戏剧、本体的现代化，是要使剧中的心情和伦理成为现代化，如背景与灯光也可使其成为姿势化，使其有固定的方式来表现剧中各个情绪。"梅兰芳就是在新的历史条件下，重新调节了'规则'和'自由'的关系，从而使整个世界都惊叹中国戏曲的美色的。"②

《大唐贵妃》代表着梅葆玖"京戏海唱"的全部艺术理念，它熔经典与时尚于一炉。在继承传统的基础上，吸收借鉴了诸多新元素，如庞大的演出阵容，辉煌的交响伴奏，华丽的服饰，还有伴唱、伴舞以及灯光舞美的大制作，但京剧的唱腔、扮相及主奏乐器的"三大件"没有变，保留了京剧的原汁原味，从而使梅派艺术重现了华光风采，体现了古典与现代的完美结合。所以从艺术价值来看，"京戏海唱"的"海"与海派艺术的"海"一样，都不仅仅指上海，更表达了海纳百川、开明包容的含义。中西合璧、艺术组合、京剧现代化，也是从《太真外传》到《大唐贵妃》一直传承的精神，也是它们成功的奥义。

《大唐贵妃》不仅属于上海、属于梅派，它更是民族的、世界的。2008 年《大唐贵妃》作为国家大剧院开幕国际演出季的首场演出，并推出了由原班人马打造的名家版和由上海青年京昆剧团表演的青春版。梅葆玖还是希望把这部戏搬上美国纽约林肯中心与华盛顿肯尼迪艺术中心舞台之上，并亲自组织研究重排，甚至已经准备好再登台演唱一段《梨花颂》。不幸的是，就在 2016 年 4 月 25 日，梅葆玖先生溘然长逝，正如他在京剧交响剧诗《梅兰芳》中所唱的一样，"长安月明花千树，不尽弦歌百代诗。一缕梅香入梦来，天上人间两依依。"

2016 年 8 月，《大唐贵妃》重排的接力棒交到了北京京剧院，梅葆玖弟子张馨月与胡文阁以及白金担纲饰演前后杨玉环，观众们期待看到梅派艺术第三代的风采。这次重排的舞美设计以中国戏曲本体为主，以京剧的空灵意蕴为主，减少复杂升降台带来的负担，为以后的演出带来更多的方便。同时以"团扇"为主题，使整体舞台显得很有张力，再加上对这次交响合唱的定位由原本的气势恢宏变为简约清新，更加复归传统。

梨花开，春带雨；梨花落，春入泥。从梅巧玲到梅竹芬，从梅兰芳到梅葆玥和

---

① 在苏联文化协会举行的座谈会上张彭春代表梅兰芳发言，《群强报》1935 年 9 月 5 日。
② 《梅兰芳论中国戏曲表演艺术》，载余秋雨：《戏剧理论史稿》，上海文艺出版社 1983 年版。

梅葆玖,百年京剧传奇世家已悄然落幕,但以戏曲艺术为代表的中华优秀传统文化将永不散场。

表1 近年来《大唐贵妃》主要演出情况(演员按出场倒序排列)

2001年11月2日	上海大剧院	梅葆玖、李胜素、史敏	张学津、于魁智、李军
2002年2月1—3日	上海大剧院	梅葆玖、李胜素、史敏	张学津、于魁智、李军
2003年4月15—18日	北京保利剧院	梅葆玖、李胜素、史敏	张学津、汪正华、于魁智、李军
2008年1月2、3日	北京国家大剧院	梅葆玖、李胜素、史依弘	张学津、于魁智、李军
		袁英明、田慧、高红梅	杨森、兰天
2008年7月25日	上海东方艺术中心	田慧	杨森、兰天
2016年12月3、4日	北京天桥艺术中心	胡文阁、张馨月、白金	朱强、杜喆
2017年1月13、14日	北京国家大剧院	胡文阁、张馨月、白金	朱强、杜喆

参考文献

1. 《上海京剧志》,上海文化出版社1999年版。
2. 潘世敏:《漫谈交响京剧〈大唐贵妃〉》,《美与时代》2010年第3期。
3. 齐崧:《谈梅兰芳》,黄山书社2008年版。
4. 翁思再:《中国贵妃——2001年11月演出本》,《上海艺术家》2002年第3期。
5. 姚保瑄:《从〈太真外传〉到〈大唐贵妃〉》,《中国京剧》2006年第11期。

道家思想对近代上海商业文化的影响
——对话永安百货的商业行为

陈瑞丰(上海电机学院马克思主义学院副教授)

历史学家钱穆认为,从源头上看,人类文化有三种:农耕文化、游牧文化和商业文化。其中,商业文化发源于滨海地带以及近海之岛屿,与水紧密相关。[①]在中华文化的发展过程中,以老子为代表的道家思想发源于长江流域,同样与水有不解之缘,正如王弼所说:"道无水有,故曰几也。"而上海是依傍黄浦江发展起来的一座海里长出的城市,其近代化过程可以说是凭借水的优势发展起来的商业贸易的历史,道家思想对上海以港促商、以商兴市过程中商业文化的形成,产生了深刻而长远的影响。

一、"水德":道家思想与商业文化的关联

"道可道,非常道。名可名,非常名。无名,天地之始。有名,万物之母。""道"不是用普通的方式可以讲述的,没有命名才是万物最初的"源"。这个最初的"源"是什么? 深究"道"作为中国上古哲学观念的形成史,我们发现,"道"的原型即生活世界中的水,水即道之源。

在古希腊,赫西俄德以水为基础和主线构建了《神谱》,哲学家泰勒斯以水为始基;在古代中国,为祈雨和繁衍的水崇拜源远流长,在哲学中,水更贵为五行之首。具体地说,上古中国关于水的观念形态的变化经历了"神话""意向"和"意念"三个阶段,分别对应着"龙""气"和"道"。"神之'龙'、易之'气'、玄之'道'背后不变的是观念原型'水'。"[②]

1993 年郭店出土的《太一生水》竹简,有力地阐明了"水"作为"道"的观念原型,"水"乃"众妙之门"。根据《太一生水》,"天地者,太一之所生也。是故,太一

[①] 房秀文、林锋:《中华商业文化史论(第 1 卷):中华商业文化探源》,中国经济出版社 2011 年版,第 89 页。

[②] 余佳:《由水及道——中国上古哲学观念的反思》,《社会科学》2009 年第 10 期,第 110—119 页。

藏于水,行于时。……君子知此之谓□□□□□□(道也……)。"①又根据万民英《三命通会》卷一,"太一者,水之尊号也。先天地之母,后万物之源。"太一、水、道究竟什么关系,三者彼此相生又相藏,三者乃合一的关系,表征了不同历史时期"水"的观念形态。换言之,太一、水和道,彼此为对方。比如太一生水又藏于水,那么,显然,这里的"生"不是我们通常意义上的生殖的含义,而是化育万物的一种方式,借助于生而藏于万物之中,化育为万物,又使万物划归为己身,这才有"先天地之母,后万物之源"。

《道德经》中将"道"化育万物的过程表述为:"道生一,一生二,二生三,三生万物。""道生一",意味着"道"生于"一",又藏于"一","道"乃"一","一"乃"道",互为己身。而这里的"道""一"即"气"——水气,即"有物混成,先天地生。寂兮寥兮,独立而不改,周行而不殆,可以为天下母"中的混沌未分之气。有了"道生一",则必然有"一生二",即混沌未分之气化育出阴阳二气;然后则必然有"二生三"——和合之气;最后,由和合之气化育了世间万物。②

"水"之于"道"的原型,在于"水"之德性和"道"的追求,我们这里称为"水德",概括为以下三个方面:

首先,化育万物的谦卑和大气。管仲的《管子·水地》有云:"水者,何也?万物之本原也,诸生之宗室也","水者,万物之准也,诸生之淡也,违非得失之质也。是以无不满也,无不居也,集于天地,而藏于万物,产于金石,集于诸生。"这一点正是"道"的无所不在,无时不有。有形世界,包括人自身来源于无形,无中生有。辽阔无边的无形虚空充满着看不见的能量,"天下之至柔,驰骋于天下之至坚","道"可以在任何有形的物质中自由地出入和运行,规定着宇宙万物的生死轮回。此乃"水"和"道"的共同特性,正如《左传·文公七年》所说:"卑让,德之基也。"

其次,化育万物的法则和规律。"水"和"道""周行而不殆",能够纳万物,"为天下母",因为向着要去的地方,有其合乎自然的法则和规律。水滴聚成小水流,进入小溪,再入小河,形成江,命归大海。我们不会阻止水的步伐,不会让大海停止潮起潮落,因为"水"本身就向我们述说着它的法则。"道"也是引路的规则,可以归结为无治主义或天治主义。道家思想认为,只有无为才是合乎人的本意、合乎道的本性的。无为的具体原则有三:一曰守柔处弱;二曰取后不争;三曰"为无为,事无事"。而后者乃是无为的总纲或总原则。无为无事并非

---

① 荆门市博物馆:《郭店楚墓竹简·太一生水、鲁穆公问子思》,文物出版社2002年版。
② 沈香萍:《水:老子"道"论的理念直观》,《理论学刊》2011年第4期,第124—125页。

绝对的一无作为一无所事,它实是指摒弃恣意妄为,按事物的本然之理和人类的本然之性去作去为。①

再次,化育万物的坚定和执着。"天下莫柔弱于水,而攻坚强者莫之能胜,以其无以易之。弱之胜强,柔之胜刚,天下莫不知,莫能行。"水至柔,却无坚不摧;道无形,却无所不克,在于"逝者如斯夫,不舍昼夜"的坚定和执着,是一为二的矛盾双方同一又斗争的过程。因为化育万物的过程实质上就是矛盾双方的此消彼长的过程,即所谓"天下皆知美之为美,斯恶已;皆知善之为善,斯不善已。故有无相生,难易相成,长短相形,高下相倾,音声相和,前后相随。"

二、"水德"的三重展现:对话永安百货的商业行为

"商业文化是在流通领域中表现的具有商业特质的文化现象的总和。它包括商业主体的主观心态(表、中、深三层)和主体活动(内在价值系统和外在行为模式统一)以及活动的产物(物质文化、制度文化、观念文化),它属于以职业为特征的群体亚文化。"②简言之,商业文化是凝结和固化于商业行为中的主体价值取向和客观价值表现,商业行为是商业文化的载体和媒介。所以,研究商业文化必然从探究商业行为开始。探究近代上海的商业行为,可以发现流通领域中沉淀了多元的商业文化,比如开放、多元、融合、创新、自主、自强,而其中颇具典型特征的是大气之谦和、开明之睿智、坚韧之卓越。以上海永安百货公司为例③,我们将详细阐明之。

(一) 大气之谦和

繁荣的商业贸易是近代上海崛起的最根本原因,"这个城市不靠皇帝,也不靠官吏,而只靠它的商业力量逐渐发展起来。"④商家汲取了水的精神,也就是道的精神。大海为什么能够成为一切水的聚集之地?就因为大海处在天下最低的位置,比一切河流、湖泊都要低,因为其处于"天下之交",所以,所有的水都汇集在了这里。大海的这种特性,也正是道的特性。道同样处于天下之交,所以道不拒绝任何事物,给予它们同样的待遇,默默地为所有的事物,提供生存和生长所需要的条件。

---

① 公木、邵汉明:《道家哲学》,长春出版社 2007 年版,第 12—13 页。
② 李瑞华、李正斌、曾庆均、孙在国:《中国商业文化》,知识出版社 1995 年版,第 1 页。
③ 没有特殊说明,本文有关永安百货公司的资料均来自上海社会科学院经济研究所:《上海永安公司的产生、发展和改造》,上海人民出版社 1981 年版。
④ [美]霍塞:《出卖的上海滩》,商务印书馆 1962 年版,第 4 页。

从商业的观点来说,商业追逐的是财富,而财富的特性,正是"水"的这种特性,也是"道"的特性。只有聚于社会的最低的位置,位于"天下之交",天下的财富,才会源源不断地到你这里聚集。近代上海,商家吸纳了全世界可得之物,就是量不厌大,形态不厌丰富多彩,类型无所不覆,无所不载,海纳百川,兼容并蓄。以澳洲华侨郭乐、郭泉等郭氏兄弟为核心的永安资本集团创设的永安公司,是旧中国规模最大、有相当经营能力并曾在当时国内外享有一定声誉的"环球"百货公司,它由1918年9月5日(阴历八月初一)正式开业到1956年实行公私合营,在经营方针、经营货品和经营设计等方面,就体现了使自己处于"天下之交"的大气和包容。

在经营方针方面,永安百货提出"以统办环球货品为鹄的,凡日用之所需,生活之所赖,靡不尽力搜罗",同时兼营其他附属事业的营业方针。在这一方针的指导下,公司从一开始就除了经营环球百货外,并兼营旅社、酒楼、游乐场等附属事业,这也是老上海四大百货共同的特征。改变传统旅馆的"客栈"为旅馆,比如先施的"东亚旅馆"、永安的"大东旅馆"、新新的"新新旅馆"。游艺场有楼外楼、新世界、大世界、天外天、绣云天、小世界、大千世界等,并按规则进行海报宣传,像"先施乐园"由《乐园日报》发布演出信息,永安"天韵楼"由《天韵报》发布演出信息,新新"屋顶花园"由《游戏场报》发布演出信息。游艺场(剧场、书场、魔艺场)演出的项目涉及京剧、话剧、越剧、地方戏、现代戏;演艺、说唱、曲艺;魔艺、(西洋)魔术、滑稽、皮影戏;申曲、苏滩、(女子)双簧、戏法、太鼓……可以说,人间所有的剧目、演艺和游乐,在百货公司游艺场里都有。游艺场还有电影馆、跳舞场、溜冰场、画厅、儿童世界、理发厅、保险公司、浴室,等等。所以过去曾有这样的说法:"只要有足够的金钱花用,即使不走出永安公司的大门一步,也可以在这个小天地里过上一辈子。"这话确实反映了当时上海市民对永安公司的看法。在货物的购买和配送方面,都因时因地有所创新。比如发行商品券,为需要送礼的消费群体提供方便,提供电话购买渠道,设立货物配送部(公司专车、巴士或电车)和售后服务部(收音机天地线安装)等,同时,采用广告、橱窗展示、美容表演等各类推销活动,大减价等各类促销活动等创新性方法和途径。

在经营设计方面,将诸多功能都集中在一幢巨大的百货公司大楼中。一体化、部门化、类别化经营的思路不仅促进了综合性的零售业,而且充分发挥了广场、庙会的机能,使百货公司成为一个多彩的综合性都市型生活、娱乐中心的巨大设施。这个一体化的格局具体是:一进门就是基层商场,销售各种日常生活必需品,例如牙膏、香皂、手巾等,这些商品购买时不需详细选择,大多是顾客在逛公司时临时看到认为需要而购买的。二楼则为绸缎、布匹等商品,购买者妇女居多,她们往往要细心选择花色,比较各类商品的价格,所以这类商品部占的面积比较大,设在二楼比较方便。三楼为珠宝、首饰、钟表、乐器等比较贵重的商品,四楼则为家具、地毯、皮箱等大件商品,顾客上三楼和四楼来买这些商品的,多胸有成竹,需要精心挑选,大件货品购买后公司可以代送,因此在三、四楼出售,也不致影响营业。这些精细入微的考虑和安排,说明了永安资本家多么工于心计。到了永安公司开张营业后,果然因为在商场设计方面胜了先施公司一筹,而招徕了更多的顾客。

在经营货品方面,公司在筹备期间,就积极向英美日三国购货,到公司快要开业时,又登报搜罗国内土特产。在筹备期间,永安公司购储的商品约有港币三四十万元,一万多个品种,商场分布于底层及二、三、四层楼面,面积六千多平方公尺,四十个商品部分布在各层商场内,每一个商品部都相当于一家专业性商店。顾客踏进永安公司,只要向公司叫得出商品的名称,公司总要设法满足他们的需要。永安公司确实搜罗了世界各国很多最有特色的商品,如英国的棉布、呢绒、羊毛衫、羊毛袜;法国的化妆品、绸缎、汗衫、油画颜料;德国的玩具、五金器材用具;美国的丝袜、电气用品、钢精用品;瑞士的钟表、绣花手帕;捷克的玻璃用品;瑞典的搪瓷;日本的毛巾;等等。不仅备有绣花线、揿钮、宽紧带、烫发钳、补袜针、卷发夹等类小商品,也备有不常用的占用资金较多的名牌商品。而且永安百货的商品都根据中国客户的需要作了针对性创新。比如,热水袋本来是一种医疗用具,公司别出心裁把它设计为妇女日常取暖用的热水袋,先后去美国定制了两批"Ever"牌和"Royal"牌产品,并在商场里用霓虹灯大做广告,此后其即成为许多家庭的日常用品。为了满足上层社会的宴会、送礼等需要,公司设计成套瓷器式样去景德镇定制,最多的一套有一百六十件之多。公司还特别关心市上一般商店不经营而又为上层社会所需要的小商品,如打蛋器、木勺、刷子、月历等,虽然价格便宜,也委托有关工场加工定制。

(二) 开明之睿智

"水"和"道"的无为之德性在于按事物的本然之理和人类的本然之性去作去为,摒弃恣意妄为,在永安百货的经营过程中,表现为顺应历史大势、适时调整公司商业行为的开明之睿智。上海商业百货的贸易史,是在世界和国家两个因素的共同作用下中国近代化的历史,其中民族自强始终是中华民族的内在要求;永安百货正是围绕这一历史大势顺势而为,才有其辉煌和成就。本文选取三个方面的典型案例。

首先,关于永安百货的创立和经营。永安百货的商号创意就来源于对洋行的批判性否定。1843年11月17日,上海正式被辟为商埠,19世纪70年代以后洋行逐渐建立起"宝塔式"批发机构:洋行是一级批发机构,包销户成为二级批发机构,一般洋广杂货和京广杂货铺(大批发户)的大户就变为三级批发机。这样,就形成了以洋行为中心,以上海为中心,全国各地穷乡僻壤与资本主义国家的商业贸易网,使当时的中国处于洋货铺的汪洋大海之中。百货正是在这一历史背景下,适应商业发展本土化、民族化的需要应运而生的:(1)抵制外货。(2)民族工业的发展。(3)1929年8月17日,国民党政府公布《工商同业公会法》以后,各行业商店命名开始走向统一。(4)1930年5月间,上海市百货商业同业公会成立,"小百货"业即正式取用"百货"命名。烟纸百货店另组"烟纸杂货业公会",后改名"烟兑业公会",1940年后又改名为"卷烟皂烛火柴商业公会"。(5)1930年后,杂货店名称一般已不再为百货业商店所沿用。不过即使到30年代后也仍有极少数商店沿用洋广杂货铺的招牌。(6)最早挂"百货商店"招牌的是"组美",于1921年,地址在金陵东路344号,为合伙组织。顺应民族自强的大势所趋,永安百货的目的就是:增强民族商业实力,挽回利权。在接下来筹集资金时,永安资本集团以"挽回利权"作号召,向华侨招股;初期创办时,以"经营环球百货,推销中华土产"为号召,尽管当时经销的商品主要是进口货,但其后国货的比重持续性地在增长。

其次,面对1931年九一八事变和1929—1933年资本主义世界性经济危机的双重压力,永安百货睿智地重建了自己的经营方针,以经营本土商品为主,还实质性地资助、支撑民族工业的发展。1931年九一八事变之前,永安经销的国货工业品只占公司全部商品的2%,连同土特产、手工艺品合计在内,也只占25%左右。九一八事变后,1931年9月24日,上海市百货商业同业公会发出紧急通告,宣布即日起对日帝经济绝交;应结日货账款一律止结退货;即日成立检查队严格检查日货。并限定自登报日起的三天内将历存日货一律封存,三天后由该会派检查员进行检查,严格禁止以日货冒充国货出售。到1934年,永安百货的国货占比已经超过一半(见表1)。

表1 上海永安百货经销国货、洋货比重(1934—1937)

单位:1934年为大洋元;1935年为法币元

年 份	进货总额	国货 金额	国货 占进货总额	洋货 金额	洋货 占进货总额
1934	7 719 264	4 666 420	60.5%	3 052 844	39.5%
1935	6 148 449	3 881 950	63.1%	2 266 449	36.9%
1936	7 124 406	4 641 477	65.1%	2 483 128	34.9%
1937	7 647 245	4 968 899	65.0%	2 678 346	35.0%

资料来源:根据上海永安公司有关年份账册编制,转引自上海社会科学院经济研究所《上海永安公司的产生、发展和改造》,上海人民出版社1981年版,第136页。

随着经销国货比重的不断增长,永安公司与国货工厂的往来也多起来了。1931年前,与公司有产销关系的国货工厂不过十余家,但到1932年后增加到七十余家。其中不少国货工厂同它长期保持着产销关系,很快就能成为名牌商品而与洋货竞争,并逐渐替代洋货的地位。如永字牌热水袋、火炬牌羊毛围巾、双马牌雨衣、华南牌电风扇、润肤香皂、中华牌保暖壶等。在这过程中,永安公司经常对有关工厂进行一些指导帮助,如向国货工厂提供新的洋货式样,供它们定制仿造。永安公司的老营业员还根据他们多年积累的业务经验,针对名牌洋货优于国货同类商品的地方及时向工厂提出改进产品的意见。裕华公司的新产品润肤香皂,就是根据永安公司的要求,基本上达到美货棕榄香皂的质量水平。更值得一提的是,永安公司对已建立产销关系的资金困难的工厂,总是尽力给予支持和扶助。当时永安公司本身虽然资金也并不宽裕,但在支付货款上仍尽可能给予这些工厂以方便。对于货源为永安公司掌握、商品由它经销的小厂,如果资金困难,除付给现款外,还用不同的方法给予帮助:有付给定洋的,有先付一半货款的,也有订货后分批交货、分批交付货款的。甚至如裕华皂厂在初次接受润肤香皂定货时,因资金困难,经与永安公司协商,由后者把该厂生产的滞销商品"福禄寿"香皂全部收购下来,予以支援;直到该厂资金周转宽裕时,才又把这批香皂买了回去。其他如莹荫织造厂、开达童装厂、春记火炉厂、振华织造厂、荣记背带围巾厂、圣业祥五金厂、五华阳伞厂等都曾先后得到永安公司在技术上、资金上的某些帮助。这些厂原来经营能力较差,因取得永安公司的支持,得到了发展,到抗日战争时都已具有相当的规模。

再次,1949年初,中国人民解放军取得辽沈、淮海、平津三大战役的胜利之后,永安总经理郭琳爽等人选择与中国共产党、与公司职工一起保卫企业,迎接解放。上海解放前夕,侨居美国的郭乐和居住香港的郭泉等人函电频繁,催促郭琳爽等人尽早离开上海,但是,在中国共产党反复做思想工作的作用下,当永安职工分会理事会主席丁盛雅按照党组织的指示,专程访问郭琳爽,问及今后打算时,郭琳爽当场表示:"公司好比一只船,我是船上的大副,船在大副在,我是不走的。"最终,郭琳爽等人各自留守岗位,与广大职工一起保护企业,迎接解放。1949年5月25日,永安屋顶的最高建筑物——绮云阁上升起了南京路上第一面红旗;等到1949年5月27日,上海一解放,郭琳爽等人就同广大职工一起迅速开门营业。

(三)坚韧之卓越

我们都知道,"抽刀断水水更流",水以柔著称,但是,实际上,水的坚韧胜过钢铁。而且,不怕烧,即使化作水汽,升腾到空中,也还是会凝聚到一起,落下来,汇入江河湖泊;也不怕冻,因为化为固态,也最终还是会回到"天下之交"。所以说,水的坚韧不可摧毁,凭着这种坚韧,水可以战胜天下最刚强的东西,可以无所不往,无往不胜。商业文化无疑和水一样,具有坚韧的特性。中国历史上,尽管重农抑商,商业文化也还是一直存在;商人,有可能是我们人类历史上最古老的职业之一。我们有很多企业家,有着普通人所不具备的坚韧的特点,承受了常人难以想象的磨难。本文选取上海永安两个阶段的典型表现,来展现它的"坚韧之卓越"。

首先,郭乐等创始人创立上海永安并使永安保持上升到1931年,将商品零售业演绎为一场消费文化,引领着消费文化的发展。永安创始人郭乐出生于19世纪七八十年代的广东省中山县,正是中国小农经济破产和连年战争之时,他远渡重洋,去澳洲悉尼谋生,从菜园工人做起,然后去永生果栏①任职,再后来,自己挂牌,主要经营水果批发业务,兼营中国土特产的批发零售业务,很快从一爿店发展为四爿店,职工扩充到八十多人。当时,由于交通不便,到斐济进货不仅单程就需一个多月,而且由于只有帆船可乘,如遇风浪,颇不安全,郭氏兄弟还是坚持去斐济进货。不断壮大之后,永安联合其他商号,在斐济开设"生安泰"商店,设二十多个收购站,为永安等商号组织货源。同时,根据悉尼华侨与国内亲属通信、寄送钱物的需要,顺便发展了一些其他业务,赚取手续费,还根据华侨的需要,为他们提供国内土特产。有了一定的资本积累之后,郭乐带着郭氏兄弟开始思考开办一家大型百货商店,通过办实业,从帝国主义手里"挽回利权"。从郭乐的"回忆录"可见一斑:

> 余旅居雪梨[悉尼]十有余载,觉欧美货物新奇,种类繁多,而外人之经营技术也殊有研究。反观我国当时工业固未萌芽,则[即]商业一途也只小贩方式,默[墨]守陈法,孜孜然博蝇利而自足,既无规模组织,更茫然于商战之形势。余思我国欲于外国人经济侵略之危机中而谋自救,非将外国商业艺术介绍于祖国,以提高国人对商业之认识,急起直追不可,是以1907年有创设香港永安公司之议。②

香港的永安公司,起初是郭氏兄弟自筹资金,1916年开始对外招股。当香港永安公司有了一定发展之后,郭氏兄弟开始计划在上海开设一家大型百货公司,并于1919年在华侨中顺利筹措到需要的股本。这时候,上海永安共有近一千五百户股东,股本增资为二百五十万元港币。而上海永安的选址工作于1915

---

① 果栏,即水果批发商店。
② 上海社会科学院经济研究所:《上海永安公司的产生、发展和改造》,上海人民出版社1981年版,第5—6页。

年 7 月就开始了。郭乐亲自到上海考察、选址、签订地皮合同。地皮租下后，郭乐亲自带领几个高级职员赶到上海；在四川路三和里香港永安公司办事处的楼上成立临时办事处，一面兴建商场大楼，一面进行其他各项筹备工作。

郭乐对于商场大楼的建筑质量是十分讲究的，他亲自监督打桩，亲自试验三合土基础和楼墙是否坚固，有一次险些从高处失足摔下。公司建好后，在商品摆放的楼层设计、舒适购物环境的提供、售货对象的评估和售货方式的选择、广告的使用、购物空间的设计、免费服务等营销手段的运用，以及招聘管理人员和营业人员、组织货源等方面，都尽量实事求是，使各项事务符合百货公司业务发展的需要，并充分利用了"开幕预告"的广告效应，达到了最大限度地抓住顾客心理、先声夺人的效果，使百货公司不仅是商品的零售，同时赋予了商品销售以社会文化意义，形塑和引领了一场消费文化。所以，公司开幕后生意如此兴旺，超出郭氏兄弟的意料。他们原以为先前购储的三四十万元商品足够维持一个季度的销售，想不到只二十天左右即已卖去了大半。由于郭氏兄弟善于经营、愿意吃苦、坚持拼搏和苦干，上海永安公司从开业直到 1931 年，一直处于上升期，发展颇为顺利。到 1930 年为止，利润累计高达港币一千零七十万元，为二百五十万元原始资本的四倍多。1930 年的利润率高达 47.55%，这在一般民族资本企业中是非常罕见的。

其次，1931 年之后，双重压力的困境下，上海永安突破重重困境，仍然引领着民族企业的自强之路。进入 20 世纪 30 年代后，世界经济危机影响中国，日本人入侵中国、入侵上海，使永安遭遇严重危机。据说郭乐曾经站在永安大楼顶上，遥望远方，他看见自己投资的两家纱厂被飞机的投弹击中起火，不禁怆然涕下。当时因受战争影响，上海人口向外疏散，市面显得十分萧条，永安的营业额直线下降，最后，郭乐不得不向银行借款度日。就在这危机时刻，郭琳爽出任公司掌门人。郭琳爽是郭乐的侄子。1921 年，他毕业于广州岭南大学农学系，随即被伯父派往欧美考察商业，之后又被派往香港永安参加管理工作。1923 年至 1927 年间，郭琳爽先后赴英国、美国、德国和日本等国采购商品，同时考察先进国家的商业管理和市场。1929 年，郭琳爽被派到上海永安担任副总经理，1933 年升任总经理，此后一直做到 1956 年公司合营为止。

郭琳爽把国外的好经验运用于国内管理，进行了一系列变革。其一，注重橱窗陈列，定期更新内容。其二，首创立体时装表演和商品创造过程的操作表演。其三，当面传授化妆艺术。其四，薄利多销，微利快销，加速资金周转。其五，精简公司的管理层次，提高办事效率。这些措施产生了很大效益。仅 1934 年至 1936 年间通过时装表演就使丝绸销售额骤增，收入可观。

后　　记

这是一部迟来的书。

多年前,我和我在上海电机学院的同事们在做上海学研究时,就想对上海近代工业的发展做一个大型口述史性质的调研,深度采访一些健在的曾在沪上奋斗过的、现已离退休的工业企业界元老专家,梳理一下上海工业发展的历程,写一部多卷本的口述性质的上海近代工业企业发展历史,听听我们的老一辈在为上海的发展奋斗过程中经历过的那些风雨兼程的岁月里的故事,以期对新时期上海的科技发展、振兴民族工业企业、中华民族的伟大复兴有所裨益。

然而,采访这种事,不是那么容易的,被采访者的年龄、居所等多种因素决定了采访一个人要做很多功课。采访回来的东西要整理、考证,查资料核对,工作不可谓不繁杂。以张鑫敏博士为秘书长的课题小组,经过近两年的整理、汇集,在沪上兄弟院校的教授们的共同支持下,终于编成了这本论文集。本来后面还要继续下去,有系列的工作要做,但本人退休后,上海学的研究人员,都转到马克思主义中国化课题的研究上去了。这本《沪上撷英》作为第三届上海学学术研讨会的成果,历经五年,终于出版了,和先前的《沪上钩沉》《沪上观澜》两本论文集,也算构成了上海电机学院当年的重点学科"上海学"研究的三部曲。

历史在发展,社会在前进,我退休后离开上海电机学院回到家乡的安徽新华学院工作,在马克思主义学院做一点教学科研和管理工作,但也会时常回到上海,对在上海很多高校的同仁,也时在念中。对曾经在上海电机学院工作的同事们,也时有联络。他们正是在自己的研究领域大放异彩的年龄,现将这本论文集出版,也算是一个交代。

在本书即将付梓之际,除了对沪上同仁和我的同事大力支持上海学的研究、奉献大作深表谢意之外,还要特别感谢上海电机学院副教授路征远博士,是他在作为上海社科院出版社编辑时,就对促成"上海学"系列著作的出版作出了巨大的努力。也特别感谢上海社会科学院出版社多年如一日,为本书的出版做了大量工作。同时对一直关心支持上海学研究的沪上各位专家一并致谢。

何小刚

2023年1月于安徽合肥

图书在版编目(CIP)数据

沪上撷英：第三届上海学学术研讨会论文集 / 何小刚主编 .— 上海：上海社会科学院出版社，2024
ISBN 978-7-5520-2992-5

Ⅰ.①沪… Ⅱ.①何… Ⅲ.①社会科学—文集 Ⅳ.①C53

中国版本图书馆 CIP 数据核字(2020)第 001161 号

沪上撷英——第三届上海学学术研讨会论文集

主　　编：	何小刚
责任编辑：	陈慧慧
封面设计：	黄婧昉
出版发行：	上海社会科学院出版社
	上海顺昌路 622 号　邮编 200025
	电话总机 021-63315947　销售热线 021-53063735
	http://cbs.sass.org.cn　E-mail：sassp@sassp.cn
照　　排：	南京理工出版信息技术有限公司
印　　刷：	上海颛辉印刷厂有限公司
开　　本：	710 毫米×1010 毫米　1/16
印　　张：	11.75
字　　数：	214 千
版　　次：	2024 年 1 月第 1 版　2024 年 1 月第 1 次印刷

ISBN 978-7-5520-2992-5/C·192　　　　　　　　　　　定价：60.00 元

版权所有　翻印必究